Faschismustheorien

Inhalt

* Unter Mitarbeit von Fabian Kunow

I. Ein Buch zur Einführung in Faschismustheorien

I.1. Inhalt, Zweck und Ansatz

In diesem Buch werden überwiegend generische, das heißt allgemeine Faschismustheorien vorgestellt. Derartige Theorien gibt es seit etwa 100 Jahren, also fast ebenso lange wie den Faschismus selbst. Ihr Zweck ist die wissenschaftliche Beschreibung und Erklärung des Faschismus als Form politischer Ideologie und Bewegung, politischer Organisation und Praxis sowie politischer Herrschaft in der weltweiten kapitalistischen Moderne. Faschismus in diesem Sinn ist ein internationales Phänomen. Er kann in jeder Gesellschaft auftreten, die von der kapitalistischen Modernisierung erfasst und geprägt wurde. Seine Vor- und Frühformen, die Prä- oder Protofaschismen, werden oft in der zweiten Hälfte des 19. und Anfang des 20. Jahrhunderts verortet. Dass der Faschismus noch immer gefährlich aktuell ist, lässt eine vielerorts auf der Welt erstarkende extreme Rechte annehmen. Trotz der ins 19. Jahrhundert zurückreichenden Wurzeln und der fortdauernden globalen Aktualität des Faschismus beziehen sich die meisten Theorien über ihn nur auf die europäische Geschichte vom Ende des Ersten bis zum Ende des Zweiten Weltkriegs. Dieser Zeitraum von 1918 bis 1945 gilt als klassische Epoche des Faschismus.

Die hier vorgestellten Faschismustheorien sind zwischen 1920 und 2010 entstanden. Mehrheitlich handelt es sich um Theorien, die besondere Bedeutung für die Gegner*innen und Opfer des Faschismus hatten oder haben, vor allem für die politische Linke. Das Buch soll in die Theorien einführen und gleichzeitig dazu anregen, die spannenden Originaltexte selbst zu lesen. Viele dieser Schriften sind antiquarisch günstig zu erwerben; manche stehen auch im Internet.

Nun sollten die meisten Theorien den Faschismus nicht nur beschreiben und erklären, sondern auch Hinweise zu seiner praktischen Bekämpfung und Verhinderung geben. Das vorliegende Buch verfolgt ebenfalls dieses Ziel. Doch Faschismustheorien können keine direkte Anleitung für antifaschistische Praxis geben. Vielmehr bieten sie Begriffe und Modelle, mit denen Erscheinungen aus dem Feld der extremen Rechten untersucht, verglichen und eingeordnet werden können. Außerdem arbeiten die Theorien diejenigen Verhältnisse und Entwicklungstendenzen der modernen Gesellschaft heraus, die Faschismus entstehen und emporkommen lassen oder ihn zumindest begünstigen. Umgekehrt weisen Faschismustheorien auch auf gesellschaftliche Kräfte hin, die gegen Faschismus wirken oder gegen ihn mobilisiert werden können.

Von derlei theoretischen Erkenntnissen ist es noch ein langer Weg zu einer wirksamen antifaschistischen Praxis. Faschismustheorien können bestenfalls zu einer Grundlage und zu einem Orientierungsrahmen für die Entwicklung antifaschistischer Strategien beitragen. Das vorliegende Buch soll helfen, die historisch entstandenen und an den historischen Faschismen gebildeten Theorien für die heutige Zeit verfügbar zu machen. Ihre systematische Anwendung auf aktuelle Erscheinungen und eine ausführliche Erörterung der sich daraus ergebenden politisch-strategischen Fragen kann diese überblicksartige Einführung nicht leisten. Dennoch werden auf den folgenden Seiten auch zahlreiche aktuelle Probleme angesprochen.

Im Mittelpunkt stehen die Erkenntnisse oder Teilerkenntnisse der einzelnen Theorien, ihre Wahrheitsmomente gewissermaßen. Es geht nicht in erster Linie um kritische Bewertung. Gewiss werden wesentliche Kritik- und Streitpunkte erwähnt, aber dieses Buch soll und kann nicht die jahrzehntelangen, teils erbitterten Kontroversen der Faschismustheorie abbilden. Buchstäblich jede wichtige Frage auf diesem Feld ist immer umstritten geblieben. Es gibt nicht einmal eine allgemein anerkannte Faschismusdefinition.

Ein Grund für diese Unklarheit und Umstrittenheit könnte darin liegen, dass alle Faschismustheorien überschattet sind von einer politischen Frage, die der US-amerikanische Historiker Henry Ashby Turner (1932–2008) einmal so formulierte:

«Entspricht die weit verbreitete Ansicht, daß der Faschismus ein Produkt des modernen Kapitalismus ist, den Tatsachen, dann ist dieses System kaum zu verteidigen. Ist diese Meinung jedoch falsch, dann ist es auch die Voraussetzung, auf der die Einstellung vieler Menschen [...] zur kapitalistischen Wirtschaftsordnung beruht.»[1]

1 Zitiert nach Opitz, Entstehung, 544.

Doch für die Ablehnung des Kapitalismus lassen sich unschwer auch andere Gründe finden. Dazu braucht es nicht erst den Faschismus.

Dass der Faschismus ein Produkt des modernen Kapitalismus ist – dieser ganz allgemeinen Aussage würden viele Theoretiker* innen zustimmen, darunter auch bürgerliche und ausdrücklich antikommunistische. Aber keine der in diesem Buche behandelten Theorien behauptet, dass moderne kapitalistische Gesellschaften zwangsläufig, unter allen Umständen, eine faschistische Entwicklung nehmen müssen. Vielmehr hängt es von vielen gesellschaftlichen Faktoren ab, ob ein Faschismus emporkommen oder sogar die Macht übernehmen kann. Entscheidend ist letztlich, ob demokratische und emanzipatorische Kräfte es schaffen, eine solche Entwicklung zu verhindern. So wenig also, wie es unbedingt den Antifaschismus braucht, um eine kapitalismuskritische Haltung zu begründen, muss Antifaschismus immer die Forderung einschließen, den Kapitalismus zu überwinden.

I.2. Thematische Abgrenzung der Faschismustheorien, Lücken des Buchs

Unberücksichtigt bleiben faschistische Stimmen zu Begriff und Theorie des Faschismus, weil einige Stichproben keinerlei bereichernden Beitrag aus dieser Richtung erwarten ließen. Ebenso nicht behandelt werden rechte Kampfbegriffe wie «Linksfaschismus», aber auch andere polemische Begriffsbildungen. Gerade weil das Wort «Faschismus» im Menschheitsgedächtnis für die schlimmsten Formen von Terror und Unterdrückung steht, ist es als Kampfbegriff so beliebt und verbreitet. Diese Art von Polemik hat mit Faschismustheorie kaum etwas zu tun.

Vielmehr begreifen viele Theorien den Faschismus als eine Zusammensetzung und Zuspitzung menschenfeindlicher Ideologien und Strukturen, die im modernen Kapitalismus existieren. Elemente und Ursprünge[2] des Faschismus in diesem Sinne wären zum Beispiel Nationalismus, Militarismus, Imperialismus, Kolonialismus, Autoritarismus, Sexismus, Antifeminismus,

2 Nach dem Buchtitel von Hannah Arendt: «Elemente und Ursprünge totaler Herrschaft».

Homo- und Transsexuellenfeindlichkeit, Sozialdarwinismus, Rassismus und Antisemitismus. Die Faschismustheorie setzt gleichsam eine Ebene darüber an, hängt mit der kritischen Forschung und Theoriebildung zu diesen Elementen und Ursprüngen aber stets zusammen. Daher kommen etwa Nationalismus- und Antisemitismusforschung auf den folgenden Seiten immer wieder ins Spiel, ohne jedoch der eigentliche Gegenstand dieses Buchs zu sein.

Die Abgrenzung der Faschismustheorie von anderen Forschungs- und Wissensgebieten fällt oft schwer, denn die modernen Gesellschafts- und Geisteswissenschaften kreisen insgesamt zu einem erheblichen Teil um die großen Verbrechen und Katastrophen des 20. Jahrhunderts – und damit auch um den Faschismus. So gesehen ist die mit Faschismustheorie zusammenhängende Wissens- und Textproduktion gigantisch. Dieses Buch beschränkt sich weitgehend auf solche Theorien, die ausdrücklich den generischen (allgemeinen) Faschismusbegriff als Ankerpunkt haben. Damit fallen Forschung und Theoriebildung zum Totalitarismus[3] ebenso heraus wie die Genozid- und Täter*innenforschung, die deutschsprachige Rechtsextremismusforschung oder Zygmunt Baumans Arbeiten zur Moderne. Selbstverständlich aber haben die Themen und Fragestellungen dieser Ansätze mit den Faschismustheorien zu tun und tauchen in diesen auch regelmäßig auf.

Neben den generischen Faschismustheorien gibt es eine Fülle von Arbeiten, die speziell den deutschen Nationalsozialismus (NS) oder andere einzelne politische Systeme behandeln. Hier besteht die Schwierigkeit, dass sich viele Analysen ausschließlich oder überwiegend auf den NS beziehen, aber dennoch als generische Faschismustheorie gemeint sind oder aufgefasst werden können. Viele Theoretiker*innen halten den NS stillschweigend oder eingestandenermaßen für das am weitesten entwickelte Exemplar der Gattung der Faschismen, dessen Studium auch Rückschlüsse auf minder entwickelte Formen ermöglicht.[4] Daher bleibt die Grenze zwischen Forschung und Theoriebildung zum NS und generischer Faschismustheorie auf den folgenden Seiten vielfach unscharf.

---

3 S. «III.9. Faschismus- und Totalitarismustheorien im Kalten Krieg» sowie Literaturliste.

4 Diesen Ansatz vertritt zum Beispiel Nolte in «Der Faschismus in seiner Epoche».

Idealerweise sollte die Forschung zu Einzelfällen ihre Erkenntnisse für generische Theorien bereitstellen; diese wiederum sollten im Gegenzug die Forschung sinnvoll strukturieren, zu neuen Blickwinkeln anregen und ihre Ergebnisse systematisieren. Hingegen befassen sich generische Faschismustheorien nicht damit, alle möglicherweise faschistischen Bewegungen und Regime der Erde seit dem 19. Jahrhundert ausfindig zu machen, zu katalogisieren und ihre Geschichte zu schreiben. Einige Überblicksdarstellungen dieser Art sind aber in der Literaturliste aufgeführt.

Leider konnten mehrere Beiträge nicht berücksichtigt werden. Erwähnt seien Walter Benjamins Theorie über den Faschismus als Ästhetisierung des politischen Lebens sowie die Arbeiten von Stanley Payne[5] und vieler anderer bedeutender Historiker*innen. Die faschistische Ästhetik und ihr Fortleben in der Populärkultur werden nicht behandelt, ebenso wenig ein möglicher Anarchofaschismus und Ökofaschismus. Umberto Ecos «Ur-Faschismus» konnte entfallen, da er, wie der Begriff selbst schon andeutet, lediglich einige allgemeine Ursprünge und Elemente rechter Ideologie und Praxis beschreibt.

I.3. Hinweise zum Text

Die einleitenden und abschließenden Kapitel fassen ihren Stoff sehr knapp zusammen. Im mittleren Hauptteil des Buches werden die Gedanken einzelner Theoretiker*innen ausführlicher vorgestellt, und zwar oft anhand eines beispielhaften Textes aus ihrer Feder. Es besteht kein Anspruch auf Vollständigkeit oder auf systematische Wissenschaftsgeschichte. So werden auch nicht alle wichtigen Texte der jeweiligen Verfasser*innen aufgelistet oder behandelt.

Ratsam wäre, sich die Überblicksdarstellungen am Anfang zuerst und den Schlussteil zuletzt vorzunehmen. Abgesehen davon sind die Kapitel weitgehend in sich abgeschlossen und können unabhängig voneinander gelesen werden.

Der Umgang mit Quellen und Fachliteratur in diesem Buch folgt den Regeln für wissenschaftliche Essays. Nicht zu jedem Gedanken anderer Verfasser*innen wird per Fußnote eine Belegstelle mit Ursprungstext und Seitenzahl angegeben. Den-

5 Siehe Paynes Buch «Geschichte des Faschismus».

noch bleibt hoffentlich immer nachvollziehbar, von wem und aus welchem Text ein Gedanke stammt. Die Literaturliste enthält alle für das Buch benutzten oder in ihm erwähnten Schriften und sonstigen Medien. Wurden mehrere von ein- und derselben Person geschriebene Texte benutzt, so steht in der Fußnote nach dem Namen der Verfasser*innen das erste Substantiv aus dem Titel des jeweiligen Textes.

Das Buch kann auch ohne Beachtung der Fußnoten gelesen werden. Fußnoten haben hier folgende Funktionen: Erstens belegen sie Quellen und Fachliteratur, wenn diese im Text selber nicht genannt werden. Zweitens belegen sie alle Zitate und fast wörtlich übernommenen Passagen. Drittens verweisen sie auf thematisch eng zusammenhängende Abschnitte des Buches, falls der Zusammenhang nicht durch Nennung von Themen oder Verfasser*innennamen offenkundig ist. Viertens bieten die Fußnoten einige Wort- und Sacherklärungen, die im Text gestört hätten. Fünftens schließlich empfehlen sie weiterführende Texte oder andere Medien.

Zur Zitierweise: Alle Hervorhebungen sind aus dem Original übernommen. Erklärende Einschübe des Verfassers dieses Buches stehen in eckigen Klammern; Auslassungen sind mit drei Punkten in eckigen Klammern markiert. Offensichtliche kleine Fehler des Originals wurden stillschweigend korrigiert.

Die Schreibweise mit Sternchen wie bei «Forscher*innen» oder «Politiker*innen» soll die sonst sprachlich oft unsichtbaren Frauen und die sich außerhalb der zweigeschlechtlichen Norm verortenden Menschen berücksichtigen; außerdem wurden häufig geschlechtsneutrale Formulierungen gewählt. Bei einigen ausschließlich männlichen Gruppen gibt es diese Schreibweisen hingegen nicht, weil sie hier die patriarchal-sexistische Realität nur verschleiern würden. Das betrifft Herrschaftsgruppen wie Großgrundbesitzer und Großkapitalisten, aber auch den aktivistischen Kern und die Führer der historischen Faschismen. Fachbegriffe wie «Kleinbürgertum» wurden um der Lesbarkeit willen nicht *gender*-gerecht umgeschrieben.

Der soziologische Begriff «Eliten» steht in Anführungszeichen, weil die mit ihm verbundene Vorstellung von Exzellenz auf die realen Führungs- und Herrschaftsgruppen des modernen Kapitalismus nicht zu passen scheint, gerade auch mit Blick auf deren Verhältnis zum Faschismus. Der unwissenschaftliche Begriff der «Rasse» – es gibt keine Menschenrassen – wird in diesem Buch ausschließlich im Zusammenhang mit rassistischer Ideologie verwendet.

Dieses Buch benennt den jüdischen Hintergrund vieler Faschismustheoretiker*innen. Diese waren zumeist doppelt vom Faschismus betroffen, nämlich als politische Gegner*innen sowie als rassistisch-antisemitisch Verfolgte. Aus dieser Lage halfen sie mit ihrer Gelehrsamkeit und ihrer Leidenschaft, den Faschismus zu bekämpfen.

I.4. Danksagung

Der größte Dank geht an meinen Berliner Kollegen Fabian Kunow, der dieses Buchprojekt ursprünglich anbahnte, Entwürfe für einige Abschnitte schrieb[6] und die Ur-Fassungen mehrerer Kapitel mit hilfreichen Kommentaren versah. Fabian veröffentlichte in früheren Jahren eine Artikelreihe zu Faschismustheorien im «Antifaschistischen Infoblatt» – viel davon ging in dieses Buch ein.[7]

Weiter danke ich herzlich einigen gelehrten Freunden und Mitstreitern aus Berlin, die Literaturempfehlungen oder andere wertvolle Hinweise gaben. Da waren Hans Coppi, der mich zu Totalitarismustheorien beriet, Frank Engster, der mich auf die Göttinger Broschüre zu marxistischen Faschismustheorien[8] und auf die Bedeutung Sohn-Rethels aufmerksam machte, Yves Müller, der das Kapitel über psychoanalytische Faschismustheorien durchsah, Arno Netzbandt, der kompetent und geduldig viele Fragen beantwortete, sowie Marco Pompe, der das Kapitel zu Grundmotiven marxistischer Faschismustheorien kommentierte.

Einige Gelehrte haben mich über Jahre durch ihre Texte, Vorträge, manchmal auch Gespräche weitergebildet und dadurch direkt oder indirekt viel zu diesem Buch beigetragen. Dafür danke ich Natascha Strobl (Wien), Volker Weiß (Hamburg) und Volkmar Wölk (Grimma). Alle drei hörte ich bei den jährlichen Kolloquien des Duisburger Instituts für Sprach- und Sozialfor-

6 Die entsprechenden Textteile sind im Inhaltsverzeichnis mit einem Sternchen markiert.

7 Alle Artikel der Reihe sind verfügbar unter faschismustheorie.de («Beiträge Anderer»).

8 S. «X.3. Sohn-Rethel plus Wertkritik (I): Ein theoretischer Versuch aus Göttingen».

schung (DISS) in Würzburg, aber nicht nur dort. Die DISS-Kolloquien ermöglichten kritischen Diskurs auf höchstem Niveau. Für die vielen Denkanstöße bedanke ich mich bei Margarete und Siegfried Jäger, Helmut Kellershohn, Regina Wamper sowie allen Mitarbeiter*innen des DISS.

Dieses Buch wäre nie ohne die theoretischen und praktischen Anregungen vieler Mitstreiter*innen, befreundeter und geliebter Menschen aus meinem politischen, beruflichen und privaten Umfeld zustande gekommen. Ich danke ihnen allen, besonders auch für andauernde Ermutigung und Geduld.

II. Geschichte des Faschismusbegriffs

Die weltweite Verbreitung des Faschismusbegriffs seit 1922 gründete in historischer Erfahrung: Die kapitalistische Moderne hatte einen neuen, extrem gewalttätigen Typ politischer Ideologie, Bewegung, Praxis und Herrschaft hervorgebracht. Diesen begrifflich zu fassen, ist für emanzipatorische Gesellschaftskritik und Politik unerlässlich. Allerdings war die Geschichte des Faschismusbegriffs stets auch von seiner Entgrenzung geprägt. Gerade von linker Seite wurde er nicht selten auf nahezu die gesamte politische Rechte und jede staatliche Unterdrückung ausgeweitet.

II.1. 1919–1922: Ursprung in Italien

Der Faschismus wurde nach den 1919 gegründeten «Kampfbünden» (*fasci di combattimento*) unter Benito Mussolini benannt.[9] Diese Bünde setzten sich aus Männern unterschiedlichen politischen Hintergrunds zusammen. Einige waren wie Mussolini früher in der Sozialistischen Partei Italiens gewesen, andere kamen aus der nicht-marxistischen Gewerkschaftsbewegung, dem Syndikalismus, wieder andere hatten zu imperialistisch-chauvinistischen Gruppierungen oder zur kulturellen Bewegung des Futurismus[10] gehört.

Der wichtigste gemeinsame Nenner der frühen Faschisten war der Ultranationalismus. Viele von ihnen hatten im gerade beendeten Ersten Weltkrieg gekämpft und vertraten soldatisch-männliche Werte wie Härte, Stärke, Gehorsam, Opferbereitschaft und Kameradschaftlichkeit. Sie träumten von einem modernen italienischen Imperium und von wahrer nationaler Gemeinschaft.

Traum und Realität klafften auseinander. Einige Landesteile waren bereits kapitalistisch modernisiert, andere, vor allem im

9 S. Wippermann, Faschismus, 12.

10 Der Futurismus trat für einen radikalen Bruch mit allen kulturellen und künstlerischen Konventionen und die Neuerfindung des gesamten gesellschaftlichen Lebens ein. Er war geprägt von Begeisterung für moderne Technik.

Süden, noch äußerst rückständig. Italien hatte seit Ende des 19. Jahrhunderts versucht, ein Kolonialimperium zu erobern, dabei aber nicht den gewünschten Erfolg gehabt. Viele nationalistische Italiener*innen sahen ihr Land als unrechtmäßig zu kurz gekommene «proletarische Nation», die gegenüber den «bourgeoisen» (bürgerlichen) Nationen, vor allem den größten Kolonialmächten England und Frankreich, unbedingt aufholen müsse. Italien war 1915 in der Hoffnung auf große Gebietsgewinne gegen Deutschland, Österreich-Ungarn und das Osmanische Reich in den Ersten Weltkrieg eingetreten. Aber der Krieg hatte wenig Siegesruhm und Beute gebracht, dafür schwere Opfer und Not sowie massenhafte Enttäuschung und Unzufriedenheit. Das nationalistische Lager empfand den Kriegsausgang als Demütigung und nannte ihn einen «verstümmelten Sieg». Die italienische Gesellschaft blieb regional, kulturell, klassenmäßig und parteipolitisch zerrissen. Diese frustrierenden Umstände trieben die faschistische Radikalisierung des Nationalismus an.

Als italienischen Nationalisten lag es den Faschisten nahe, sich für das alte Rom zu begeistern und antike Überlieferungen aufzugreifen, zum Beispiel den sogenannten «römischen Gruß» mit ausgestrecktem rechtem Arm. Auch das Abzeichen des Faschismus – ein Rutenbündel, in dem ein Beil steckt – war römischen Ursprungs. Diese Bündel, die auf Latein *fasces* heißen, wurden den Magistraten der altrömischen Republik vorangetragen. Sie symbolisierten die herrschaftliche Gewalt, an Leib und Leben zu strafen. Die Idee einer starken, imperialen Staatsgewalt gefiel den Faschisten.

Das Wort «Faschismus» geht aber nicht in erster Linie zurück auf die Rutenbündel, die *fasces*, sondern auf die Kampfbünde, die *fasci di combattimento*. Faschismus heißt also wörtlich übersetzt «Bundismus». Der Name sollte den Unterschied zur Geschwätzigkeit und Behäbigkeit der bürgerlichen Parteien markieren. Der faschistische Männerbund wollte mehr sein als eine Partei, nämlich eine verschworene Gemeinschaft des Kampfes und der Aktion.

Gleich nach ihrer Gründung 1919 fingen die Faschisten an, ethnische Minderheiten in Italien zu drangsalieren. Viele lokale faschistische Anführer verbündeten sich mit Großgrundbesitzern und Kapitalisten, erhielten Geld und Ausrüstung und terrorisierten dann, von der Polizei meist geduldet, die politischen und gewerkschaftlichen Organisationen der proletarischen und kleinbäuerlichen Bevölkerung. Diese lehnte sich im *biennio rosso*, den «zwei roten Jahren» 1919 und 1920, mit Massenstreiks sowie Fabrik- und Landbesetzungen vor allem in Nord- und Mittelitalien gegen die herrschende Ordnung auf. Damals schien eine linke Revolution bevorzustehen.

Die faschistischen Banden, «Squadren»[11] genannt, fuhren auf Lastwagen in Städte und Dörfer, um die Treffpunkte der proletarischen Organisationen zu überfallen, zu verwüsten und niederzubrennen. Sie jagten ihre Opfer mit Schlagstöcken, Messern und Revolvern. Die faschistische Gewalt war öffentlich, blutig und ausschweifend; es ging um Demütigung und Einschüchterung. Großen Wert legten die Faschisten auf kriegerische Selbstinszenierung mit schwarzen Totenkopf-Fahnen, schwarzen Hemden, Pluderhosen, Kampfrufen, Hymnen und Trommeln.[12]

In den *fasci* und Squadren zeigte sich das Urbild des Faschismus: Männliche Kampfbünde unter einem Führer, paramilitärisch organisiert und ausstaffiert, die brutalen und systematischen Terror gegen Minderheiten und Andersdenkende ausüben. Dieses Bild zeigen die Faschismen bis heute, auch wenn sich die Uniformen und Fahnen nach Zeit und Ort unterscheiden. Der männliche Kampfbund ist die ursprüngliche und wichtigste Praxis- und Vergemeinschaftungsform des Faschismus in seiner Phase als Oppositionsbewegung. Die Bezeichnung «Faschismus» verweist auf dieses Kernelement der paramilitärischen Organisation. Der britisch-amerikanische Gelehrte Michael Mann bestimmte den Paramilitarismus darüber hinaus als Vorwegnahme des faschistischen Gesellschaftsideals: eine straff hierarchische und gleichwohl von Kameradschaft und Leistungsprinzip geprägte Gemeinschaft, in der Führer und Geführte, Herrschende und Beherrschte eine kämpfende Einheit gegen Feinde und Fremde bilden. Auch der Historiker Sven Reichardt beschrieb die faschistische Vorstellung einer «militarisierten Nation» als «Bund aller Bünde».[13]

11 *Squadra* heißt auf Italienisch «Gruppe» oder «Schar». Die Squadren waren die kleinsten, meist zwischen 20 und 60 Mitglieder zählenden Einheiten der faschistischen Miliz (s. Reichardt).

12 Zur italienischen Frühgeschichte des Faschismus s. u.a. Nolte, Breuer und Reichardt.

13 Reichardt, 691.

Männliche Kampfbünde oder kriegerische Männerbünde an sich sind allerdings keine Erfindung der Faschisten. Es gibt sie und die ihnen entsprechenden Formen von Männlichkeit schon seit Jahrtausenden in patriarchalen Klassengesellschaften. Diese historische Kontinuität ließ den Literaturwissenschaftler und Kulturtheoretiker Klaus Theweleit annehmen, «dass es eine universelle Struktur ‹des› Körpers des soldatischen Mannes – also ‹des› politischen Faschisten – gibt; als ein Normalfall der Gewaltausübung anzutreffen zumindest in der eurasisch-amerikanischen, in der japanischen, in der islamischen Mann-Kultur. […] Eine Vernichterkultur, die sich in unseren Gesellschaften eingenistet hat von Beginn unserer ‹Zivilisation› an, immer irgendwo vorhanden.»[14]

Staatliche und nicht-staatliche Gewaltorganisationen wie Armeen, Polizeien, Geheimdienste, Milizen, Söldnertruppen und Gangsterbanden liefern unzählige Beispiele dieser «Vernichterkultur». Die meisten Faschisten fühlen sich zu Gewaltorganisationen hingezogen; viele sind ausgesprochene Waffen- und Uniform-Fetischisten.

Umgekehrt sind Berufssoldaten und Polizisten besonders anfällig für Faschismus. Nach dem Ersten Weltkrieg stellten Heimkehrer von den Fronten, vor allem Offiziere und andere Elitesoldaten, einen wichtigen Teil der faschistischen Bewegungen. Auch heute noch neigen viele Angehörige von Militär und Polizei zur extremen Rechten.[15]

II.2. 1922–1945: Verbreitung und Ausweitung

Nicht nur in Italien, sondern auch anderswo in Europa gingen ultrarechte Paramilitärs nach dem Ersten Weltkrieg gegen linke Bewegungen vor. In Deutschland etwa gab es die Freikorps, deren Mitglieder später zum Teil in die NSDAP eintraten. Dass sich damals ausgerechnet der Name des *fascismo* als Oberbegriff für militant nationalistische, antimarxistische und antidemokratische Gruppierungen durchsetzte, lag am Erfolg des italienischen

14 S. Theweleits Artikel: «Der belgische Hitler-Sohn und der deutsche Überleib.»

15 S. beispielhaft das von Heike Kleffner und Matthias Meisner 2019 herausgegebene Buch: «Extreme Sicherheit. Rechtsradikale in Polizei, Verfassungsschutz, Bundeswehr und Justiz.»

Modells. Die italienischen Faschisten schafften den Sprung zur Massenbewegung. Im Jahre 1922 übernahmen sie die Regierung, und zwar mit Unterstützung durch Militärführung, Königshaus, Hochbürokratie, Großgrundbesitzer und Großkapitalisten. Bis zur Machtübernahme der Nazis in Deutschland 1933 blieb Italien der einzige faschistisch regierte Staat.

Der italienische Faschismus faszinierte das gesamte rechte Spektrum weltweit, auch zahlreiche Konservative und Liberale. Vielerorts innerhalb und außerhalb Europas entstanden Formationen, die Elemente der Ideologie und Praxis aus Italien und später aus Nazideutschland übernahmen. Den Schwarzhemden Mussolinis folgten die deutschen Nazi-Braunhemden, Blauhemden in Spanien und Irland, Grünhemden in Rumänien, Jugoslawien, Ägypten und Brasilien, Grauhemden in Südafrika, Goldhemden in Mexiko und Silberhemden in den USA. Es war eine richtige Modewelle. Einige dieser Gruppierungen nannten sich auch selbst «Faschisten», so die *British Union of Fascists* unter Oswald Mosley. Andere legten Wert auf eine Namensbildung aus der nationalen Tradition, wie die rumänische «Legion des Erzengels Michael» oder die kroatische «Ustascha».[16]

Bereits in den 20er- und 30er-Jahren wurden Begriffe für wirkliche oder vermeintliche Varianten des Faschismus erfunden. Kirchennahe Bewegungen und Regime erhielten das Etikett «klerikalfaschistisch», etwa die slowakische «Volkspartei» mit ihrer Miliz unter Jozef Tiso. Eine andere Wortschöpfung lautete «Monarchofaschismus» – damit waren Diktaturen in Monarchien wie Rumänien oder Bulgarien gemeint. Faschismen wurden auch gern nach ihren Führern benannt, wie der Hitler-, Franco- oder Horthy-Faschismus in Deutschland, Spanien und Ungarn. Der sogenannte «Ständestaat» in Österreich von 1934 bis 1938 unter Kurt von Schuschnigg hingegen hieß bei vielen seiner Gegner*innen «Austrofaschismus».

Alle wirklichen oder vermeintlichen Faschismen dieser Zeit teilten gewisse Merkmale: Sie waren nationalistisch, antikommunistisch, antidemokratisch und oft miteinander verbündet. Doch gab es nicht bei allen eine dynamische Massenbewegung mit eigener ideologisch-politischer Agenda wie in Italien und

---

16 Die Ideologie der «Legionäre» war von der christlich-orthodoxen Tradition Rumäniens geprägt. Der Name «Ustascha» bedeutet «der Aufständische» und sollte auf eine nationale (antiosmanische sowie antihabsburgische) Tradition des Rebellentums verweisen.

Deutschland. Manchmal existierte zwar eine Partei mit Führer, uniformierten und bewaffneten Verbänden, Massenaufmärschen und so weiter, aber sie war eine «von oben», von der Staatsführung ausgehende Veranstaltung und kein eigener Machtfaktor, sondern nur ein Fortsatz des Staatsapparates. Anders als in Italien und Deutschland fehlte in diesen Fällen der «genuine [ursprüngliche] Antrieb einiger zehntausend Fanatiker»[17].

Einige der als «faschistisch» bezeichneten Regime der 20er- bis 40er-Jahre waren eher konservativ und religiös geprägt. Sie erhoben nicht wie die echten Faschismen den totalitären und revolutionären Anspruch, die gesamte Gesellschaft radikal umzugestalten. So folgte auch ihre Herrschaftspraxis eher dem herkömmlichen Modell eines bürokratischen Polizeistaats. Zwar waren auch sie zum Terror fähig, aber es fehlte ihnen der Wille zur Vernichtung ganzer Bevölkerungsgruppen. Doch genau dies, nämlich entgrenzter Terror in Vernichtungsabsicht, kennzeichnete die Nazis, die italienischen Faschisten in ihrer Spätphase von 1943 bis 1945, die ungarischen Pfeilkreuzler, die rumänischen «Legionäre»[18], die kroatischen Ustascha-Leute und die ukrainischen OUN/UPA-Milizen[19].

Die Diktaturen von Schuschnigg in Österreich, Antonescu in Rumänien, Horthy in Ungarn, Salazar in Portugal und Franco in Spanien (nach dem Bürgerkrieg) hingegen kopierten bestimmte Formen aus Italien und Deutschland, doch ihre Ideologie und Herrschaftspraxis blieben im autoritär-konservativen Rahmen. Das schloss furchtbare Verbrechen nicht aus: Francos Leute massakrierten im spanischen Bürgerkrieg von 1936 bis 1939 Hunderttausende; unter Horthy fand 1919/20 blutiger konterrevolutionärer und antisemitischer Terror statt; das Antonescu-Regime verübte im Zweiten Weltkrieg Massenmord an jüdischen Menschen und Roma. Franco, Horthy und Antonescu stützten in unterschiedlichem Maße die verbrecherische Politik Nazideutschlands. Doch Antonescu und Horthy gingen gleichzeitig auch gegen radikalere Faschisten vor, während Franco sie

17 Nolte, Faschismus, 453/54.

18 Die «Legionäre» waren extrem antisemitisch und gewalttätig, aber nur kurz (1940/41) an der Macht, daher erhielten sie nicht ausreichend Gelegenheit zum Genozid.

19 OUN/UPA: Ukrainische Abkürzungen für «Organisation Ukrainischer Nationalisten/Ukrainische Aufständische Armee». S. dazu das Buch von Grzegorz Rossolinski-Liebe über deren Führer Stepan Bandera.

integrierte, dadurch kontrollierte und schließlich zu neutralisieren vermochte.[20]

Ungeachtet bestehender Unterschiede bürgerte sich das Wort «Faschismus» ab 1922 als Sammelbezeichnung für Rechtsaußen-Formationen ein. Mehr noch: Im kommunistischen Milieu wurde es üblich, jegliche Form bürgerlicher Klassenherrschaft als faschistisch zu denunzieren. Unter dem Einfluss des sowjetischen Diktators Stalin (1878–1953) verbreitete sich die Auffassung, dass der Faschismus lediglich eine autoritär verschärfte Form bürgerlicher Herrschaft sei, eine Art letztes Aufgebot gegen die vermeintlich bevorstehende Weltrevolution. Die Mobilisierungs- und Durchsetzungskraft des Faschismus wurde somit katastrophal unterschätzt. Die stalinistische[21] Entgrenzung des Faschismusbegriffs gipfelte Ende der 20er, Anfang der 30er in der Doktrin des «Sozialfaschismus». Gemeint war die Sozialdemokratie. Aber auch sozialdemokratische, liberale und konservative Kräfte setzten Kommunismus und Faschismus bereits damals gleich.[22]

II.3. Ab 1945: Neofaschismus

Als Nazideutschland und seine Verbündeten 1945 zerschlagen und ihre Verbrechen allgemein bekannt wurden, schien der Faschismus endgültig erledigt. Seither gilt ein offen positiver Bezug auf ihn in der Weltöffentlichkeit als unanständig. Der Begriff «Neofaschismus» markiert den Epochen-Bruch von 1945: Sich heute, im Wissen um die Verbrechen und die Niederlage des Faschismus, erneut für ihn zu entscheiden, offenbart einen besonderen Grad an Bösartigkeit oder Verblendung. Außerdem wird durch die Vorsilbe «neo» die besondere Dimension der Verbrechen des historischen Faschismus im Vergleich zur heutigen extremen Rechten betont.

20 Zu den europäischen Faschismen 1918–1945 s. Bauerkämper, Griffin und Wippermann, Faschismus.

21 «Stalinismus» meint hier einen Komplex aus Ideologie, Herrschafts- und Organisationsform, Mentalität und Politikstil, der unter den besonderen Bedingungen des Aufbaus des «Sozialismus in einem Land» nach der Oktoberrevolution in Russland 1917 entstand und danach für einen großen Teil der kommunistischen Weltbewegung prägend wurde.

22 S. «III.3. Frühe generische Theorien...» und «III.7. Marxistische Agenten- und Bonapartismustheorien».

Am Neofaschismus ist allerdings in ideologischer Hinsicht nur wenig wirklich neu. Es gab auch keinen personellen Bruch zwischen Alt- und Neu-Faschisten. Vielmehr machten einige Fanatiker gleich nach Kriegsende weiter und rekrutierten eine neue Generation von Aktivisten.[23] Dabei kam ihnen die weltpolitische Konfrontation zwischen dem von der USA und dem von der Sowjetunion geführten Staatenblock zugute. Westliche Regierungen und Geheimdienste unterstützten weltweit den Aufbau antikommunistischer und antisowjetischer Strukturen. Dazu wurde vielerorts auf vorhandene antikommunistische Potenziale zurückgegriffen – auch auf Faschisten. Die kapitalistischen Demokratien unter Führung der USA schreckten in der Blockkonfrontation der 50er- bis 80er-Jahre vor der Unterstützung mörderischer Militärdiktaturen in Asien, Europa, Afrika und Lateinamerika[24] ebenso wenig zurück wie vor dem Aufbau bewaffneter ultrarechter Untergrundgruppen in europäischen Ländern. Manche dieser Paramilitärs verübten blutige Terroranschläge.[25] Die antikommunistischen Netzwerke des Kalten Krieges sind ein wichtiges personelles, organisatorisches und ideologisches Bindeglied zwischen den Faschismen vor 1945 und danach.

Aber nicht nur der Westen hat zum Fortbestehen und Wiederaufleben des Faschismus beigetragen. Eine kritische Auseinandersetzung mit Ursprüngen und Elementen des Faschismus wie Nationalismus, Antisemitismus und Rassismus fand auch in den Ländern des sowjetischen Machtbereichs nicht ausreichend statt. Zudem griff die Herrschafts- und Propagandatechnik im real existierenden Sozialismus durchaus auf verbreitete Ressentiments zurück, wenn es innen- oder außenpolitischen Zwecken dienlich erschien. Ein Beispiel dafür ist die Verwendung antisemitischer Denkfiguren in der antiisraelischen Propaganda der Ostblockstaaten.[26]

---

23 S. den Artikel über Johann von Leers und die «faschistische Internationale» von Martin Finkenberger.

24 S. Kühnl, Faschismustheorien, 287–301, und außerdem die Artikel von Manfred Weißbecker und Eberhard Hackethal im Sammelband «Faschismusforschung» (209–258), herausgegeben von Eichholtz/Gossweiler.

25 S. den Film «Gladio – Geheimarmeen in Europa» von Frank Gutermuth und Wolfgang Schoen.

26 S. Thomas Haury: «Antisemitismus in der DDR».

II.4. 1960–1990: Weitere Karriere als Kampfbegriff

In der Zeit des Kalten Krieges wurden verschiedene antikommunistische, mit USA und NATO verbündete Regime außerhalb der kapitalistischen Metropolen Nordamerika, Westeuropa und Japan von linker Seite als faschistisch bezeichnet. Dies betraf zum Beispiel die Militärdiktaturen in Griechenland (1967–1974), Argentinien (1976–1983) und Chile (1973–1990).[27] Diese und ähnliche Regime unterdrückten oppositionelle Bewegungen grausam und ermordeten zahlreiche Menschen.

In einigen Fällen nahm der Terror genozidale Ausmaße an. Indonesien zum Beispiel erlebte 1965/66 eine gleichzeitig nationalistische und islamisch-religiöse Massenmobilisierung, in deren Zuge neben hunderttausenden wirklichen oder vermeintlichen Anhänger*innen des Kommunismus auch sehr viele Angehörige der chinesischen Minderheit massakriert wurden.[28] In Guatemala ging während der 80er-Jahre die brutale Bekämpfung linker Aufständischer mit der Ausrottung indigener Bevölkerungsgruppen einher.[29]

Bei den antikommunistischen Diktaturen und Bürgerkriegstruppen des Kalten Krieges gab es bis in die Führungsebenen nicht wenige offene Faschisten. Doch in vielen Fällen fehlte eine faschistische Massenbewegung. Statt sich wie in Italien 1922 und Deutschland 1933 mit einer faschistischen Partei und ihrer Terror-Miliz zu verbünden, übernahmen ultrarechte Kreise aus Militär, Polizei und Geheimdiensten – oft verbündet mit konservativen religiösen Herrschaftsgruppen – gleich selbst die Macht. Sie herrschten im Interesse der wirtschaftlich privilegierten Schichten und mit Unterstützung der USA und anderer westlicher Staaten.

Die Regime dieser Art hatten keinen revolutionären und totalitären Anspruch wie die klassischen Faschismen in Italien und Deutschland vor 1945; auch kannten sie nicht deren pseudoantikapitalistische Demagogie. Antisemitismus und Rassismus spielten ebenfalls eine geringere Rolle. Außenpolitisch neigten viele dieser Regime zwar zu nationalistischem Säbelrasseln,

27 S. zu Lateinamerika Bauerkämper, 188ff., Kühnl, Faschismustheorien, 295ff.

28 S. Kühnl, Faschismustheorien, 294/95.

29 S. den Artikel «Straflos in den Tod» von Nis Melbye.

einige brachen auch kleinere Kriege vom Zaun, aber an den Imperialismus und Militarismus der Nazis oder der italienischen Faschisten kamen sie schon wegen des geringen Machtpotenzials ihrer Länder nicht heran.

Neben diesen Unterschieden gab es auch Gemeinsamkeiten. Die rechten Diktaturen des Kalten Krieges waren allesamt antikommunistisch, nationalistisch, antidemokratisch und extrem repressiv. Daher schien es aus linker Sicht gerechtfertigt, für sie den Faschismusbegriff zu verwenden.[30]

Doch etwa seit den 1960er-Jahren wurde es unter Linksradikalen zur Mode, auch den demokratisch verfassten Kapitalismus als faschistisch zu denunzieren.[31] Die theoretische Begründung dessen lief darauf hinaus, dass es heutzutage keiner besonderen faschistischen Ideologie und Massenbewegung mehr bedürfe, weil sich der Faschismus im Staatsapparat und seinem Handeln auch so immer mehr verwirkliche. Folglich orientierte sich ein Teil der radikalen Linken strategisch darauf, den vermeintlichen Faschismus des Staates zu demaskieren.

Bei der linksradikalen Inflationierung des Faschismusbegriffs waren zwei Wörter besonders hilfreich. Das eine lautet «Faschisierung» und meint einen Prozess des Faschistisch-Werdens, das andere ist «faschistoid», also faschismusartig oder faschismusähnlich. Diese beiden Begriffe ermöglichten es, jede staatliche Repression als faschistisch, faschistoid oder Ausdruck der Faschisierung zu brandmarken. Ursprünglich als berechtigter Hinweis auf autoritäre und militaristische Tendenzen innerhalb der kapitalistischen Demokratie gemeint, verkam die Rede von der Faschisierung und vom Faschistoiden häufig zur Phrase, bei der nicht mehr angegeben wurde, wer oder was inwieweit faschistisch geworden war. Den bürgerlichen Staat und den Kapitalismus insgesamt als faschistisch zu denunzieren, hatte aus linksradikaler Sicht auch den Vorteil, extreme Aktionsformen wie Attentate und Anschläge als antifaschistischen Kampf zu rechtfertigen.

Der jeden Rahmen sprengende Charakter der faschistischen Verbrechen hielt viele Linke nicht etwa davon ab, mit dem Faschismusvorwurf um sich zu werfen, sondern steigerte im Gegenteil die Verlockung, sich dieses ultimativen Kampfbegriffs zu bedienen. Der Faschismus wurde bagatellisiert.

30 S. «XI.3. Gossweiler über Militärfaschismus».

31 S. Wippermann, Faschismustheorien, 2–9, 22ff., Kühnl, Probleme, 279.

II.5. Ab 1980: Situation in Deutschland

Neben dem polemischen Alltagsgebrauch des Faschismusbegriffs gab es immer auch eine linke Theorie-Diskussion auf hohem Niveau. Trotzdem war der Faschismusbegriff irgendwann Ende der 70er-, Anfang der 80er-Jahre so abgenutzt und ausgedehnt worden, dass ihn zunehmend auch nicht-rechte Wissenschaftler*innen mieden. Die meisten rechten, staats- und wirtschaftsnahen Gelehrten hatten ihn sowieso nie akzeptiert. Im Laufe der 80er-Jahre kam der generische Faschismusbegriff in immer größeren Teilen des bundesdeutschen Wissenschaftsbetriebs außer Gebrauch. Wer ihn dennoch verwendete, bekannte sich damit zu einer linken Gesinnung oder machte sich einer solchen verdächtig. Besiegelt wurde diese Entwicklung ab 1989 durch den Zusammenbruch des sowjetischen Sozialismusmodells und damit auch der DDR. Begriff und Theorie des Faschismus in marxistisch-leninistischer Version waren Teil der DDR-Staatsideologie gewesen und stürzten mit dieser in den Abgrund.

In der deutschen Wissenschafts- und Medienlandschaft ist der Faschismusbegriff nach wie vor nicht sehr verbreitet. Möglicherweise faschistische Strömungen werden normalerweise «rechtsextrem», «rechtsradikal» oder auch «rechtspopulistisch» genannt, während mit Blick auf die deutsche Geschichte meistens vom «Nationalsozialismus» die Rede ist. Als Faschismus werden tendenziell eher außerdeutsche und historische Erscheinungen bezeichnet, vor allem aus dem italienischen Kontext. Auch Teile der deutschen Linken und antifaschistischer Milieus ziehen Sammelbezeichnungen wie «extreme Rechte» dem umstrittenen und vorbelasteten Faschismusbegriff vor. Besonders mit Bezug auf den NS und dessen einmalige Verbrechen meiden nicht wenige links und antifaschistisch denkende Menschen das Wort «Faschismus», weil es ihnen zu schwach oder sogar verharmlosend erscheint.

Daneben gibt es nach wie vor viele Linke unterschiedlicher Milieus, Strömungen und Altersgruppen, die den Faschismusbegriff wie selbstverständlich verwenden. Beispielsweise setzen gerade Menschen, die sich dem DDR-Sozialismus verbunden fühlen, den Faschismusbegriff trotzig gegen die Bezeichnung «Nationalsozialismus», um den Sozialismus als Gesellschaftsmodell gegen seine Vereinnahmung durch die Nazis und gegen die «Rot gleich Braun»-Thesen der Totalitarismustheorie zu verteidigen.

Der deutschsprachige Diskurs über Faschismus hat also Besonderheiten und Schwierigkeiten. Aber etwa seit der letzten Jahrtausendwende wird der Begriff im politischen und wissenschaftlichen Raum wieder mehr benutzt und auch als analytische Kategorie ernster genommen. Ein Grund dafür liegt in dem internationalen Aufschwung neuer generischer Faschismustheorien und vergleichender Faschismusforschung seit Anfang der 1990er-Jahre. Ein weiterer Grund ist das weltweite Erstarken rechtsextremer Kräfte. Die Angst vor einer neuen Epoche des Faschismus führt zu einer Renaissance des Faschismusbegriffs.

III. Entwicklung der Faschismustheorien

Die Theorieentwicklung lässt sich grob in drei besonders produktive Phasen einteilen: Die erste dauerte ungefähr vom Anfang der 1920er- bis zum Anfang der 40er-Jahre, die zweite Phase währte etwa vom Beginn der 60er-Jahre bis um 1980, und die dritte begann circa 1990 und hielt bis nach der Jahrtausendwende an.

In der ersten Phase wurden viele Begriffe und Theoreme (Theorie-Elemente) gebildet, die im Diskurs über Faschismus bis heute immer wieder auftauchen. Die unterschiedlichen politischen Milieus wie Liberalismus, Konservatismus und Marxismus brachten ihre je eigene Deutung hervor. Kritische Theorie und Totalitarismustheorien nahmen ihren Anfang. In dem Maße, wie in den 30er- und 40er-Jahren der Nazismus zum Hauptgegner der nicht-faschistischen Welt wurde und diese mit seinen Verbrechen schockierte, bezogen sich die Faschismustheorien immer mehr auf den NS, während die anderen Faschismen in den Hintergrund rückten.[32] Diese Schwerpunktsetzung hielt sich bis in die 90er-Jahre.

Die zweite Phase war von einer regen marxistischen Theoriebildung geprägt. Daneben entstanden Theorien, die sich auf den Faschismus als Ideologie und Bewegung konzentrierten. Diese neue «ideozentrische» Strömung verfolgte verstärkt ideengeschichtliche Fragestellungen und einen international vergleichenden Ansatz.

Die dritte Phase brachte viele neue Theorien und Definitionen hervor. Besondere Prominenz erlangten ideozentrische und «praxeologische» (praxiszentrierte) Ansätze. Der Trend zu einer international vergleichenden Forschung setzte sich fort.

32 Darauf wies Nolte in «Vierzig Jahre Theorien über den Faschismus» hin.

III.1. Kartierung des theoretischen Feldes

Nach einem Vorschlag von Helmut Dubiel und Alfons Söllner können die Faschismustheorien entlang folgender Gegensatzpaare eingeteilt werden: transpolitisch oder konkret-historisch, singularistisch oder generisch, autonomistisch oder heteronomistisch.[33]

- Transpolitisch ist eine Faschismustheorie, wenn sie die Ursachen des Faschismus in der Jahrtausende langen Kontinuität patriarchaler Klassengesellschaften ausmacht. Ernst Noltes Deutung des Faschismus als «Widerstand gegen die Transzendenz» oder Klaus Theweleits Auffassung vom Faschismus als Ausdruck einer uralten soldatisch-männlichen «Vernichterkultur» sind Beispiele für einen transpolitischen Ansatz. Konkret-historisch werden hingegen Theorien genannt, die den Faschismus aus den speziellen Bedingungen seiner Entstehungszeit erklären.
- Singularistisch sind Theorien, die den Faschismus als Ausdruck und Ergebnis bestimmter nationaler Besonderheiten oder der Persönlichkeit eines Führers auffassen. Sie können nur zur Erklärung des jeweiligen Einzelfalls beitragen. Generische Theorien hingegen untersuchen den Faschismus als internationales Phänomen der kapitalistischen Moderne.
- Autonomistische Theorien betrachten den Faschismus als eigenständige Erscheinung, die einer eigenen Logik folgt. Dem gegenüber fassen heteronomistische Theorien den Faschismus als Ausdruck oder Wirkung von etwas Anderem auf. Autonomistisch sind zum Beispiel die ideozentrischen Theorien, welche die ideologischen und programmatischen Aussagen der Faschisten zum Ausgangspunkt der Analyse machen. Die marxistischen Theorien hingegen, die den Faschismus in erster Linie als Ergebnis einer bestimmten Entwicklungsstufe des Kapitalismus und als eine bestimmte Form staatlicher Herrschaft im Kapitalismus auffassen, sind heteronomistisch.

Jede dieser Herangehensweisen lässt bestimmte Seiten des Faschismus hervortreten und rückt dafür andere in den Hintergrund. Eine transpolitische Theorie wird seine geschichtlich weit zurückreichenden Wurzeln freilegen, während eine konkret-

33 S. Dubiel/Söllner, 27/28.

historische seine Zeitgebundenheit enthüllt. Singularistische Theorien werden Aufschluss darüber geben, was einzigartig an einem Faschismus ist, generische Theorien über das, was Faschismen gemeinsam haben. Die autonomistischen ideozentrischen Ansätze können zeigen, was faschistische Bewegungen am modernen Kapitalismus kritisieren und wie ihr Gegenentwurf aussieht, während die heteronomistischen marxistischen Ansätze den Zusammenhang zwischen Kapitalismus und Faschismus beleuchten. Jeder Ansatz kann zu Teilerkenntnissen führen, aber jede Faschismusanalyse muss auch einen Standpunkt in diesem theoretischen Feld einnehmen.

III.2. Singularistische Theorien: Faschismus als nationale Besonderheit oder Werk eines Führers

Früh schon fiel die Sonderrolle Italiens und Deutschlands auf, denn die meisten anderen Faschismen kamen nie zu einer solchen Massengefolgschaft, geschweige denn an die Staatsmacht. Italien und Deutschland wurden erst 1861 und 1871, also später als England und Frankreich, zu Nationalstaaten modernen Typs. *Fascismo* und NS ließen sich als aufholende Bewegung des italienischen und deutschen Kapitalismus deuten, die bei der imperialistischen Aufteilung der Welt unter den Großmächten zu spät und zu kurz gekommen waren.

Nach Meinung vieler Forscher*innen hing die verspätete Nationalstaatsbildung mit tiefen, in historisch langer Dauer gebildeten Strukturproblemen der beiden Länder zusammen. Italien war gespalten in den relativ modernen, industriell entwickelten Norden und den armen, agrarisch geprägten Süden des Landes. Der *fascismo*, so eine Deutung, sollte vor allem diese Spaltung überwinden und endlich einen modernen und einheitlichen italienischen Nationalstaat schaffen. Dies war in der Tat ein zentrales Anliegen Mussolinis.[34]

Als Extremfall des Faschismus forderte der NS zu vielen historischen Erklärungsversuchen heraus. Eine Meister-Erzählung[35]

---

34 S. die frühen italienischen Theorien in Nolte, Theorien.

35 Meister-Erzählungen (engl. *master narratives*) sollen komplexe und langwierige historische Entwicklungen zusammenfassen und vor allem sinnvoll erklären.

vom «deutschen Sonderweg» entstand. Der marxistische Politikwissenschaftler Reinhard Kühnl fasste sie in seinem «Leitfaden» zu Faschismustheorien zusammen, wobei er sich vor allem auf den westdeutschen Totalitarismusforscher Karl Dietrich Bracher (1922–2016) und den ungarisch-jüdischen Marxisten Georg Lukács (1885–1971) berief.[36]

Der deutsche Sonderweg begann demnach im 16. und 17. Jahrhundert, als sich die globalen Waren- und Geldströme vom späteren Deutschland (und von Italien) weg gen Westen verlagerten und die Fürsten sich gegen das Bürgertum und gegen Versuche der Schaffung einer kaiserlichen Zentralgewalt durchsetzten. Die entscheidenden Krisen waren die blutig niedergeschlagenen Aufstände des «Deutschen Bauernkriegs» von 1524 bis 1526 sowie der von 1618 bis 1648 dauernde Dreißigjährige Krieg. Im Resultat blieben die deutschen Lande staatlich zersplittert sowie wirtschaftlich und gesellschaftlich weithin rückständig.

Im ökonomisch und politisch schwachen Bürgertum der deutschen Fürstenstaaten, so die Erzählung weiter, bildeten sich eine Untertanen-Mentalität und ein Hang zu Provinzialität, Weltabgewandtheit und Irrationalismus heraus. Aufklärerische und bürgerlich-revolutionäre Ideen wurden seit der Wende vom 18. zum 19. Jahrhundert häufig als feindliche äußere Macht wahrgenommen. Viele Deutsche identifizierten sie mit der Eroberungs- und Unterdrückungspolitik des französischen Diktators Napoleon Bonaparte. Die adlig-militärisch-bürokratischen Herrschaftsgruppen der deutschen Fürstenstaaten konnten eine Mehrheit des Bürgertums für ein reaktionäres Bündnis gegen die Revolution und Frankreich gewinnen. Nach einem gescheiterten Versuch bürgerlicher Revolution und Nationalstaatsbildung «von unten» 1848/49 wurde Deutschland 1864–1871 durch die besonders autoritär und militaristisch geprägte Großmacht Preußen gewaltsam «von oben» geeint. Das Bündnis von Fürsten, Adel, Offiziers- und Beamtenkaste mit maßgeblichen Kreisen des Bürgertums setzte sich danach im deutschen Kaiserreich fort, und zwar mit einem antidemokratischen, antisozialistischen und imperialistischen Programm. Ende des 19., Anfang des 20. Jahrhunderts waren dann die wesentlichen Ideologeme (Ideologie-Elemente) ausgebildet und in der Bevölkerung verankert, die sich später im Nazismus so katastrophal

36 Kühnl, Faschismustheorien, 77–98.

umsetzten. Dennoch konnte der NS nur aufgrund der besonderen Bedingungen in Deutschland nach dem verlorenen Ersten Weltkrieg an die Macht kommen – soweit Kühnls Erzählung.

Kühnl unterstrich, dass die Entwicklung niemals vorherbestimmt war und immer Alternativen bestanden. Er polemisierte gegen Theorien, die den Faschismus auf einen angeblichen Nationalcharakter zurückführen:

«Sie stellen meist eine Mischung aus gängigen Vorurteilen und hausgemachter Vulgärpsychologie dar.»[37]

Einen gleichsam natürlichen Hang zum Faschismus schrieben manche Theoretiker*innen zum Beispiel der deutschen und der japanischen Nation zu.[38] Ähnliche Zuschreibungen – unter positiven Vorzeichen – nahmen auch Nazismus und japanischer Militarismus vor. Doch kein noch so triftiger Verweis auf nationale Besonderheiten kann laut Kühnl erklären, warum der Faschismus eine internationale, ja globale Erscheinung war und ist.

Daneben gab es schon früh singularistische Theorien, die den Faschismus aus der Persönlichkeit seiner Führer erklärten. Ideologien und Herrschaftssysteme, in denen alles auf einen «Führer» ausgerichtet ist, geben dieser Person tatsächlich große Macht. Doch viele Bücher und Filme über den NS, vor allem in der Populärkultur, machen Hitler und seine engsten Komplizen zu riesenhaften, dämonischen Gestalten, hinter denen die gesellschaftlichen Strukturen und Zusammenhänge verschwinden. Kühnl kritisierte derlei Personalisierung: Sämtliche Kernelemente der Naziideologie waren schon lange vor dem Aufstieg Hitlers ausgebildet. Erst die Unterstützung durch großbürgerliche Kreise gab Hitler die Gelegenheit, sein propagandistisches, organisatorisches und machtpolitisches Talent voll zu entfalten. Damit bekam er allerdings auch Spielraum, um eigene ideologische Schwerpunkte zu setzen, vor allem den Vernichtungsantisemitismus. Laut Kühnl ist die Auffassung, dass Geschichte in erster Linie von «großen Männern» gemacht werde, im Grunde antidemokratisch und ähnelt der faschistischen Führer-Ideologie.

---

37 Kühnl. Faschismustheorien, 78.

38 S. zu «teutonozentrischen» u. a. singularistischen Theorien Nolte, Streitpunkte, 28/29; Theorien, 29–31; Faschismus, 20. S. ebd., 501, zur Bewunderung der Nazis für Japan als «naturfaschistisches» Land.

III.3. Frühe generische Theorien: Faschismus als extremer Nationalismus, als Nihilismus und Machiavellismus, als Bewegung Krimineller und Deklassierter, als Atavismus

Nach 1922 legte jedes politische Milieu seine eigene Deutung des Faschismus vor.[39] Liberale sahen in ihm einen extremen Nationalismus, der bürgerliche Freiheit und Rechtsstaat ebenso von rechts bedrohte, wie es von links Marxismus und Anarchismus taten. Damit war eine frühe Form der Totalitarismustheorie geboren.

Konservative hielten den Faschismus für einen Ausdruck des modernen Nihilismus, also der Verneinung und Vernichtung aller herkömmlichen Ordnungsmodelle und Werte. In der Tat brach der Faschismus radikal mit bestimmten europäischen Traditionen. Christliche Konservative sahen im Faschismus ebenso wie in Kommunismus und Anarchismus eine Form moderner Gottlosigkeit. Sowohl im italienischen Faschismus als auch in der Nazibewegung existierten antikirchliche und antichristliche Strömungen. Für viele gläubige Menschen war der Faschismus geradezu Teufelswerk. Solche Sichtweisen auf den Faschismus gibt es auch heute noch, und nicht nur in christlichen Kreisen. Vor allem der NS dient in der Populärkultur weltweit als Symbol für das absolute Böse.

Nicht weit davon entfernt lagen Theorien, die im Faschismus lediglich Machiavellismus erkannten, also reinen, zynischen, prinzipienlosen Machtwillen.[40] Auch diese Auffassung enthielt etwas Wahres. Die faschistischen Führer gingen tatsächlich äußerst opportunistisch und skrupellos vor. Ihre Ideologie verherrlichte offiziell Machtstreben und brutale Gewalt.

Viele spätere Deutungen folgten der Machiavellismus-Theorie insofern, als sie den Faschismen alle höheren Ziele absprachen. Die faschistische Ideologie mit ihren Parolen und Mythen sei lediglich eine Tarnung für niedere, ganz handfeste Interessen. Doch welche und wessen Interessen vertritt der Faschismus

39 S. dazu die frühen Theorien im Sammelband von Nolte. S. a. Wörsching, Theorie, 30–32.

40 Nach dem florentinischen Gelehrten und Politiker Niccolò Machiavelli, dessen 1513 erschienenes Buch «Il Principe» («Der Fürst») zum ersten Mal die Grundzüge einer modernen, religiös und moralisch ungebundenen Machtpolitik darlegte.

eigentlich? Diese Frage wurde unterschiedlich beantwortet. So gab es schon früh die Auffassung, dass der Faschismus der politische Ausdruck des Gangstertums sei: Die Faschisten strebten nach der Macht, um sich zu bereichern und ihre kriminellen, perversen Neigungen ausleben zu können.

Unweit davon liegt die Vorstellung, dass der Faschismus von moralisch verkommenen, perspektivlosen Menschen getragen werde. Traditionelle marxistische Bezeichnungen für diese Bevölkerungsteile lauten «deklassierte Elemente» oder «Lumpenproletariat». Letzterer Begriff geht zurück auf die Marxsche Beschreibung der Gefolgschaft des Louis Bonaparte in Paris um 1850:

«Neben zerrütteten Roués [Wüstlingen] mit zweideutigen Subsistenzmitteln [Mitteln zum Lebensunterhalt] und von zweideutiger Herkunft, neben verkommenen und abenteuernden Ablegern der Bourgeoisie Vagabunden, entlassene Soldaten, entlassene Zuchthaussträflinge, entlaufene Galeerensklaven, Gauner, Gaukler, Lazzaroni [Wohnungs- und Arbeitslose], Taschendiebe, Taschenspieler, Spieler, Maquereaus [Zuhälter], Bordellhalter, Lastträger, Literaten, Orgeldreher, Lumpensammler, Scherenschleifer, Kesselflicker, Bettler, kurz, die ganze unbestimmte, aufgelöste, hin- und hergeworfene Masse, die die Franzosen la bohème nennen».[41]

Ähnlich abwertende Zuschreibungen finden sich in den Faschismustheorien häufig und sie leben bis heute fort, zum Beispiel im Klischee vom dummen, arbeitslosen, alkoholkranken Nazi. Alle Klischees sind falsche Verallgemeinerungen, aber es gäbe sie nicht ohne Anhaltspunkte in der Wirklichkeit. Die Faschismen haben schon immer auch gescheiterte und kriminelle Existenzen sowie exzentrische und gebrochene Persönlichkeiten angezogen. Der US-amerikanisch-jüdische Soziologe Seymour Martin Lipset (1922–2006) meinte, dass der fanatische Kern nicht nur der faschistischen, sondern aller extremistischen Bewegungen von den Unzufriedenen, Entwurzelten, Erfolglosen, Isolierten, Unsicheren, Ungebildeten, Unintelligenten und Autoritären jeder sozialen Schicht gebildet werde.[42]

Der Faschismus konnte nicht nur als Ausdruck menschlicher Verkommenheit, sondern auch als Atavismus, also als Rückfall

---

41 Marx, Brumaire, 362.
42 Lipset, 482/83.

in urtümliche Primitivität gedeutet werden. So wirkten die faschistischen Horden mit ihren archaisch anmutenden Ritualen auf viele Beobachter*innen. Der Faschist als grausamer Barbar wurde zur feststehenden Figur. Manche sahen im Faschismus eine Verkörperung allen rückständigen und abergläubischen Denkens, das trotz moderner Fortschritte weiterlebt. Der Marxist Leo Trotzki formulierte:
«Der Faschismus hat die Niederungen der Gesellschaft zur Politik erhoben. Nicht nur in den Bauernhäusern, sondern auch in den städtischen Wolkenkratzern leben noch heute neben dem zwanzigsten Jahrhundert das zehnte und das dreizehnte. Hunderte von Millionen Menschen gebrauchen den elektrischen Strom und hören doch nicht auf, an die magische Gewalt der Gesten und Beschwörungen zu glauben. Der römische Papst verbreitet das Mirakel der Verwandlung von Brot und Wein durch das Radio. Die Filmstars gehen zu den Astrologen. [...] Welch unerschöpfliche Reserven von Dunkelheit, Unwissenheit und Barbarei!»[43]

III.4. Modernisierungstheorien: Borkenau und Spätere

Die frühen Theorien des Faschismus als Atavismus, Machiavellismus oder Nihilismus erhellten schlaglichtartig einen Einzelaspekt. Aber bald gab es auch umfassende sozialwissenschaftliche Erklärungsversuche. Der marxistische Soziologe, Historiker und Philosoph Franz Borkenau sah den Faschismus als Projekt der Kapitalistenklasse, jedoch fragte er auch, was an ihm historisch neu war, was auf der Linie einer notwendigen gesellschaftlichen Weiterentwicklung lag und ihm somit Überzeugungs- und Mobilisierungskraft verlieh. Borkenau zufolge wurde die kapitalistische Modernisierung in bestimmten Ländern, zum Beispiel Italien, von einer starken Arbeiter*innenbewegung behindert. Der Faschismus sei eine Art Entwicklungsdiktatur mit der historischen Aufgabe, dieses Hindernis zu zerstören und dem Modernisierungsprozess zum Durchbruch zu verhelfen. Doch diese 1933 veröffentlichten Thesen wurden schnell grundsätzlich infrage gestellt: Der Faschismus kam sowohl im industriell bereits hochentwickelten Deutschland als auch in Ländern mit

43 Zitiert nach Nolte, Theorien, 56/57.

wenig Industrie und Proletariat wie Rumänien empor. Trotzdem wurden weiterhin Modernisierungstheorien über den Faschismus entwickelt, insbesondere in den 60er-, 70er- und 80er-Jahren.[44]

Faschismus kann demnach als besonderer, auf Krieg und Massenvernichtung abzielender Modernisierungsweg gesehen werden.[45] Unter Modernisierung wird zunächst die seit dem 19. Jahrhundert auf immer höheren Stufen fortschreitende Industrialisierung von Gesellschaften samt der damit verbundenen wissenschaftlichen und technischen Neuerungen verstanden. Mit der wirtschaftlichen Modernisierung ging die kulturelle und politische einher: Die europäische Standesordnung des 19. Jahrhunderts mit ihrer strikten Trennung von adlig-großbürgerlichen, mittel- und kleinbürgerlichen, proletarischen und unter-proletarischen Lebenswelten löste sich im Laufe des 20. Jahrhunderts auf. Eine verstädterte Massengesellschaft mit vermehrten sozialen Aufstiegsmöglichkeiten sowie einer vereinheitlichten Konsumkultur entstand. Erst jetzt gab es für breite Bevölkerungsteile Freizeit im modernen Sinn, und auch die Jugendzeit als besonderer Lebensabschnitt zwischen Kindheit und Erwachsen-Sein wurde erst jetzt zur massenhaften Lebensrealität, weil sich die Ausbildung junger Arbeitskräfte verlängerte und intensivierte. Als wichtiges Merkmal von Modernisierung gilt zudem, dass der Staat immer tiefer und wissenschaftlich angeleitet in die Gesellschaft eingriff, etwa durch Sozial-, Bildungs-, Gesundheits-, Kultur- und Bevölkerungspolitik oder auch durch Raumplanung.

All diese Modernisierungstendenzen gab es unter dem Faschismus in Deutschland und Italien, und zwar in intensivierter Form. Aber ähnliche Entwicklungen vollzogen sich während der 20er- und 30er-Jahre auch in demokratischen Ländern wie den USA.

---

44 S. Wippermann, Faschismus, 20, ders., Faschismustheorien, 80–86. S. a. Kühnl, Faschismustheorien, 168–184. Modernisierungstheorien des Faschismus wurden u. a. entwickelt von D. E. Apter, C. A. Black, A. F. K. Organski, B. Moore, R. Dahrendorf und D. Schoenbaum.

45 S. die Abschnitte zu Sohn-Rethel und sowie zu «Sohn-Rethel plus Wertkritik».

III.5. Faschismus als politische Religion: Voegelin

Folgenreich für die Faschismustheorie wurde der Begriff der «politischen Religion», den der christlich-konservative Politologe und Philosoph Eric Voegelin 1938 prägte. Voegelin war aufgefallen, dass die Ideologien moderner Massenbewegungen wie Nationalismus, Sozialismus und Faschismus strukturelle Ähnlichkeiten mit dem Christentum aufweisen. Die Meister-Erzählungen dieser Ideologien handeln vom welthistorischen Ringen gegensätzlicher Kräfte, vom bevorstehenden Endkampf und von einer kommenden Zeit des Heils. Die Ideologien moderner Massenbewegungen schreiben bestimmten Kollektiven und Organisationen wie Klasse, Partei, Nation, Rasse oder Staat gewisse gottähnliche Eigenschaften zu und entwickeln häufig um sie und um die jeweiligen Führungspersonen einen regelrechten Kult. Voegelin erklärte dieses Phänomen mit der modernen Verdrängung des Glaubens an Gott und ans Jenseits, die für ihn eine Sinnentleerung des menschlichen Daseins darstellte. Er schlussfolgerte: Die modernen Ideologien sind wissenschaftsgläubige Ersatzreligionen für geschlossene politische Gemeinschaften. Da sich diese Kritik sowohl gegen Sozialismus und Kommunismus als auch gegen Nationalismus und Faschismus richtete, wurde Voegelin zu einem Urheber der Totalitarismustheorien. Der Faschismus trägt allerdings mehr Züge einer politischen Religion als der Kommunismus, da er sich anders als dieser offen feindlich gegen humanistische Vernunft und Aufklärung zeigt. Folgerichtig taucht der Begriff der politischen Religion seit Voegelin immer wieder in Faschismustheorien auf.[46]

III.6. Frühe marxistische Theorien: Zetkin, Radek, Turati, Bloch

Die marxistische Bewegung hatte eine klare Vorstellung vom Ziel der Geschichte und des eigenen Engagements: Es galt, den Kapitalismus durch Klassenkampf zu überwinden und eine menschenwürdige Gesellschaft zu errichten. Bald teilte sich der Marxismus in zwei Lager. Das eine fasste den Klassenkampf

46 S. den Artikel «Faschismus als Politische Religion» von Fabian Kunow.

eher parlamentarisch und gewerkschaftlich auf und wollte allmählichen Wandel durch Reformen, das andere setzte auf gewaltsame Revolution. Aber beide Lager wähnten sich gleichermaßen am Ende des Kapitalismus und an der Schwelle einer neuen Zeit. Die Anhänger*innen des Marxismus glaubten fest daran, dass sich Menschheit und Gesellschaft stets weiter zum Besseren entwickeln würden, dass der Fortschritt zum Sozialismus im Prinzip gesetzmäßig und unaufhaltsam sei. Doch schon im Laufe der zweiten Hälfte des 19. Jahrhunderts kamen Zweifel auf. Der neben Marx bedeutendste sozialistische Theoretiker, Friedrich Engels, sorgte sich kurz vor seinem Tod im Jahre 1895: Könnten Nationalismus, Imperialismus und ein großer europäischer Krieg den schon sicher geglaubten Siegeszug des Sozialismus vielleicht doch aufhalten?[47]

In der zweiten Hälfte des 19. Jahrhunderts trat der moderne Kapitalismus in ein neues Entwicklungsstadium, den Imperialismus, dessen Name von den kolonialen Imperien der damaligen Großmächte abgeleitet ist. Die Konkurrenz zwischen den imperialistischen Staaten verschärfte sich immer mehr und führte zum Wettrüsten sowie zur nationalistischen und militaristischen Mobilisierung breiter Bevölkerungsteile. Die Gefahr eines großen europäischen oder gar weltweiten Krieges wuchs beständig.

Ideologien menschlicher Ungleichheit und Ungleichwertigkeit wie Nationalismus, Rassismus, Sexismus, Sozialdarwinismus und Antisemitismus erlebten damals einen ungeheuren Aufschwung. Sie reflektierten die imperialistische und militaristische Formierung der einzelnen Gesellschaften, trieben diese aber auch selbst voran. Einerseits entwickelte sich damals eine ganze Wissenschaftslandschaft mit Disziplinen wie Eugenik[48] oder «Rassenkunde», um die Gesellschaft im Sinne der Ungleichwertigkeitsideologien umzugestalten. Andererseits verbreiteten sich mystische Lehren, die Herrschaft, Krieg und Gewalt glorifizierten. In diesem Umfeld entstanden gegen Ende des 19. Jahrhunderts die Vor- und Frühformen der faschistischen Bewegungen und Ideologien: die Prä- oder Protofaschismen.

---

47 S. Wippermann, Bonapartismustheorie, 79–84; Nolte, Faschismus (Rückblick), X.

48 Bei der Eugenik oder Eugenetik geht es darum, eine Bevölkerung durch Züchtung vermeintlich höherwertiger Menschen und durch Ausmerzung angeblich minderwertiger Menschen zu optimieren.

Doch nicht diese standen im Fokus der marxistischen Bewegungen, wichtiger erschien die wachsende Weltkriegsgefahr. Die seinerzeit großen und mächtigen Arbeiter*innenparteien Europas beteuerten einander, den Krieg durch massenhafte Aktionen und Streiks abwenden zu wollen. Als jedoch der Weltkrieg im Sommer 1914 ausbrach, folgten den Beteuerungen keine Taten. Aufgerufen von ihren Partei- und Gewerkschaftsführungen, sammelten sich die Proletarier aller Länder unter den jeweiligen Nationalfahnen und zogen gegeneinander zu Felde. Dies war die bis dahin größte historische Niederlage der Linken. Die Ideologie der Nation hatte über die internationale Klassensolidarität des Proletariats gesiegt. In den folgenden vier Jahren nahmen kriegsbedingte Notstandsdiktatur und industrieller Krieg viele der späteren Schrecken des Faschismus vorweg. Nach Kriegsende 1918 entstanden in vielen Ländern Europas ultranationalistische Massenbewegungen, in denen die vom Krieg geprägte Männergeneration eine tragende Rolle spielte[49] – die Epoche des Faschismus hatte begonnen.

Weltkrieg und Faschismus machten die marxistische Hoffnung auf baldige Überwindung des Kapitalismus zunichte. Jede marxistische Faschismustheorie ist auch ein Versuch, diese welthistorische Niederlage zu verarbeiten.

Die Vordenker*innen des revolutionären Marxismus hatten nie angenommen, dass der Kapitalismus leicht zu überwinden wäre. Vielmehr rechneten sie mit erbitterter Gegenwehr. Dies hatten die blutigen Konterrevolutionen des 19. Jahrhunderts gelehrt. Der Terror der italienischen Faschisten ab 1919 schien zu den historischen Erfahrungen zu passen, und die Bezeichnung «Faschismus» wurde auf vielerlei Gruppierungen übertragen, die gewaltsam gegen die Arbeiter*innenbewegung vorgingen. Faschismus als Konterrevolution, die Faschisten als terroristische Hilfstruppe, als «besondere weiße Garde»[50] der Herrschenden und gleichzeitig als reaktionäre Revolte verblendeter Kleinbürger und deklassierter Elemente – dieses Deutungsmuster sollte fortan viele marxistische Faschismustheorien prägen.

---

49 S. dazu ausführlich das Buch von Reichardt.

50 Aus dem Bulletin des IV. Kongresses der Kommunistischen Internationale, zitiert nach Lewerenz, 9. Seit dem Ende des 18. Jahrhunderts war Weiß die Symbolfarbe konterrevolutionärer und reaktionärer Kräfte. So wurden auch die Gegner der Bolschewiki, der «Roten», im russischen Bürgerkrieg 1917–1921 «Weiße Garden» genannt.

Doch schon Anfang der 1920er-Jahre zeigte sich, dass der Faschismus mehr war als eine weitere «weiße Garde». Der Marxismus hatte den Widerspruch zu erklären, dass die faschistischen Bewegungen im Interesse des Großkapitals handelten und doch eine Massenbasis in Bevölkerungsteilen gewannen, deren Interessen denen des Großkapitals eigentlich zuwider liefen. Die Erklärung dieses Widerspruchs erschien als Voraussetzung, um dem Faschismus seinen Einfluss auf die Massen wieder zu nehmen. Damit war das wichtigste Problem der marxistischen Faschismustheorie für die Zukunft gestellt. In der marxistischen Fachsprache wurde dieses Problem häufig als «Widerspruch zwischen Klassen- und Massenbasis» oder auch als «Widerspruch zwischen sozialer Funktion und sozialer Basis» des Faschismus bezeichnet.

Auf einer Konferenz der «Kommunistischen Internationalen» (Komintern)[51] 1923 trugen die deutsche Arbeiterführerin und Frauenrechtlerin Clara Zetkin (1857–1933) und Karl Radek (1885–1937), der sowjetische Revolutionär mit jüdisch-deutsch-polnischem Hintergrund, einige Erklärungsversuche vor. Beide bemühten sich, die Motive der faschisierten Massen zu verstehen. Zetkin nahm die faschistischen Versprechen von sozialer Gerechtigkeit und nationaler Klasseneinheit ernst, würdigte den ehrlichen Glauben vieler Faschisten an ihre Ideale und fragte nach den seelischen Bedürfnissen breiter Massen, an die der Faschismus geschickt anknüpfte. Radek begriff den Faschismus als nationalistische, nach Klassenharmonie strebende Bewegung des Kleinbürgertums, die emporkommen konnte, weil die Arbeiter*innenbewegung versagt hatte.

Einige Jahre nach Zetkin und Radek benannte der italienische Sozialist Filippo Turati (1857–1932) die Weltkriegskatastrophe und schwere strategische Fehler der Linken als Entstehungsursachen des Faschismus. Italienische Größen des Marxismus wie Turati, Palmiro Togliatti (1893–1964) und Antonio Gramsci (1891–1957) nahmen die Ideologie der Faschisten durchaus ernst und denunzierten sie nicht als bloßen Betrug.

Auch der marxistische Philosoph Ernst Bloch (1885–1977) wollte die Beweggründe der Faschisten verstehen. In einer

51 Die "Dritte Internationale" (Komintern) war ein Verband kommunistischer Parteien und verstand sich selbst als Partei der Weltrevolution. Sie wurde 1919 von Lenin u.a. gegründet und 1943 von Stalin aufgelöst.

Schrift von 1935 erklärte er die Entstehung des Faschismus aus dem spannungsreichen Neben- und Gegeneinander moderner und vormoderner Produktions- und Bewusstseinsformen, ihrer «Ungleichzeitigkeit». Für viele seiner jungen, männlichen, bürgerlichen Anhänger sei der Faschismus eine Revolte gegen die kalte und gefühllose Welt der kapitalistischen Moderne. Bloch sprach als einer der Ersten die besondere Anziehungskraft des Faschismus auf junge Männer und damit seine Geschlechterdimension an. Bloch wollte die Ideale der Faschisten von links besetzen und den Kommunismus als Heilslehre gegen den faschistischen Mythos stellen. Er pries den sowjetischen Diktator Stalin, weil dieser die Werte von Familie, Nation und Volksgemeinschaft wieder in die kommunistische Lehre eingegliedert hatte. Viele Jahre später distanzierte sich Bloch allerdings von Stalin.

III.7. Marxistische «Agenten-» und «Bonapartismustheorien»: Stalin, Dimitroff, Bauer, Thalheimer, Trotzki, Kautsky

Ab der zweiten Hälfte der 20er-Jahre errichtete Stalin seine Herrschaft über einen großen Teil der revolutionär-marxistischen Weltbewegung. Wie sonst auch ließ er in der Faschismustheorie nur die von ihm genehmigte Auffassung gelten. Abweichende Ansichten konnten fortan nur noch außerhalb des Stalinschen Machtbereichs und der auf Stalin orientierten Organisationen vertreten werden. Dies verengte die marxistische Faschismusdiskussion und stellte sie teilweise still.

Unter dem Eindruck des Erfolgs der Nazis verabschiedete die Komintern 1935 eine Definition des Faschismus als Regime, die einen bedeutenden Fortschritt gegenüber früheren Doktrinen wie der vom «Sozialfaschismus» bedeutete. Ihr zentraler Satz lautet:

«Faschismus ist die offene, terroristische Diktatur der reaktionärsten, am meisten chauvinistischen, am meisten imperialistischen Elemente des Finanzkapitals.»[52]

---

52 Zitiert nach Lewerenz, 130, als «Feststellung» Georgi Dimitroffs (1882–1949) beim VII. Kongress der Komintern 1935. Dimitroff war ein führender Kommunist aus Bulgarien. Nach ihm ist die Definition auch als «Dimitroff-Formel» oder «Dimitroff-These» bekannt.

Dies drückte eine historische Erfahrung aus: Nur durch Mithilfe traditioneller Herrschaftsgruppen, gerade auch großbürgerlicher, konnten die Faschisten in Italien und Deutschland die Staatsmacht übernehmen, und ihre Herrschaft war in der Tat staatsterroristisch, diktatorisch, chauvinistisch (das heißt hier ultranationalistisch) und imperialistisch. Die Formel enthält die Erkenntnis, dass der Faschismus von einer besonderen Fraktion der Herrschaftsgruppen getragen wird und dass er eine besondere, nämlich die gefährlichste bekannte Form kapitalistischer Herrschaft ist.

Die Komintern-Definition steckte den Rahmen ab, in dem sich die marxistisch-leninistische Faschismustheorie fortan bewegte. Weil diese Theorie das Verhältnis zwischen der Herrschaftsgruppe des Finanz- oder Monopolkapitals und den faschistischen Führern wie das zwischen Auftraggebern und beauftragtem Personal darstellt, wird sie und werden ähnliche extrem heteronomistische Deutungen als «Agententheorie» bezeichnet.

Dissidente Vertreter*innen des Marxismus wie der Sozialdemokrat Otto Bauer oder die Kommunisten August Thalheimer und Leo Trotzki kritisierten die Komintern-Formel als verkürzt und einseitig. Angeregt durch Marxsche Äußerungen zum Bonapartismus, entwickelten sie noch vor dem Machtantritt der Nazis und unabhängig voneinander alternative Theorien. Dabei betonten sie die Eigenständigkeit des Faschismus und seine kleinbürgerliche Massengefolgschaft. Alle damaligen und auch die späteren Vertreter*innen des Bonapartismus-Ansatzes standen in Opposition zum Stalinismus.

Agenten- und Bonapartismustheorien fassen den Zusammenhang zwischen Kapitalismus und Faschismus unterschiedlich auf, aber beide stellen ihn zentral. Beide Theorie-Zweige sind also entschieden heteronomistisch, doch sie behaupten keineswegs – auch wenn dies von antimarxistischer Seite manchmal so dargestellt wird – dass eine moderne kapitalistische Gesellschaft unter allen Umständen eine faschistische Entwicklung nehmen muss.

Auf den Bonapartismus bezog sich übrigens auch der sozialdemokratische Marxist Karl Kautsky (1854–1938). Er fasste Faschismus und sowjetischen Sozialismus als wesensähnlich auf und vertrat damit eine frühe Sonderform der Totalitarismustheorie. Wie beim Regime Louis Bonapartes in Frankreich von 1851 bis 1870 hatten Kautsky zufolge kriminelle Banden den faschistischen und den sowjetischen Staat übernommen. Die Staatsapparate hätten sich gegenüber ihrer sozialen Basis «verselbständigt» und agierten deswegen so tyrannisch und terroristisch.[53] Diese Gleichsetzung von Bolschewismus[54] und Faschismus erscheint als Replik auf die Gleichsetzung von Sozialdemokratie und Faschismus in der Stalinschen Doktrin des «Sozialfaschismus», kann aber auch als Reaktion auf den staatlichen Terror in der frühen Sowjetunion verstanden werden.

III.8. «Freudo-Marxismus» und Kritische Theorie

Ein weiterer Strang der Faschismustheorie ging in den 30er-Jahren von deutschen Gelehrten mit jüdischem Hintergrund aus, die am «Institut für Sozialforschung» (IfS) arbeiteten oder zumindest zeitweise zu dessen Umfeld gehörten. Das IfS wurde 1924 in Frankfurt am Main gegründet und großenteils finanziert von Lucio Felix José Weil, einem Sozialisten und Millionenerben deutsch-argentinisch-jüdischer Abstammung. Nach 1933 wurde das IfS im Exil weitergeführt und 1951 in Frankfurt neu gegründet. Wegen der Sonderbeziehung zu dieser Stadt sind die prominenten Gelehrten des Instituts und ihre Denktradition auch als «Frankfurter Schule» bekannt.

Die Intellektuellen am IfS und aus seinem Umfeld – Theodor W. Adorno, Ernst Fraenkel, Erich Fromm, Max Horkheimer, Leo Löwenthal, Herbert Marcuse, Franz Neumann, Friedrich Pollock und andere – standen auf der Höhe des marxistischen Denkens ihrer Zeit, waren aber weder der sozialdemokratischen noch der kommunistischen Parteilinie verpflichtet. Unter dem Eindruck der faschistischen Massenmobilisierung suchten sie nach unkonventionellen Erklärungen und Gegenstrategien. Einer der Wege, die sie beschritten, war die Kombination des Marxismus mit der Psychoanalyse nach Sigmund Freud. Die am IfS begründete «Kritische Theorie» inspiriert bis heute viele undogmatische und antiautoritäre Linke. Gleiches gilt für einen Teil der Theorien von Wilhelm Reich, der mit den Intellektuellen des IfS

53 S. Wippermann, Bonapartismustheorie, 209/10.

54 Der Begriff ist von dem russischen Wort «Bolschewiki» (Mehrheitler) abgeleitet und bezeichnet die nach einer Spaltung der russischen Sozialdemokratie 1903 von Lenin geführte revolutionär-marxistische Partei. Der Begriff wurde gleichbedeutend mit Leninismus und Stalinismus.

einige Ausgangspunkte und Fragestellungen gemeinsam hatte, sich jedoch ansonsten unabhängig entwickelte.

Zur Entstehungszeit der Analysen aus dem IfS war die kritische Theoriebildung über den Faschismus noch nicht völlig in einen antifaschistisch-antikapitalistischen Zweig einerseits und einen antitotalitär-antikommunistischen Zweig andererseits zerfallen. Die Intellektuellen des IfS nahmen eine Zwischenstellung ein, doch hatte dies auch zur Folge, dass ihre Analysen im Kalten Krieg nach 1945 kaum noch einen Ort fanden. Die in feindliche Lager geteilte Fachwelt konnte mit ihnen nicht mehr viel anfangen.[55]

Von marxistischer Seite wurde häufig der Vorwurf erhoben, dass sozialpsychologische Erklärungen den Fokus von den kapitalistischen Herrschaftsgruppen auf die Massengefolgschaft des Faschismus verlagern würden. Statt klar benannter Akteure stünden nur noch schwer fassbare gesellschaftliche und psychische Strukturen in der Kritik.

Aber die Ablehnung von marxistischer Seite hatte noch andere Gründe: Mit «Freudo-Marxismus» und Kritischer Theorie konnten nämlich auch die autoritären Verhältnisse innerhalb marxistischer Organisationen und sozialistischer Staaten kritisiert werden. Nach dem Zweiten Weltkrieg distanzierten sich Adorno und Horkheimer als Hauptvertreter der Kritischen Theorie entschieden vom sowjetisch orientierten Sozialismus und – ab den 60er-Jahren – auch von der radikalen «Neuen Linken» in den westlichen Ländern.

III.9. Faschismus- und Totalitarismustheorien im Kalten Krieg

Bereits vor 1945 war die Neubildung von Faschismustheorien merklich abgeebbt. Mit der Zerschlagung des Faschismus hatte dieses Arbeitsgebiet seine dringendste Notwendigkeit dann erst einmal verloren.

Eine neue globale Bedrohung entstand ab Ende der 40er-Jahre im Kalten Krieg zwischen dem von der Sowjetunion dominierten sozialistischen Lager und dem von der USA geführten kapitalistischen Lager. Beide Seiten drohten einander mit Auslöschung durch Atomwaffen. Diese globale Konfrontation

55 Nach Dubiel/Söllner.

wirkte sich erheblich auf Faschismustheorie und Faschismusforschung aus.

Im sowjetischen Machtbereich ließ man nach wie vor keine Ansätze zu, die von der Komintern-Definition aus dem Jahre 1935 abwichen. Die politische Vorgabe war, den Westen als faschistoid oder sich faschisierend darzustellen. Das fiel nicht schwer, denn im Zuge der allgemeinen antikommunistischen und antisowjetischen Mobilmachung wurden viele Faschisten rehabilitiert und linke Bewegungen teilweise hart unterdrückt. Die Westmächte arrangierten sich auch mit den Diktaturen von Salazar und Franco in Portugal und Spanien.

Im westlichen Wissenschaftsmainstream sollte einerseits der Sozialismus diffamiert und andererseits der Kapitalismus von dem Verdacht gereinigt werden, die Schrecken des Faschismus hervorgebracht oder begünstigt zu haben. Es gab vielfältige Versuche, die Mitschuld der wirtschaftlichen, militärischen, bürokratischen, politischen und kirchlichen Führungsgruppen zu verschleiern. In Westdeutschland beeinflussten tief in den NS verstrickte bildungsbürgerliche «Eliten» jahrzehntelang das Geschichtsbild.

In den 50er-Jahren, auf dem Höhepunkt des Kalten Krieges, begann ein Aufschwung der Totalitarismustheorien. Deren Ankerpunkt bildete die Beobachtung, dass faschistische und kommunistische Diktaturen bestimmte Strukturmerkmale teilen, etwa ein Einparteiensystem mit die ganze Gesellschaft erfassenden Massenorganisationen, ein Informationsmonopol der Regierung und von dieser zentral gesteuerte Massenpropaganda, zentrale Wirtschaftslenkung und eine übermächtige Geheimpolizei. Viele bürgerliche Gelehrte bemühten sich, diese und weitere Parallelen zwischen Kommunismus und Faschismus nachzuweisen und herauszustellen. Derartige Ansätze wurden von westlichen Staats- und Wirtschafts-«Eliten» institutionell wie finanziell kräftig gefördert. Vielen antitotalitären Intellektuellen ist ein ehrlicher antifaschistischer Impuls nicht abzusprechen, doch unter den polarisierten Bedingungen des Kalten Krieges entfaltete ihre Arbeit hauptsächlich antikommunistische Wirkung.[56]

Nach dem Tode Stalins 1953 und einer halbherzigen Entstalinisierung ab 1956 wurde die marxistisch-leninistische Faschismustheorie in den 60er-Jahren modifiziert, und zwar unter an-

56 Nach Wippermann, Totalitarismustheorien.

derem durch die «Monopolgruppentheorie». Diese ging davon aus, dass sich die deutschen Großkapitalisten in konkurrierende Fraktionen aufspalteten, deren Konflikte der Naziführung einen eigenen Gestaltungsspielraum gaben. Mit diesem Modell konnte die Realität des NS zutreffender beschrieben werden. Das Dogma vom Faschismus als Herrschaft des Monopolkapitals blieb jedoch in Kraft. Viele theoretische Neuentwicklungen vollzogen sich demzufolge außerhalb des Marxismus-Leninismus. Doch gerade weil die DDR-Forschung die politische Aufgabe hatte, den Kapitalismus und die Kapitalistenklasse der Schuld am Faschismus zu überführen, untersuchte sie die Komplizenschaft zwischen bürgerlichen Herrschaftsgruppen und Naziführung besonders gründlich.

III.10. Die zweite Welle generischer Theorien: Deutsche marxistische Faschismusdiskussion, Neomarxismus, Psycho- und Diskursanalyse

In den 1960er-Jahren erschien vielen Menschen in Westeuropa eine Revolution greifbar nahe. Antikoloniale und antiimperialistische Bewegungen feierten einige Erfolge in Afrika, Asien und Lateinamerika. Das belebte die gesellschaftskritische Theoriebildung insgesamt und auch die Faschismustheorie. In Deutschland gab es jetzt eine neue Generation von Intellektuellen, die nicht wie die Mehrheit ihrer Eltern direkt in den Nazismus verstrickt war und daher unbefangener fragen und forschen konnte.[57]

Um den marxistischen Politologie-Professor und Juristen Wolfgang Abendroth (1906–1985) – er war oppositioneller Kommunist, Widerstandskämpfer und Verfolgter des Naziregimes gewesen – bildete sich in den 60er-Jahren an der Universität Marburg eine Gruppe linker Intellektueller, die «Marburger Schule». Abendroth und seine Schüler*innen, unter ihnen Reinhard Kühnl, nahmen die «bonapartismustheoretischen» Ansätze August Thalheimers wieder auf, verlegten dessen Schriften neu und entwickelten diesen Strang undogmatisch-marxistischen Denkens eigenständig weiter. Die Marburger Schule prägte die Faschismusdeutung eines großen Teils der westdeutschen Linken und später auch der Antifa-Bewegung.

57 Nach Kühnl, Faschismustheorien.

In westdeutschen linken Debatten der 60er- bis 80er-Jahre spielte die Gefahr einer autoritären Formierung oder sogar Faschisierung der BRD eine große Rolle. Die Sorge galt zum einen dem sogenannten «Faschismus von Oben» – gemeint war die allmähliche Selbstentmachtung des bürgerlich-demokratischen Parlamentarismus zugunsten einer immer weiter gestärkten Exekutivgewalt, die von der Gesellschaft schließlich nicht mehr kontrolliert werden könne.[58] Zum anderen sah man einen zunehmenden «Faschismus von Unten», nämlich die auf der Straße aktiven Gruppierungen der extremen Rechten. Mitunter wurde dabei ausgeblendet, dass zumindest Teilbereiche der bundesdeutschen Gesellschaft ab dem Ende der 60er-Jahre auch einen Prozess der Liberalisierung und Zivilisierung durchmachten.

Undogmatische Marxisten wie Kühnl und orthodoxe marxistische Gelehrte wie Reinhard Opitz führten eine lange, zwischen der Mitte der 60er- und der Mitte der 80er-Jahre besonders produktive Debatte mit vielen noch heute lesenswerten Beiträgen.[59] Ein Hauptstreitpunkt dabei war, als was der Faschismus an der Macht gelten müsse – als Herrschaft des Monopolkapitals im Sinne der Komintern-Definition oder als Herrschaft eines Bündnisses zwischen den kapitalistischen Herrschaftsgruppen und der Führung der faschistischen Massenbewegung? Hinter dieser Frage verbarg sich ein weiteres Problem: Wie sollte die Verstrickung der meisten Deutschen in den NS von marxistischer Seite aufgefasst und erklärt werden?

In die Debatte brachte sich auch die DDR-Faschismusforschung ein. Neben älteren ostdeutschen Autoren wie Kurt Gossweiler und Jürgen Kuczynski meldeten sich jüngere wie Kurt Pätzold und Manfred Weißbecker zu Wort.[60] Im Laufe der Jahrzehnte näherten sich die undogmatische und die orthodoxe Richtung allmählich an.

Während diese deutsche Debatte weitgehend im Rahmen des traditionellen Partei- und Weltanschauungsmarxismus verblieb, rückten viele westliche Linksintellektuelle von diesem ab. Stattdessen gab es eine Hinwendung zu den Marxschen Originaltexten und zu Themen, die der traditionelle Marxismus ver-

58 S. «VI. Marxistische Bonapartismustheorien des Faschismus…».

59 Viele Beiträge wurden im marxistischen Fachblatt «Das Argument» veröffentlicht.

60 Beispielhaft für den Stand der DDR-Faschismusforschung ist der von Eichholtz/Gossweiler 1980 herausgegebene Sammelband «Faschismusforschung».

nachlässigt oder bereits abgeschlossen geglaubt hatte: Staat, Ideologie, Geschlechterverhältnisse, Rassismus, Antisemitismus und Nationalismus. Der Marxismus wurde mit anderen Denkschulen wie der Psychoanalyse verbunden. Viele Beiträge aus dieser Zeit des Neuanfangs behandelten auch Ursprünge und Elemente des Faschismus und inspirierten eine ganze Generation von Faschismusforscher*innen.

Beispielsweise wurde die Ideologie-Theorie des französischen Marxisten Louis Althusser am Ende der 70er, Anfang der 80er-Jahre von der westdeutschen «Projektgruppe Ideologie-Theorie» (PIT) aufgegriffen. Die PIT untersuchte, wie das nazistische Konstrukt der «Volksgemeinschaft» zu einer gefühlten und erlebten Realität für Millionen Deutsche wurde. Althusser beeinflusste zudem Nicos Poulantzas, der eine marxistische Theorie von Staat und Politik entwarf, wobei er auch den faschistischen Staat und dessen Entstehung analysierte.

Ein weiterer prominenter Schüler Althussers war Michel Foucault, der dem Marxismus jedoch schon früh den Rücken kehrte. Foucault interessierte sich vor allem für den Zusammenhang von Wissensproduktion und Herrschaft. Mit seinem Ansatz der Diskursanalyse[61] wurde er zum einflussreichen postmodernen Denker. Foucault wollte wissen, wieso bestimmte Lebensweisen als normal, natürlich und richtig gelten, während andere abgewertet, unterdrückt oder sogar vernichtet werden. Diese Fragestellung zielte ins Herz des faschistischen Terrors und regte viele Forschungen an.[62]

Zahlreiche kritische Geister der 60er- und 70er-Jahre ließen sich von einer Mischung aus Marxismus und Psychoanalyse inspirieren, so anfangs auch Althusser und Foucault. Wie produktiv diese Verbindung für die Faschismustheorie war, zeigt das 1977/78 veröffentlichte Buch «Männerphantasien» von Klaus Theweleit. Er untersuchte darin eine bestimmte Art von Männ-

61 Der Diskurs (von französisch *discours* – «Gespräch») im Foucaultschen Sinn ist die von Machtbeziehungen geprägte Gesamtheit der Praktiken der Kommunikation – inklusive ihrer gegenständlichen Teile wie Zeitungen, Bücher, Universitäten, Gebäude usw. –, die in einer Gesellschaft stattfinden. Er kann als gesellschaftlicher Apparat zur Produktion von Wissen oder als «Fluss des Wissens durch die Zeit» aufgefasst werden (s. Jäger, 120–127).

62 Ein Beispiel dafür ist die «Kritische Diskursanalyse» am «Duisburger Institut für Sprach- und Sozialwissenschaften» (DISS), das seit 1987 zahlreiche Untersuchungen zu Nationalismus, Rassismus und Antisemitismus in Deutschland vorgelegt hat.

lichkeit, die «soldatische» nämlich, als Ursprung und Kernelement des Faschismus.

Die Verbindung von Marxismus und Psychoanalyse hatten in den 30er- und 40er-Jahren auch schon Reich, Fromm, Marcuse und Adorno verfolgt, und gerade diese Autoren wurden von vielen jungen Linken der 60er- und 70er-Jahre gelesen.

Warum trafen so verschiedene Autoren wie Fromm und Foucault, Adorno und Althusser den Nerv einer ganzen Intellektuellen-Generation? Sie alle untersuchten Herrschaftsverhältnisse, die nicht auf Zwang und Gewalt, sondern auf Verinnerlichung und Zustimmung durch die Beherrschten selbst beruhen. Sie analysierten, warum sich die meisten Menschen knechten lassen, ja ihrer Unterwerfung freudig zustimmen, anstatt zu rebellieren. Das berührt auch Grundfragen der Faschismustheorie: Warum unterstützten in Deutschland, aber auch in Italien und anderen Ländern, so viele Menschen den Faschismus oder nahmen ihn zumindest hin?

Ab dem Ende der 60er-Jahre stellte sich heraus, dass die Bevölkerungsmehrheit der westlichen Industrieländer nicht für eine Revolution zu gewinnen war. Die linken Theorien der damaligen Zeit offenbaren mithin einen tiefen Zwiespalt: Einerseits inspiriert vom Aufschwung sozialer Bewegungen, reflektierten sie andererseits deren Schwäche und Beschränktheit.

Auch auf globaler Ebene wurden linke Hoffnungen enttäuscht. Die antikolonialen und antiimperialistischen Bewegungen mündeten häufig in Terrorgruppen und repressive Regime. Vor allem jedoch zeigte sich im Laufe der 70er- und 80er-Jahre das uneinholbare wirtschaftliche Zurückbleiben der sozialistischen Staaten hinter dem Kapitalismus. Schon vor dem endgültigen Zusammenbruch des sowjetisch orientierten Sozialismus 1989 bis 1991 war dessen Ausstrahlungskraft weithin erloschen.

Die in den 60ern begonnene Blütezeit linker Gesellschaftskritik lief ebenfalls Ende der 70er-, Anfang der 80er-Jahre aus. Das galt auch für die Faschismustheorie.

III.11. Die dritte Welle generischer Theorien: Ideozentrische und praxeologische Ansätze

Ein neuer Aufschwung der Faschismustheorie setzte in den frühen 90er-Jahren ein, und zwar vor allem im angloamerikanischen Raum. Dies verdankte sich dem Ende der jahrzehntelangen Blockkonfrontation zwischen Ost und West. Es war nun nicht mehr so wichtig, den Kapitalismus als potenziell faschistisch oder faschistoid darzustellen – oder umgekehrt den Sozialismus als totalitär und damit quasi-faschistisch zu verunglimpfen. Seitdem wurden viele neue Theorien und Definitionen veröffentlicht. Diese Arbeiten lassen sich auf keinen gemeinsamen Nenner bringen, aber es gibt übergreifende Tendenzen. Die neueren Faschismustheorien sind überwiegend generisch. Sie sehen den NS meistens als extremen Sonderfall des Faschismus und nicht als etwas grundsätzlich Anderes. Außerdem begrenzen sie den Faschismus häufig nicht auf die Zeit von etwa 1918 bis 1945 und auf Europa, sondern fassen ihn zeitlich und räumlich weiter. Viele neuere Theorien nehmen daher eine globale und epochenübergreifende Perspektive ein und betonen die Notwendigkeit einer systematisch vergleichenden Forschung. Das ist ein echter Fortschritt gegenüber der früheren Fixierung auf NS und italienischen Faschismus.

Ein großer Teil der neueren Theorien konzentriert sich auf den Faschismus als politische (Oppositions-)Bewegung und als Ideologie, statt, wie oft in älteren Theorien der Fall, auf den Faschismus als Herrschaftssystem. Dieser Ansatz wird mitunter als ideozentrisch, also ideologiezentriert bezeichnet. Oft bemühen sich seine Vertreter*innen, zentrale Elemente faschistischer Ideologie und Praxis – das sogenannte «faschistische Minimum» – allgemeingültig zu bestimmen.

Die Anfänge der ideozentrischen Richtung lagen in den 60er-Jahren. Es waren Gelehrte wie Ernst Nolte aus Deutschland, Zeev Sternhell aus Israel, George L. Mosse aus den USA und später Roger Griffin aus Großbritannien, welche die Faschismen Frankreichs, Italiens, Deutschlands und anderer Länder gerade auch in ihrem Frühstadium untersuchten und verglichen. Im Laufe der 70er- und 80er-Jahre formierte sich allmählich ein eigener Strang generischer Faschismustheorie und international vergleichender Faschismusforschung, der lange Zeit quer zu den vorherrschenden Richtungen des Marxismus einerseits und der Totalitarismustheorie andererseits lag.

Durchaus nicht alle neueren Theorien folgen dem «ideozentrischen» Ansatz. Einige Wissenschaftler*innen konzentrieren sich auf die faschistischen Praxis- und Organisationsformen – dies wird manchmal als «praxeologisches» Vorgehen bezeichnet – und auf klassisch soziologische und politologische Fragestellungen. Beispiele hierfür sind Sven Reichardt, Michael Mann und Stefan Breuer.

Nicht lange nach der Jahrtausendwende war ein Punkt erreicht, an dem die neue Vielfalt der Theorien und Definitionen den Blick auf den Gegenstand zu erschweren begann. Manche Versuche, ein «faschistisches Minimum» zu definieren, ließen einen sozialhistorischen Bezug vermissen, schwebten also gleichsam im luftleeren Raum. In kritischer Reaktion darauf stellte der US-amerikanische Historiker Robert O. Paxton 2004 ein Modell des Faschismus in fünf Phasen vor. Er betonte den Prozesscharakter des Faschismus, seine Abhängigkeit von politisch-sozialen Kräfteverhältnissen und seine Aktualität. Paxtons Modell führte unterschiedliche alte und neue Stränge der Faschismustheorie sinnvoll zusammen.

Es dauerte recht lange, bis die neueren Faschismustheorien in Deutschland breiter wahrgenommen und diskutiert wurden. In der akademischen Welt der BRD war der Faschismusbegriff jahrzehntelang weniger gebräuchlich und anerkannt als in der internationalen Wissenschaftslandschaft. In der deutschen Linken wiederum herrschen bis heute Auffassungen vor, die vom Marxismus oder von der Kritischen Theorie geprägt sind. Beide Traditionen verfolgen ganz andere Fragestellungen als die neueren Faschismustheorien. Der wichtigste Grund für die zögerliche Aufnahme der neueren Theorien in Deutschland ist aber wohl, dass die deutschen Debatten fast vollständig auf den NS und damit auf die eigene Geschichte fixiert sind. Der generische Ansatz der neueren Theorien fügt sich da nur schwer ein.

IV. Klassentheorie und Faschismustheorie

Über den Zusammenhang zwischen einer bestimmten Klassenposition und der Anfälligkeit für Faschismus wurden viele Theorien aufgestellt.[63] Wie der britisch-amerikanische Soziologe und Historiker Michael Mann kritisierte, sind diese Theorien aber häufig nicht ausreichend durch Datenmaterial untermauert, sondern basieren nur auf mehr oder weniger einleuchtenden Annahmen über die politischen Neigungen bestimmter Klassen und Gruppen. Manchmal liegt ein reduziertes Verständnis von Mensch und Gesellschaft zugrunde, bei dem aus der Klassenzugehörigkeit nahezu automatisch eine bestimmte ideologisch-politische Positionierung folgt. Mann merkte an, dass viele soziologische Faschismustheorien zu wenig berücksichtigen, was die Faschisten selbst über ihre Motive äußerten. Daher versagten diese Theorien weitgehend bei der Erklärung der größten faschistischen Verbrechen, die letztlich irrational-ideologisch und nicht rational-ökonomisch durch Klasseninteressen begründet gewesen seien.[64]

Der marxistische Autor Reinhard Kühnl kritisierte, dass Klassenanalysen manchmal eine falsche Zwangsläufigkeit suggerieren. Ob sich zum Beispiel das Kleinbürgertum mehrheitlich dem Faschismus anschließt oder nicht, läge nicht nur an seiner Klassenposition oder damit eng verbundenen ideologischen und kulturellen Faktoren wie der vorherrschenden Mentalität. Vielmehr entschieden die politischen Umstände mit: Wenn eine starke Linke glaubwürdige Alternativen zu Nationalismus und Faschismus anbiete, dann könnten sich auch größere Teile des Kleinbürgertums nach links orientieren.[65] Zudem kommt es auf die richtige Strategie an, wie der russische Revolutionär Leo Trotzki betonte: Wenn eine proletarische Partei die Krise zu nutzen verstehe, wenn sie die Initiative ergreife und den Faschismus an die Wand spiele, dann könne sie die polarisierte Situation am Vorabend des Faschismus für sich entscheiden.

63 S. Wörsching, Theorie, 70–81.

64 Mann, 50/51.

65 Nach Kühnl, Faschismustheorien, 106–108.

Neben Klassenposition und Klasseninteresse müssen also auch andere Faktoren – ideologische, kulturelle, politisch-strategische – bedacht werden. Dass die Klassentheorie zur Analyse des Faschismus nicht ausreichen mag, heißt jedoch keineswegs, dass ihre Erklärungsansätze wertlos wären.

IV.1. Mittelschichten und Kleinbürgertum

Nicht nur marxistische, sondern auch bürgerliche Theoretiker*innen gingen davon aus, dass vor allem die als Mittelschichten oder Kleinbürgertum bezeichneten Gruppen zum Faschismus tendieren. In Ernst Noltes Darstellung des Faschismus als antimarxistische Abwehrbewegung spielt dieser Gedanke ebenso eine Rolle wie in Hannah Arendts Theorie der totalen Herrschaft.

Nun sind Mittelschichten und Kleinbürgertum aber unscharfe Kategorien. Darunter fallen so unterschiedliche Gruppen wie Kleinunternehmer*innen (zum Beispiel kleine Ladenbesitzer*innen, selbständige Handwerker*innen, kleine und mittlere Landwirte), Freiberufler*innen (wie Künstler*innen, Ärztinnen oder Anwälte), Staatsdiener*innen unterschiedlicher Art (aus Bildungswesen, Bürokratie, Justiz, Polizei, Militär, Post, öffentlichem Verkehr usw.), aber auch die mittlere und niedere Geistlichkeit. Von der in Industrieländern zahlenmäßig starken und in sich differenzierten Gruppe der Angestellten wird ebenfalls ein größerer oder kleinerer Teil zu den Mittelschichten gezählt. Die Grenze nach unten, zum Proletariat und zu den Deklassierten, wie auch nach oben, zur Kapitalistenklasse und zu anderen «Eliten», verschwimmt vielfach.

Aus den vorliegenden, oft ungenauen Daten lässt sich schließen, dass kleinbürgerliche Gruppen in den faschistischen Bewegungen Europas zwischen 1918 und 1945 sehr stark vertreten waren und wohl in den meisten Fällen deren Mehrheit stellten.[66] Doch sagt das nicht allzu viel aus, denn zu den Mittelschichten, zumal wenn sie entsprechend weit definiert werden, zählte damals der größte Teil der Bevölkerung. In modernen Industrieländern besteht übrigens eine ähnliche Mengenverteilung. Da die Propaganda der Faschismen von vornherein

66 S. Wippermann, Faschismus, und Bauerkämper. Vgl. Kühnl, Faschismustheorien, 188.

klassenübergreifend angelegt war, wäre es nicht überraschend, wenn die soziale Zusammensetzung ihrer Massenbasis in etwa diejenige der Gesamtgesellschaft widerspiegelte. Dennoch bleibt zu erklären, warum und wie die Faschismen kleinbürgerliche Massen anzogen.

Der israelische Faschismustheoretiker Zeev Sternhell wies darauf hin, dass die historischen Faschismen in eine bestimmte Lücke des Marxismus stießen. Anders als von diesem vorhergesagt, wurden die Mittelschichten nicht zwischen Kapitalistenklasse und Proletariat zerrieben, sondern weite Teile der Wirtschaft blieben im Kleineigentum organisiert. Neue Mittelschichten, vor allem die Massen der Büroangestellten und der technischen Intelligenz, wurden durch Industrialisierungs- und Modernisierungsprozesse erzeugt. Die Faschismen sprachen erfolgreich alte wie neue Mittelschichten an, die sich mehrheitlich weder von der Arbeiter*innenbewegung noch von der traditionellen politischen Rechten vertreten fühlten. Doch dieser Befund Sternhells beantwortet nicht die Frage, welche spezifisch kleinbürgerlichen Klasseninteressen und Mentalitäten der Faschismus bedient.

Relativ sicher belegbar ist, dass Staatsangestellte überdurchschnittlich häufig zu den historischen Faschismen neigten. In erster Linie fallen hier Polizisten und Berufssoldaten auf, aber es gilt auch für andere Gruppen. Gewiss gibt es materielle Gründe: Der totalitäre Staat des Faschismus verspricht vielen Staatsangestellten eine abgesicherte und respektierte Existenz. Gerade Polizei- und Militärangehörige können auf glänzende Karrieren hoffen. Die faschistischen Gesellschaftsentwürfe laufen auf die Herrschaft einer kriegerischen Elite über unterworfene Massen hinaus. Loyale und tüchtige Leute aus Polizei und Militär haben Grund anzunehmen, dass sie zu dieser Elite gehören werden. Überdies ist der Militarismus der Faschismen mit der Denk- und Lebenswelt vieler Polizei- und Militärangehöriger gut vereinbar. Sowohl die Faschismen als auch die staatlichen Gewaltorganisationen betonen die Wichtigkeit von strikten Hierarchien, von Befehl und Gehorsam. Beide leisten ideologische Legitimation für Gewalt und Kampf; beide verherrlichen den ideologisch legitimierten Kämpfer. Doch reicht die Zahl der Polizei- und Militärangehörigen sowie der übrigen Staatsangestellten insgesamt nicht aus, um die Massenbasis der Faschismen zu bilden. Was zieht die anderen Teile der Mittelschichten zum Faschismus?

In den Theorien gibt es mehrere Erklärungen. Eine davon lautet folgendermaßen: Das Kleinbürgertum ist aufgrund seiner Stellung im Produktionsprozess im Gegensatz zum Industrieproletariat zersplittert und hat es daher schwerer, seine politisch-ökonomischen Interessen zu vertreten. Beispielsweise können sich viele Kleinbürger*innen nicht durch Streiks gegen Verschlechterungen ihrer sozialen Lage wehren, weil sie sich selbst bestreiken würden. Somit sind die Mittelschichten, wenn sie dennoch politisch auftreten wollen, auf den Staat und die Nation als vorgestelltes gesellschaftliches Ganzes verwiesen und neigen dazu, ihre Interessen mit denen der nationalen Gesellschaft insgesamt gleichzusetzen. Da ihre Vereinzelung eine politische Organisation erschwert, lassen sie sich gern durch einen charismatischen Führer vertreten.[67]

Dieses Argument taucht bereits in der Bonapartismusanalyse von Karl Marx auf und bezieht sich dort auf die französischen Parzellenbauern des 19. Jahrhunderts, die nicht zu kollektivem Handeln fähig gewesen seien und ihre Hoffnung daher in den vermeintlichen Erlöser Louis Bonaparte gesetzt hätten. Bei Arendt gibt es eine ähnliche Denkfigur: Die moderne Entstrukturierung sozialer Verhältnisse erzeuge massenhaft atomisierte Individuen und damit eine zentrale Bedingung der totalen Herrschaft. Auch der Sozialphilosoph Max Horkheimer beschrieb in seinem Text «Die Juden und Europa» die Massenarbeitslosigkeit der Weltwirtschaftskrise von 1929 bis 1932 als einen Faktor sozialer Atomisierung und eine wichtige Voraussetzung des Nazismus. Zumindest laut Arendt und Horkheimer können also auch Klassen und Milieus außerhalb der Mittelschichten «atomisiert» werden.

Erich Fromm, ein zeitweiliger Kollege Horkheimers, wies 1941 auf die Unmenschlichkeit des Kapitalismus als Hauptursache des Faschismus hin. Der Mensch erfahre im Kapitalismus soziale Unsicherheit bis hin zur Existenzangst, werde zum bloßen «Radzahn» in einem Getriebe verdinglichter, selbstzweckhafter Verhältnisse. Dies betreffe alle, aber am meisten die Angehörigen der Mittelschichten, weil diese das größte Privatrisiko trügen und sich als Einzelkämpfer*innen behaupten müssten. Dies lässt sich weiterdenken zur heutigen neoliberalen Privatisierung des Lebensrisikos samt der Zumutung, dass alle Menschen zu Unternehmer*innen ihrer selbst werden sollen.

67 S. Zibordi und Salvatorelli.

Fromm zufolge verspricht die faschistische Gemeinschaft mit ihrem Führer Sinn, Ordnung und Sicherheit statt der kapitalistischen Misere. Gleichzeitig rechtfertigt und heiligt der Faschismus die fortdauernde Notwendigkeit von Konkurrenzkampf, Gewalt und Krieg als Naturgesetz und Lebensideal.[68]

Ein anderes Argument brachte der deutsch-dänische Soziologe Theodor Julius Geiger (1891–1952): Die Mittelschichten haben ganz unterschiedliche politisch-ökonomische Interessen. Zum Beispiel wollen die Staatsangestellten aus Steuermitteln gut versorgt werden, während den meisten Selbständigen jeder Steuergroschen zu viel ist. Daher können die Mittelschichten für das «übergreifende», die Gegensätze scheinbar auflösende Angebot des Faschismus mit seinen Idealen von Nation, Rasse und Imperium besonders empfänglich sein.[69]

Meistens jedoch wird die Faschismus-Anfälligkeit der Mittelschichten mit ihrer gleichsam zwischen den eigentlichen «Eliten» und den Unterschichten gelegenen Position erklärt. So formulierte der US-amerikanische Soziologe Seymour Martin Lipset Ende der 1950er-, Anfang der 60er-Jahre eine Theorie vom «Extremismus der Mitte»: Jede soziale Hauptschicht präge eine gemäßigte und eine extreme Leit-Ideologie aus: Bei der Unterschicht wäre die gemäßigte Ideologie sozialreformistisch, die extreme sozialrevolutionär, zum Beispiel kommunistisch. Die Oberschicht entwickle einen moderaten Konservatismus, aber auch einen radikalen, der autoritäre und repressive Züge trägt. Die gemäßigte Ideologie der Mittelschichten wäre der Liberalismus, die extreme Variante der Faschismus.

Lipsets Grundgedanke war, dass die privilegierte Oberschicht die bestehende soziale Ordnung aggressiv verteidigt, während die Unterschicht einen radikalen Veränderungswillen entwickeln kann, um die eigene Lage zu verbessern. Die Mittelschichten stehen demnach dazwischen: Sie kämpfen einerseits um Chancen auf sozialen Aufstieg, greifen also tendenziell Positionen der Oberschicht an, wenden sich aber andererseits auch gegen Bedrohungen «von unten», also vor allem gegen Forderungen nach Enteignung oder Umverteilung des Reichtums. Der «Extremismus der Mitte» könnte demnach besonders Kleinunternehmer*innen ansprechen, die

68 Fromms Argumentation ist wiedergegeben nach Kühnl, Faschismustheorien, 124ff.

69 Nach Kühnl, Faschismustheorien, 103/04.

Lohnarbeit einsetzen und daher an einer Zurückdrängung der Arbeiter*innenbewegung und diktatorisch hergestellten günstigen Ausbeutungsbedingungen interessiert sind.[70]

In der faschismustheoretischen Literatur gilt die Zwischenposition der Mittelschichten meistens als prekär. Schon im kapitalistischen Normalbetrieb werden sie durch die harte, auch internationale Konkurrenz größerer Kapitale sowie durch Schulden- und Steuerdruck bedrängt. In Krisenzeiten sind große Teile von ihnen gefährdet, ins Proletariat oder in die Deklassierung abzurutschen. Die faschistische Propaganda kommt den Interessen der Mittelschichten entgegen, weil sie gegen bestimmte kapitalistische Krisenerscheinungen opponiert und Geborgenheit durch nationale Solidarität und einen starken Staat verspricht.

Mitunter kombinieren Theorien das Argument der prekären Zwischenposition der Mittelschichten mit Sozialpsychologie und Ideologiekritik: Große Teile der Mittelschichten würden sich aggressiv nach «unten» und nach «außen» abgrenzen wollen, also gegen Proletariat und Unterschicht sowie gegen als andersartig und fremd markierte Gruppen. Sie setzten darauf, zu den Etablierten und Privilegierten der nationalen Klassengesellschaft zu zählen, wollten eigene Besitzstände und Vorrechte verteidigen; daher zögen sie eine solidarische Koalition mit den Ausgebeuteten, Ausgegrenzten und Unterdrückten kaum jemals in Betracht. Eine Erklärung für dieses Verhalten bieten marxistisch-psychoanalytische Theorien. Wichtige Vertreter solcher Ansätze wie Wilhelm Reich und Erich Fromm machten ausdrücklich typisch bürgerliche und kleinbürgerliche, traditionell-patriarchal geprägte Familienstrukturen für die massenhafte Produktion autoritärer Persönlichkeits- und Charakterstrukturen verantwortlich.

In der Literatur gibt es auch die Auffassung, dass Kleineigentümer*innen und Kleinunternehmer*innen eher als Lohnabhängige dazu tendierten, sich mit ihrer Arbeit respektive ihrem Geschäft und ihrer sozialen Rolle – mit Marx gesprochen: ihrer Charaktermaske – zu identifizieren. Während Arbeiter*innen und Angestellte sich in der Lohnarbeit tagtäglich als ausgebeutet und fremdbestimmt erfahren könnten, sei den im Wesentlichen sich selbst ausbeutenden Kleinbürger*innen oft keine Distanzierung von ihrer Rolle möglich. Dadurch tendierten sie

70 S. a. Fabian Kunows Text «Faschismus als Extremismus der Mitte».

stärker zu autoritären und menschenverachtenden Abwehrreaktionen gegen Bedrohungen ihres Status.[71]

Viele Theoretiker*innen betonten, dass nicht nur reale und aktuelle Abstiegsszenarien die autoritäre Dynamik auslösen, sondern gerade auch vorgestellte und zukünftige. Der marxistische Ökonom und Sozialphilosoph Alfred Sohn-Rethel schrieb: «Der Vorgang wird meist als tendenzielle Proletarisierung der Mittelschichten umschrieben. Was aber der Proletarisierung noch vorangeht, ist der Widerstand gegen sie, die Angst vor ihr und die Emotionen, welche die Bedrohung erzeugt und denen die emotional verwüstete Geistesart von Hitler paradigmatisch verwandt ist.»[72]

Die autoritäre Dynamik wird in der faschismustheoretischen Literatur besonders bei denjenigen Mittelschichten gesehen, die auf rückständige Weise wirtschaften und daher nicht ausreichend konkurrenzfähig und stark von Krisen bedroht sind, zum Beispiel bei vielen Selbständigen in Landwirtschaft und Handwerk. Das faschistische Versprechen eines starken Staates, der sie vor der Konkurrenz beschützt, vermag diese Gruppen unter Umständen anzusprechen. Darüber hinaus verherrlichen die meisten Faschismen traditionelle Produktionsweisen, was die entsprechenden Berufsgruppen zusätzlich anziehen kann. Ein Beispiel hierfür ist das Blut-und-Boden-Ideologem des Nazismus und die propagandistische Politik des NS gegenüber dem bäuerlichen Mittelstand, wie sie im «Reichserbhofgesetz» von 1933[73] zum Ausdruck kam.

Verwandte Argumente kommen in vielen heutigen Erklärungsversuchen für die Wahlerfolge rechter Parteien vor. Die rechten Wähler*innenpotenziale werden vorwiegend in denjenigen Schichten gesehen, die sich von technischen und globalisierungsbedingten Umwälzungen am meisten bedroht wähnen. Dazu zählen die in ihrer Wirtschaftsweise und Mentalität eher

71 S. «X.3. Sohn-Rethel plus Wertkritik (I)».

72 Zitiert nach AutorInnen-Kollektiv, 95.

73 Das Reichserbhofgesetz ermöglichte es Landwirten, die im Sinne der NS-Ideologie rassisch rein waren, den Status von «Erbhofbauern» zu erlangen. Die Wirtschaften waren damit einerseits weitgehend vor der Marktkonkurrenz geschützt, andererseits durften die Bauern nicht mehr frei über sie verfügen. So durften sie ihr Land z.B. nicht durch Vererbung aufteilen und mussten Auflagen hinsichtlich ihrer Wirtschafts- und Lebensführung erfüllen. Dem Gesetz lagen Vorstellungen von einem rassisch besonders wertvollen Bauerntum zugrunde.

traditionell geprägten Teile der Mittelschichten, aber auch die traditionellen proletarischen Milieus, die durch die Automatisierung der Industrie und deren Auslagerung in Billiglohnländer zunehmend prekarisiert werden. Es seien vielfach diese sogenannten «einfachen Leute», die Zugewanderte als Konkurrenz um Arbeitsplätze, Wohnungen oder Sozialleistungen empfänden und sich den Rechtsparteien zuwendeten.

Dies kann durch eine Aussage Lipsets konkretisiert und ergänzt werden. Die faschistischen Bewegungen lassen sich ihm zufolge

«auf die ungelösten Frustrationen von Menschen zurückführen [...], die sich von den Haupttrends der modernen westlichen Gesellschaft abgeschnitten fühlen. Diese Bewegungen wurden ja nicht nur in überproportionaler Weise von den kleinen Selbständigen unterstützt, sondern sie erhielten auch überall einen starken Zulauf von Personen, die auf dem Lande oder in Provinzstädten wohnten. Dies sind die im Niedergang begriffenen ‹liberalen› Schichten, die in Notstandsgebieten leben. Das Kleinbürgertum solcher Gegenden leidet nicht nur deshalb unter Entbehrungen, weil es als Klasse im Vergleich zu anderen im Abstieg ist, sondern auch, weil es in Gemeinden wohnt, deren Status und Einfluß innerhalb der Gesamtgesellschaft rasch abnehmen.»[74]

Doch nicht nur absteigende und abgehängte Schichten und Milieus haben historisch gesehen einen großen Teil der faschistischen Massengefolgschaft gestellt, sondern auch solche, die sich an vorderster Front der Modernisierung befanden. Hierbei handelt es sich vor allem um die Angestellten, die Kühnl in seinem «Leitfaden» zu Faschismustheorien betrachtete[75]: Ihr Anteil an der arbeitenden Bevölkerung hatte sich seit der zweiten Hälfte des 19. Jahrhunderts auf etwa ein Fünftel erhöht, da Großindustrie und Bürokratie diese Millionen von Angestellten benötigten. Die meisten Angehörigen der neuen Schicht kamen Kühnl zufolge aus bürgerlichen Milieus und hatten ein starkes Bedürfnis, sich nach unten, gegen das Proletariat, abzugrenzen und ihren Status dadurch aufzuwerten. In ihrem Drang nach Erhöhung von Status und Prestige sah Kühnl auch eine beson-

74 Zitiert nach Kühnl, Faschismustheorien, 104/05.

75 S. ebd., 102/03 (der Abschnitt gibt v.a. Argumente von Lipset und Geiger wieder).

dere Empfänglichkeit für nationalistisch-imperialistische Propaganda begründet. Sohn-Rethel argumentierte außerdem, dass die «Vernichtungsökonomie» des Nazismus große Mengen von Aufsehern und Maschinenwärtern brauchte – das fachlich und charakterlich passende Personal hätte die «neue Intelligenz» der wissenschaftlich-technischen Berufe geliefert.[76]

Insgesamt fällt an der Fachliteratur auf, dass die kleinbürgerliche Neigung zum Faschismus häufig eher mit ideologiekritischen und sozialpsychologischen Argumenten begründet wird, während die reine Klassentheorie zurücktritt. Viele dieser Argumente dürften daher sinngemäß auch für soziale Gruppen über- und unterhalb der Mittelschichten zutreffen.

IV.2. «Lumpenproletariat», «Mob» und «deklassierte Elemente»

Schon einige frühe Analysen stellen die sozial Deklassierten als Träger*innen des Faschismus dar.[77] In manchen marxistischen «Agententheorien» tauchen sie als Fußvolk der vom Großkapital initiierten und finanzierten faschistischen Bewegungen auf. Damit können diese Theorien die faschistische Massengefolgschaft zumindest teilweise erklären, ohne ihre Grundannahmen infrage zu stellen. Marxistische Bonapartismustheorien argumentieren ähnlich: Der sich dem Bürgertum für die diktatorische Aufrechterhaltung der Klassen- und Eigentumsordnung empfehlende politische Abenteurer vom Schlage eines Bonaparte, Mussolini oder Hitler zieht seine aus Deklassierten, Karrieristen und Kriminellen rekrutierte Gefolgschaft wie eine große Bande auf, die sich Staatsmacht und Staatsapparat zur Beute macht. Dem Marxschen «Lumpenproletariat» entspricht der «Mob» in Arendts Theorie der totalen Herrschaft: Dieser besteht aus Deklassierten aller Klassen, besonders aber der Mittelschichten.[78]

Allerdings sind diffamierende Bezeichnungen wie «Lumpenproletariat» oder «Mob» soziologisch unscharf. Sie fassen verschiedene aus ihren sozialen Milieus herausgeworfene Elemente zusammen. Das gemeinsame Merkmal der Deklassierten ist,

76 S. AutorInnen-Kollektiv, 95–97.
77 S. «III.3. Frühe generische Theorien...».
78 S. Arendt, 187/88.

dass sie ihren Lebensunterhalt auf eine Weise bestreiten, die den herrschenden Rechts- oder Moralnormen widerspricht. Deklassierte in diesem Sinne lassen sich in den historischen Faschismen durchaus nachweisen, aber ob ihr Anteil im Vergleich zu anderen Bewegungen signifikant erhöht ist, bleibt unsicher.[79]

Wenn sich Faschismustheorien zur Rolle der Deklassierten äußern, dann schreiben sie deren negative Beurteilung durch die herrschende gesellschaftliche Meinung fort. Sie sprechen den Angehörigen dieser Gruppe im Grunde ab, so wie andere Menschen zu politischen Überzeugungen gelangen zu können. Vielmehr wird die Entscheidung der Deklassierten für den Faschismus damit erklärt, dass sie käuflich wären oder andere Charakterfehler und Defizite hätten. Diese Argumentation erscheint fragwürdig. Festhalten lässt sich wohl nur, dass die faschistische Rekrutierung erleichtert wird, wenn infolge sozialer Krisen besonders viele Menschen deklassiert sind.

IV.3. Großbürgertum und andere Herrschaftsgruppen

Vor allem in marxistischen Theorien gelten die traditionellen Herrschaftsgruppen, besonders die Kapitalistenklasse, als die wichtigsten Unterstützer und Verbündeten, wenn nicht als eigentliche Initiatoren und Auftraggeber des Faschismus. Allerdings zerfällt die Kapitalistenklasse in Fraktionen mit unterschiedlicher Haltung zum Faschismus.[80]

Historisch lag die faschistische Option dem Großbürgertum nicht so nahe, wie viele marxistische Darstellungen suggerieren. Statt eines allgemeinen Trends zum Faschismus gab es in den meisten modernen Gesellschaften je unterschiedliche Arrangements zwischen Proletariat und Kapitalistenklasse, etwa

79 Zumindest ist dem Verfasser kein entsprechender Nachweis bekannt. Eine Forschung zum kommunistischen und nazistischen Paramilitär in proletarischen Berliner Bezirken Anfang der 1930er-Jahre deutet auf einen hohen Anteil deklassierter proletarischer Jugendlicher und viele Überläufer in beiden Lagern hin (s. den Beitrag von Andreas Petersen: «Jugend auf den Kampfplätzen des untergehenden Berlin 1932»).

80 S. «IX.2. Gossweiler über Monopolgruppen und faschistische Herrschaft» sowie «X.2. Politische Ökonomie des NS nach Sohn-Rethel». S.a. Nolte, Streitpunkte, 200ff.,Wippermann, Faschismustheorien, 58–65.

den «New Deal» in den USA oder das «Volksheim» in Schweden.[81] Die Übergabe der Staatsmacht an Faschisten in Italien und Deutschland blieb Ausnahme.

Wahr ist allerdings: Im Gegensatz zum radikal antikapitalistischen Kommunismus lässt der Faschismus die Grundlage der kapitalistischen Ordnung, das Privateigentum, weitgehend unangetastet. Er steht dem Bürgertum also jedenfalls prinzipiell näher als der Kommunismus. Viele faschistische Programmpunkte können bürgerlichen Interessen zumindest teilweise und in bestimmten Situationen entsprechen: Zerschlagung der Arbeiter*innenbewegung, Aufrüstung und Expansion, diktatorisches Krisenmanagement. Eine mittel- und großbürgerliche Neigung zum Faschismus ist historisch belegbar.

Besonders verhängnisvoll wirkte sich diese Neigung in Deutschland aus. Aber auch hier war die Nazipartei nicht die erste Wahl des Großbürgertums. Es bevorzugte lange mehrheitlich die ebenfalls ultrarechte Deutschnationale Volkspartei (DNVP).[82] Insbesondere die exportorientierten Kapitalfraktionen waren weit weniger an der NSDAP interessiert als die Vertreter der Rüstungs- und Schwerindustrie. Entscheidende Teile der wirtschaftlichen, militärischen und bürokratischen Herrschaftsgruppen setzten erst auf die Nazis, als die anderen rechten Parteien erfolglos geblieben waren, während die NSDAP eine Massenbasis vorweisen konnte.[83] Nach dem Machtantritt Hitlers waren die deutschen Großkapitalisten weder Auftraggeber und Herren der Naziführer noch deren Untergebene, sondern starke und unverzichtbare Bündnispartner.[84] Zweifellos profitierte das deutsche Großbürgertum neben den Naziführern am meisten vom Nazismus.[85]

---

81 Gemeinsames Merkmal beider Modelle war, dass Einkommen und Vermögen von Mittel- und Oberschicht vergleichsweise stark besteuert wurden, um mit den gewonnenen Mitteln aktive Arbeitsmarkt- und Sozialpolitik zu betreiben.

82 S. Nolte, Streitpunkte, 17, 203–205, sowie Wippermann, Faschismustheorien, 61/62, wo auf die Forschungen von Henry Ashby Turner verwiesen wird. Vgl. zum italienischen Fall Zibordi, 82/83.

83 S. dazu «IX.5. Opitz: Faschismusträchtige Situation…» und «IX.6. Kühnl: Das Herrschaftsbündnis…».

84 S. «IX.7. Kühnl über die faschistische Herrschaft». S.a. Wippermann, Faschismus, 70–73, ders., Faschismustheorien, 58–65. S. weiter Nolte, Streitpunkte, 205–207, Raushenbush, 360–364, Laski, 394/95.

85 S. «IX.7. Kühnl über die faschistische Herrschaft» sowie die Abschnitte zu Sohn-Rethel. S.a. Griffin, 102.

Das deutsche Beispiel zeigt: Unter Umständen kann das Großbürgertum ein Interesse am Faschismus haben. Dieser birgt jedoch auch Gefahren für die Kapitalistenklasse. So zerstört er eine wesentliche Funktion des bürgerlichen Staates: Die miteinander konkurrierenden Kapitalisten brauchen eigentlich eine bis zu einem gewissen Grad unabhängige Instanz, die Vertragsfreiheit und Rechtssicherheit gewährleistet.[86] Der Faschismus jedoch setzt die rechtmäßige und wenigstens teilweise öffentliche Aushandlung der Interessenkonflikte aus. An ihre Stelle treten diktatorische Entscheidungen, Kriegs- und Notstandswirtschaft, Beziehungsnetzwerke, Intrigen und Bandenkämpfe.

Der Faschismus kommt das Großbürgertum im Vergleich zu einer parlamentarischen Demokratie teuer zu stehen. Sein tyrannischer, aggressiver und abenteuerlicher Charakter birgt unabsehbare Risiken für die Bourgeoisie und im Falle seines Untergangs besteht die Gefahr, dass er die ganze kapitalistische Geschäftsgrundlage mit in den Abgrund reißt.

Der Faschismus hebelt die bürgerlich-demokratischen Möglichkeiten der Kapitalisten aus, auf die Politik Einfluss zu nehmen, etwa durch parlamentarischen Lobbyismus, Medien und öffentliche Meinung, Kapitalflucht oder die Verweigerung von Staatskredit. Der NS garantierte den meisten Kapitalisten zwar Besitz und Profit, nahm vielen, besonders den kleineren, aber gleichzeitig die eigentliche Verfügungsgewalt über ihr Geschäft ab.[87] Aus der Klassenposition der Kapitalisten lassen sich also auch Gründe für eine Distanz zum Faschismus ableiten.[88]

Ähnlich sieht es bei anderen traditionellen Herrschaftsgruppen wie Militärführung, hoher Geistlichkeit, Hochbürokratie und Adel aus. Diese stimmen häufig zentralen faschistischen Programmpunkten zu, aber sie alle werden von den Faschisten als selbst ernannte Gegen-Elite auch infrage gestellt.[89] Gewiss sind die Faschismen generell für eine hierarchische und elitäre Ordnung; gewiss teilen traditionelle «Eliten» und Faschismen

86 S. Paschukanis.

87 S. dazu die Abschnitte über Pollock und Neumann.

88 S. Guerin, 269–271. S.a. Raushenbush, 360/61, zum NS. Ähnlich äußerten sich einige Vertreter der Bonapartismustheorien (Wippermann, Bonapartismustheorie, 201/02). Vgl. Rehmann, 18, Abendroth, 256.

89 Zu Deutschland s. Kühnl, Probleme, 263. Allgemein zur ambivalenten Beziehung der Faschismen zu den alten Führungsgruppen und zur traditionellen Rechten s. Sternhell, 106–108.

die Feindschaft gegen Emanzipationsbewegungen. Daraus folgt aber nicht zwangsläufig, dass beide Seiten koalieren. In Ungarn und Rumänien während der 1930er- und 1940er-Jahre zum Beispiel bekämpften die traditionellen Herrschaftsgruppen die Faschisten, in Spanien bemühten sie sich um ihre Assimilation und Neutralisierung.[90] Interessant ist, dass der Elitarismus der historischen Faschismen, wie ihn in Extremform die SS vertrat, auf viele europäische Adlige ausgesprochen anziehend wirkte.[91]

Auch für Angehörige sozialer «Eliten» gilt, dass Ideologie nicht widerspruchslos mit dem Klasseninteresse zusammenfallen muss. Ideologie ist nie hundertprozentig und ganz direkt aus der Klassenzugehörigkeit ableitbar. Teile der Herrschaftsgruppen werden mitunter von Ideologien angesteckt, die nicht in ihrem eigenen Milieu entstanden sind und die objektiv ihrem Klasseninteresse widersprechen.

IV.4. Arbeiter*innen

Nach der marxistischen Lehre nutzt der Faschismus der Kapitalistenklasse und schadet dem Proletariat. Deswegen setzt der marxistische Antifaschismus seine größte Hoffnung auf die Arbeiter*innen. Doch diese sind zunächst Arbeitskraftverkäufer*innen und als solche erst einmal nur an einem möglichst guten Preis für ihre Ware interessiert. Wie alle Subjekte[92], die Waren auf dem Markt kaufen und verkaufen, benötigen auch die Arbeiter*innen eine Staatsmacht, die Rechtssicherheit und Vertragsfreiheit gewährleistet. Doch im Unterschied zum liberalen Bürgertum, dem der Staat lediglich die Rahmenbedingungen freien Wirtschaftens und Ausbeutens absichern soll, benötigen die Arbeitskraftverkäufer*innen einen ziemlich starken und aktiven Staat, der das Kapital dazu zwingt, bestimmte Rücksichten auf sie zu nehmen. So können

---

90 Zu Ungarn unter Horthy s. Bauerkämper, 148/49. Zur Königsdiktatur Carols II. von Rumänien s. Wippermann, Faschismus, 100. Vgl. zu Rumänien und Ungarn Griffin, 126–128. Überblicksdarstellung zu den osteuropäischen sowie den iberischen und iberoamerikanischen Faschismen bei Bauerkämper, 127/28.

91 S. Mader, 178/79. Vgl. Nolte, Streitpunkte, 194.

92 Ein Subjekt ist ein Individuum (einzelner Mensch) in seiner Eigenschaft als gesellschaftlich handlungsfähiges Wesen.

Arbeiter*innen auch für die Ideologie eines starken Obrigkeitsstaates, den Etatismus, empfänglich sein.[93]

Die Arbeitskraftverkäufer*innen können außerdem zum Etatismus tendieren, weil die Konkurrenz nicht nur im Innern einer Gesellschaft herrscht, zum Beispiel auf dem Arbeitsmarkt, sondern auch auf dem Weltmarkt. Ähnlich wie die Konkurrenz der nationalen Bourgeoisien zur Konkurrenz der Nationalstaaten wird und die jeweiligen Bourgeoisien einen mächtigen Nationalstaat zur globalen Durchsetzung ihrer Interessen brauchen, so trifft dies auch auf die Arbeitskraftverkäufer*innen zu. Es ist die gleiche Logik wie bei einer lohnabhängigen Person, die den Erfolg ihrer Firma wünscht, damit ihr Arbeitsplatz gesichert wird. Ähnlich können Arbeiter*innen am Konkurrenzerfolg ihres nationalen Wirtschaftsstandortes interessiert sein.

Unter Umständen begeistern sich etatistische Arbeiter*innen auch für einen faschistischen Staat. Grundvoraussetzung dafür ist die ideologische Selbstidentifizierung mit Nation und Nationalstaat. Zweifellos ist diese meistens vorhanden.[94] Bereits Friedrich Engels war im 19. Jahrhundert vom englischen Proletariat enttäuscht, das wie die anderen Klassen Vorteile aus dem Kolonialimperialismus zog und sich wenig revolutionär zeigte.[95] Hierzu formulierte Lenin ein besonderes Theorem: Großbürgertum und Staat ziehen demnach eine privilegierte Schicht von Arbeitern als Aufseher, Streikbrecher und Spalter heran. Diese «Arbeiteraristokratie» werde mit einem Teil der Sonderprofite aus der imperialistischen Ausbeutung der Kolonien und Halbkolonien bestochen. Als Interessenvertretung der Arbeiteraristokratie bildeten sich dann opportunistische, pseudo-sozialistische Parteien, welche die Rüstungs-, Kriegs- und Kolonialpolitik der Monopolbourgeoisie unterstützten.[96] Mit diesem Theorem reagierte der revolutionäre Marxismus am Anfang des 20. Jahrhunderts einerseits auf ein reales Problem, andererseits verlagerte er es aber auch von der Mehrheit des Proletariats auf die «Arbeiteraristokratie».

Die Faschismen indes haben den Internationalismus des Proletariats stets bezweifelt. Der französische protofaschistische Ideologe Charles Maurras schrieb einmal:

---

93 Dies ergibt sich aus den Gedanken von Eugen Paschukanis und Willy Huhn, s. Wörsching, Kritik.

94 S. Paschukanis und Huhn.

95 S. Wippermann, Bonapartismustheorie, 113/14.

96 S. Lenin, Imperialismus, und ders., Spaltung.

«...dass die europäischen Arbeiter, weit entfernt davon, international eine weite ökonomische Gemeinschaft zu bilden, deren sämtliche Mitglieder solidarisch wären, von dem wirtschaftlichen Fortschritt ihres Vaterlandes profitieren, wie sie Vorteile haben von den ökonomischen Mängeln der konkurrierenden Vaterländer.»[97]

Dass Arbeiter*innen nationalistisch und etatistisch sein können, bedeutet jedoch nicht, dass sie automatisch zum Faschismus tendieren. Im Gegenteil: In der ersten Hälfte des 20. Jahrhunderts zählten die sozialistischen, kommunistischen, anarchistischen und sozialdemokratischen Organisationen des Proletariats zu den streitbarsten antifaschistischen Kräften Europas. Doch merkte Kühnl dazu an:
«Schon die faschistischen Parteien der Zwischenkriegszeit konnten in einem beträchtlichen Maße auch Lohnabhängige gewinnen [..] Und in beachtlichem Umfang konnten sie sogar Arbeiter gewinnen, nämlich solche, die keine Bindung zur Arbeiterbewegung [...] aufwiesen [...]. Daraus folgt, dass es keinen mechanischen Kausalzusammenhang zwischen sozialer Lage und Votum für den Faschismus gibt, dass auch die Arbeiterschaft keineswegs immun ist gegen faschistische Propaganda [...] Ihr Verhalten (wie auch das der Mittelschichten) hängt vielmehr davon ab, wie stark die organisierte Arbeiterbewegung in einem Lande ist, welche Kampferfahrungen und welchen Grad an politischem Bewusstsein sie erworben hat.»[98]

Einige historische Faschismen waren tatsächlich in Teilen des Proletariats verankert, zum Beispiel in Ungarn.[99] Rumänien, das wie Ungarn einen außergewöhnlich starken Faschismus hervorbrachte, hatte damals wenig Industrie, Proletariat und Mittelschichten im modernen Sinne. Der dortige Faschismus konnte stark in den ländlichen und städtischen Unterschichten mobilisieren. Der Historiker George L. Mosse verallgemeinerte: In Ländern mit wenig entwickeltem Kapitalismus, das heißt mit schwacher Bourgeoisie und Arbeiter*innenbewegung, sind die Faschismen oft die erste moderne politische Bewegung, welche die unteren Bevölkerungsschichten gezielt anspricht. Daher können sie hier große Erfolge erzielen, vor allem wenn linke

97 Zitiert nach Nolte, Faschismus, 165.
98 Kühnl, Faschismustheorien, 116.
99 S. Wippermann, Faschismus, 94/95, Bauerkämper, 149/50.

Bewegungen gleichzeitig hart unterdrückt werden.[100] Diese Aussage stimmt wohl sinngemäß auch für viele Fälle religiös-fundamentalistischer Massenmobilisierung.

Auch in einigen Industrieländern konnten faschistische Bewegungen vor dem Zweiten Weltkrieg in proletarische Milieus einbrechen, so der «*Parti Populaire Francais*» (PPF) unter Jaques Doriot und Oswald Mosleys «*British Union of Fascists*» (BUF).[101] Andere Faschismen, zum Beispiel in Wallonien[102] und den Niederlanden, bemühten sich erfolglos um proletarischen Rückhalt.

Besonders ausführlich und kontrovers ist die klassenmäßige Zusammensetzung der Nazibewegung diskutiert worden. Die Mitgliedschaft der NSDAP wies statistisch einen erhöhten kleinbürgerlichen Anteil auf, den sogenannten «Mittelstandsbauch». Doch war immerhin ein Drittel der Mitglieder lohnabhängig. Sowohl der deutsche als auch der italienische Faschismus erhielten, als sie ihre Herrschaft gefestigt hatten, zumindest zeitweise die Zustimmung einer überwältigenden Bevölkerungsmehrheit inklusive der Arbeiter*innen.

Die vorliegenden Untersuchungen zu Mitgliedern und Wahlvolk der NSDAP zeigen, wie differenziert sich die Gruppe der Lohnabhängigen darstellt. Angestellte waren anfälliger für den Nazismus als Industriearbeiter*innen. Arbeiter*innen in kleinen Betrieben mit geringem gewerkschaftlichen Organisationsgrad erlagen der Faschisierung eher als Beschäftigte in Großbetrieben mit starken Gewerkschaften. Zudem wirkten regionale, konfessionelle und weltanschauliche Faktoren stärker als die Klassenzugehörigkeit.[103]

---

100 S. Mosse, *Theory*, 19/20.

101 S. Wippermann, Faschismus, 131/32, 137–139, Bauerkämper, 94/95.

102 Als wallonisch wird der französischsprachige Bevölkerungsteil Belgiens bezeichnet.

103 S. Nolte, Streitpunkte, 93, 189–192, Griffin, 99, Childers, 161, 175, Lipset, 456–465. Über Arbeiter*innen in der Mitgliederschaft, Anhänger*innenschaft und Wähler*innenschaft der faschistischen Parteien Deutschlands und Italiens vor der Installierung faschistischer Regime s. Breuer, 52/53. S. zur Differenziertheit der proletarischen NSDAP-Wähler*innenschaft Wippermann, Faschismustheorien, 73–75. Als Beispiel für eine sorgfältige Studie am Einzelfall sei das Buch von Dirk Hänisch über «Die österreichischen NSDAP-Wähler» genannt.

IV.5. Klassenübergreifender Charakter des Faschismus

In der kapitalistischen Gesellschaft haben die Klassen gegensätzliche Interessen. Eine Regierung kann normalerweise nicht allen gleichzeitig und gleichermaßen Wohltaten erweisen. Was der einen Klasse nützt, ist regelmäßig mit Nachteilen für eine andere verbunden. Der Faschismus stellt folgende Lösung dieses im Kapitalismus eigentlich unlösbaren Problems in Aussicht: Alle Mitglieder der projektierten faschistischen Gemeinschaft sollen sich ungeachtet ihrer Klassenzugehörigkeit fest zusammenschließen, um andere Gruppen zu unterwerfen und auszubeuten. Das ganze faschistische Kollektiv und jedes seiner Mitglieder soll von der gemeinsamen politisch-militärischen Anstrengung profitieren. Die kapitalistischen Widersprüche und Interessengegensätze will der Faschismus also auf Kosten anderer Bevölkerungsgruppen und Gesellschaften auflösen.

Die historische Tragweite und Zugkraft dieses faschistischen Heilsversprechens erschließen sich nur, wenn es wortwörtlich ernst genommen wird. Es handelt sich dabei nicht bloß um die demagogische Verhüllung des Interesses einer bestimmten Klasse oder Klassenfraktion. Der Versuch, sämtliche Klassen anzusprechen und in die faschistischen Organisationen und den faschistischen Staat einzubeziehen, war eins der historisch neuen und besonderen Merkmale des Faschismus und bildete eine wesentliche Bedingung seines Erfolgs. Der britische Gelehrte Roger Griffin bezeichnete dieses Merkmal als «ultranationalistischen Populismus» und nahm es in seine viel beachtete Faschismusdefinition von 1993 auf.

Zum Nazismus lässt sich festhalten: Dem Heilsversprechen einer klassenübergreifenden «Volksgemeinschaft» haben unterschiedlich kleine Minderheiten aller Klassen widerstanden. Was diese oppositionellen Minderheiten – ob kommunistischer, sozialistischer, anarchistischer, gewerkschaftlicher, religiöser, liberaler, konservativer oder bündischer[104] Prägung – gemeinsam hatten, war ihre tiefe Verbundenheit mit nicht-faschistischen Denk- und Lebenswelten. Daher ist es kein Zufall, dass sich zwei soziale Milieus mit besonders starken ideologischen,

104 Als «bündisch» wird die seit etwa 1900 entstandene deutsche Jugendbewegung bezeichnet, weil sie sich v.a. in sogenannten «Jugendbünden» organisierte. Teile dieser Bewegung waren völkisch gestimmt.

kulturellen sowie organisatorischen Traditionen und Strukturen auch als besonders widerständig erwiesen. Da war einmal die Arbeiter*innenbewegung mit den Gewerkschaften, Parteien und deren Vorfeldorganisationen. Dann gab es das oft kleinbürgerliche Milieu des politischen Katholizismus, vor allem in Süd- und Westdeutschland. Umgekehrt mobilisierte der Nazismus am erfolgreichsten diejenigen Milieus, die schon zuvor völkisch-antidemokratisch gestimmt gewesen waren und sich ihre Vereine, Medien und kulturellen Ausdrucksformen längst geschaffen hatten. Dabei handelte es sich erstens um kleinbürgerlich-protestantische, oft ländlich-kleinstädtische Milieus, und zweitens um große Teile des Bildungsbürgertums, insbesondere der akademischen Jugend.[105]

Als Ergebnis lässt sich festhalten: Faktoren der Lebens- und Denkwelt, der Erziehung, Bildung und Kultur scheinen in sehr vielen Fällen den Ausschlag für oder gegen Faschismus zu geben. Hier liegen also auch wichtige Ansatzpunkte einer wirksamen antifaschistischen Strategie.

105 S. dazu das Buch von Mosse: «*The Crisis of German Ideology*».

V. Grundmotive und Grundprobleme marxistischer Faschismustheorien

Die meisten marxistischen Faschismustheorien stehen in einer Tradition, die geprägt wurde von Friedrich Engels, dem engsten Gefährten von Marx, und von Karl Kautsky, dem langjährigen Cheftheoretiker der deutschen Sozialdemokratie. Der traditionelle Marxismus hält die gesellschaftlichen Erscheinungen im Bereich von Politik, Staat und Recht, Ideologie und Kultur – und damit auch den Faschismus – für einen «Überbau», dessen Formen aus der wirtschaftlichen «Basis» ableitbar seien, also aus Produktivkräften und Produktionsweise, Klassenstrukturen und Klasseninteressen.[106]

Daher spielt Klassentheorie eine zentrale Rolle in traditionell-marxistischen Faschismusanalysen. Der Faschismus wird zumeist als besondere Herrschaftsform und als Herrschaftsinstrument bestimmter Teile der Kapitalistenklasse aufgefasst. Somit gilt das marxistische Interesse vorwiegend dem Machtantritt des Faschismus und seinem Charakter als Regime. Aber auch im Hinblick auf den Faschismus als Oppositionsbewegung geht es häufig um die Frage, welche Fraktion der Kapitalistenklasse aus welchen Gründen ein Interesse an der Förderung oder Duldung des Faschismus haben könnte.

Wie aber ist die Massengefolgschaft des Faschismus in denjenigen Bevölkerungsteilen zu erklären, die nicht zur Kapitalistenklasse oder zu anderen privilegierten Gruppen gehören? Dass Herrschaftsgruppen die Bevölkerung ideologisch manipulieren und finanzielle sowie politische Unterstützung für faschistische Kräfte leisten, reicht als Erklärung nicht aus. Denn es wirken immer auch andere Einflüsse als die der Herrschenden und der Faschismen, und die Menschen folgen nicht nur passiv der jeweils stärksten Propaganda, sondern sie handeln auch aufgrund eigener Interessen und Überlegungen – sonst wäre ja auch die marxistische Hoffnung auf Emanzipation vergeblich.

106 Kritik am Basis-Überbau-Schema übten u. a. Althusser, Poulantzas und die «Projektgruppe Ideologie-Theorie».

Marxistisch inspirierte Denker*innen entwickelten vielfältige Erklärungsansätze. Laut Erich Fromm sind es die Ohnmachts- und Entfremdungserfahrungen sehr vieler Menschen im Kapitalismus, die sie für die Heilsversprechen der faschistischen Propaganda empfänglich machen. Gängig ist auch folgendes Argument: Im Kapitalismus stehen Einzelne wie Gruppen ständig in Konkurrenz miteinander, und diese Konkurrenzverhältnisse legen es nahe, aus ihnen eine faschistische «Gewaltkonsequenz» zu ziehen, wie Reinhard Opitz formulierte. Der Dramatiker, Autor und Kommunist Bertolt Brecht schrieb dazu einmal:

«Die Wahrnehmung, dass es möglich ist, durch Gewalt andere Menschengruppen zu enteignen, auszubeuten, niederzukonkurrieren und so weiter, ist aus dem privaten Wahrnehmungskreis des kleinen und großen Bürgertums gewonnen. Gerade auf einem solchen Verhalten beruht ja unsere Wirtschaft.»[107]

Einen anderen Gedanken äußerte Theodor W. Adorno: Die technische Modernisierung des Kapitalismus mache ständig Menschen wirtschaftlich überflüssig. Es handele sich dabei jedoch um Menschen, die vorher dazu gebracht wurden, ihr Selbstwertgefühl gerade auf wirtschaftliche Leistung zu gründen. Die massenhafte Faschisierung solcher Menschen wäre somit die Reaktion auf einen technischen Fortschritt, der nicht mit gesellschaftlichem Fortschritt im Sinne von Emanzipation einhergeht.[108]

Doch bei solchen allgemeinen Befunden blieb die marxistisch inspirierte Theoriebildung nicht stehen, sondern behandelte ausführlich die Entwicklungsstufen, Krisenerscheinungen und Widersprüche des modernen Kapitalismus, die den Faschismus verursachen oder begünstigen. Historische Meister-Erzählungen über den Faschismus entstanden, die eingebettet waren in noch größere marxistische Erzählungen über den Spätkapitalismus. Diese sind lehrreich, aber sie reduzieren auch komplexe und langwierige Entwicklungen der Geschichte auf wenige große Linien und lassen Widersprüchliches unter den Tisch fallen.

107 Zitiert nach Kühnl, Faschismustheorien, 183/84.

108 S. Adorno: «Aspekte des neuen Rechtsradikalismus» sowie das Vorwort dazu von Volker Weiß.

V.1. Die Charakterverwandlung des Bürgertums

Eine der marxistischen Meister-Erzählungen lässt sich so zusammenfassen[109]: Das Bürgertum hatte jahrhundertelang gegen Adel, Kirche und Fürstenstaat um seine Emanzipation kämpfen müssen. In dieser Phase war es grundsätzlich rebellisch und fortschrittlich gestimmt. Bürgerliche Intellektuelle stellten die Herrschaftsverhältnisse im Namen der Vernunft infrage. Aber nach erfolgreichen bürgerlichen Revolutionen in Europa und Nordamerika änderte sich die Lage ab dem Ende des 18. Jahrhunderts. Das Bürgertum wurde selbst zur herrschenden Klasse oder doch in immer mehr Ländern zumindest an der Macht beteiligt. Im selben Maße, wie sich die kapitalistische Produktionsweise durchsetzte, erweiterte und verschärfte sich der Klassenkonflikt zwischen Bourgeoisie und Proletariat. Noch dazu begannen Emanzipationsbewegungen der Frauen und der kolonisierten Bevölkerungen, die privilegierte Position der weißen, bürgerlichen Männer zu bedrohen.

Angesichts dieser Herausforderungen verlor das Bürgertum seinen früheren rebellisch-progressiven Impuls und wurde jeglicher Emanzipationsbestrebung zunehmend feind. Dies hatte tiefe ideologische und kulturelle Konsequenzen: Statt an Aufklärung und Befreiung arbeiteten bürgerliche Intellektuelle seit der Mitte des 19. Jahrhunderts verstärkt an der Rechtfertigung von Herrschaft. Eine ähnliche ideologische Arbeit verrichteten seit dem Ende des 18. Jahrhunderts auch aristokratische Schriftsteller, welche die Herrschaft von Adel und Kirche verteidigen oder wiederherstellen wollten.[110]

Die antiemanzipatorischen Ideologen aus Bürgertum und Adel beließen es nicht bei der bloßen Verteidigung traditioneller Herrschaft, sondern entwickelten eine Art Gegenaufklärung – ein neues herrschaftliches Denken auf dem damals aktuellen Stand der Geistes-, Gesellschafts- und Naturwissenschaften. Krieg und Machtwillen wurden rückhaltlos bejaht, Mitmenschlichkeit und kritische, zweifelnde Vernunft hingegen prinzipiell abgelehnt. Diese Denkwelt wider Moral und Vernunft enthielt bereits Lehren von der Züchtung vermeintlich höherwertigen

---

109 Eine Version dieser Erzählung vertrat zum Beispiel Georg Lukács in seinem Buch «Geschichte und Klassenbewußtsein».

110 S. «XI.3. Noltes Deutung...».

und der Ausmerzung angeblich minderwertigen Lebens. Solche Lehren finden sich zum Beispiel in dem widersprüchlichen Werk des deutschen Philosophen und Philologen Friedrich Nietzsche (1844–1900), um nur einen einflussreichen Autoren zu nennen.

Die Charakterverwandlung des Bürgertums wurde von vielen unterschiedlichen Faschismustheoretiker*innen herausgearbeitet oder zumindest in ihren Ergebnissen festgestellt. Doch das Bürgertum hat immer, bis heute, auch freiheitlich-demokratische und antifaschistische Potenziale hervorgebracht.

V.2. Imperialismus und Monopolkapitalismus

Die Charakterverwandlung des Bürgertums wird in der marxistischen Literatur oft ursächlich mit der Herausbildung von Imperialismus und Monopolkapitalismus verbunden. Marxistische Intellektuelle wie Karl Kautsky, Rudolf Hilferding, Rosa Luxemburg und – am folgenreichsten – Wladimir I. Lenin legten in den Jahren nach 1900 Theorien über dieses neue Entwicklungsstadium des Kapitalismus vor. Lenin griff dabei auf eine Studie des bürgerlichen englischen Gelehrten John Atkinson Hobson von 1902 zurück.[111] Deutlich später, 1951, veröffentlichte die deutsch-jüdische Autorin Hannah Arendt eine tiefgründige, weithin marxistisch anmutende Analyse des Imperialismus und bestimmte ihn neben Rassismus und Antisemitismus als Hauptelement und Ursprung des NS.[112]

Hobson, Lenin und Arendt gingen aus vom grenzenlosen Drang des Kapitals nach Profitmaximierung und Akkumulation (Selbstvermehrung durch immer erneuerte und erweiterte Investitionen). Das Kapital eroberte seit der Frühen Neuzeit (seit dem 15. Jahrhundert) weltweit neue Handelswege, Absatzmärkte und Rohstoff- sowie Arbeitskraftquellen. Hierin lag eine Ursache des europäischen Kolonialismus und der modernen Sklaverei. Außerdem streben einzelne Kapitale immer danach, Konkurrenten vom Markt zu verdrängen oder sie zu übernehmen, woraus eine allgemeine Tendenz zur Kapitalkonzentration folgt, also zur Bildung immer größerer und mächtigerer Kapitale.

111 S. Lenin, Imperialismus.

112 S. Arendts Buch «Elemente und Ursprünge totaler Herrschaft».

In den letzten Jahrzehnten des 19. Jahrhunderts erreichte die Kapitalkonzentration mit der Bildung von Monopolen, Oligopolen und Kartellen[113] sowie mit der damit einhergehenden Verschmelzung von Industrie- und Bank- zum Finanzkapital einen historischen Höhepunkt. Die industrielle Produktion war in nie gekannter Weise erhöht worden. Zur weiteren Profitsteigerung und Akkumulation mussten dringend neue Märkte und Ressourcen erobert werden – doch war der Weltmarkt unter den Wirtschaftsriesen bereits ebenso weitgehend aufgeteilt wie das Territorium der Erde unter den kolonialen Großmächten. Hobson, Lenin und Arendt stimmen darin überein, dass sich die an imperialer Expansion und Aufrüstung interessierten Teile des Großbürgertums die Staatsapparate der Großmächte dienstbar machten und diese Staaten in einen Strudel der Militarisierung, des Wettrüstens und schließlich in die Katastrophe des Ersten Weltkriegs zogen.

Nach Arendt durchdrangen sich Staat und Kapital im Imperialismus so intensiv wie nie zuvor. Der grenzenlose kapitalistische Drang nach Profitmaximierung erzeugte einen gleichfalls maßlosen staatlichen Expansionsdrang.

Sich in der militarisierten Staatenkonkurrenz zu behaupten, Eroberungen vorzubereiten und durchzuführen, die eroberten Gebiete dann auch dauerhaft zu beherrschen und effektiv auszubeuten – all das zwang die imperialistischen Herrschaftsgruppen dazu, ihre jeweiligen Gesellschaften stärker zu kontrollieren und zu disziplinieren. Die imperialistische Machtpolitik beschädigte nachhaltig die parlamentarische Demokratie, während sie Cliquenwirtschaft, Geheimdiplomatie, Militarismus, Chauvinismus, kurz: alle autoritären Tendenzen, förderte. Der Imperialismus schuf historischen Raum für unvorstellbaren kolonialistisch-rassistischen Terror.[114] Im eskalierenden Konkurrenzkampf der imperialistischen Nationalstaaten verloren große Teile des europäischen Bürgertums jede moralische Hemmung. Sozialdarwinismus, Militarismus, Nationalismus und Rassismus lieferten ideologische Rechtfertigungen.[115]

---

113 Ein Monopol besteht, wenn ein Unternehmen der einzige Anbieter einer bestimmten Ware ist, bei einem Oligopol teilen sich einige wenige Kapitale einen bestimmten Markt, bei einem Kartell kontrollieren die marktbeherrschenden Unternehmen durch Absprachen die Preise.

114 Beispielhaft: Die «Kongogräuel» ungefähr von 1888 bis 1908, bei denen viele Millionen Afrikaner*innen getötet und Abermillionen versklavt, gefoltert, verstümmelt oder vergewaltigt wurden.

115 Arendt, 217ff.

Diese Meister-Erzählung beschreibt wesentliche Ursprünge und Elemente des Faschismus. Zusätzlich betonen viele marxistische Darstellungen, dass Italien und Deutschland in der imperialistischen Konkurrenz gegenüber Großbritannien und Frankreich zurückstanden und im Ersten Weltkrieg daran scheiterten, dies wettzumachen. Damit wird oft die besondere Aggressivität maßgeblicher Teile der italienischen und deutschen Herrschaftsgruppen sowie deren Entscheidung für den Faschismus erklärt.

V.3. Monopolkapital und Diktatur

Die marxistischen Meister-Erzählungen betonen übereinstimmend die zunehmende Macht der imperialistischen Kapitalfraktionen über Staat und Gesellschaft. Lenin meinte, dass der Staat im Imperialismus von den Häuptern der mächtigsten Kapitale gleichsam besetzt werde und sich so aus einem Machtorgan der gesamten Kapitalistenklasse in das einiger weniger Kapitalisten verwandle. Im Prinzip bildet genau diese Auffassung bereits den Kern vieler marxistischer Faschismustheorien: Die faschistische Diktatur wird als besondere Herrschaftsform in der monopolistischen und imperialistischen Phase des Kapitalismus aufgefasst, während für den vorherigen «Kapitalismus der freien Konkurrenz» der Parlamentarismus und Liberalismus prägend gewesen seien.

Im Kapitalismus der freien Konkurrenz gab es demnach zahlreiche kleine Kapitale, die ihre politische Herrschaft über die Parlamente und den öffentlichen Meinungsstreit organisierten. Im Monopolismus mit seiner enormen Konzentration und Zentralisierung des Kapitals wird dieser Herrschaftsmodus hingegen durch die nicht-öffentliche, autoritäre oder diktatorische Herrschaft des monopolistischen und politischen Spitzenpersonals ersetzt.[116] Dies definieren viele marxistische Analytiker*innen als wesentliche Voraussetzung des Faschismus. Weitgehende Einigkeit besteht auch über den politischen Auftrag des Faschismus: Zum einen Zerschlagung jeder Opposition, vor allem der Arbeiter*innenbewegung, zum anderen Vorbereitung und Führung eines großen Krieges um die imperialistische Neuaufteilung der Welt. Beides hängt zusammen, weil für einen modernen industriellen Krieg zwischen Großmächten die ganze

116 Abendroth, 253/54.

Gesellschaft mobilisiert und durchorganisiert und daher jede störende Opposition ausgeschaltet werden muss.[117]

Nicht recht passen will zu dieser Meister-Erzählung, dass Diktatur und Faschismus historische Ausnahme für die kapitalistischen Industrieländer blieben. Deren normale Herrschaftsordnung hingegen war und ist die parlamentarische Demokratie, die in den Massengesellschaften der heutigen Industrieländer trotz oligarchischer und autoritärer Tendenzen mehr politische und soziale Teilhabe gewährt, als es im 19. Jahrhundert während des «Kapitalismus der freien Konkurrenz» der Fall war.

V.4. Spätkapitalistische Krisendynamik

Häufig wird die Meister-Erzählung von Imperialismus und Monopolkapitalismus mit marxistischer Krisentheorie ergänzt. Den Kapitalismus suchen demnach periodisch wiederkehrende Wirtschaftskrisen heim, zu denen im Monopolkapitalismus noch verstärkend eine andauernde strukturelle Krise tritt. Die letzte Ursache dieser Krisen sieht der Marxismus in der widersprüchlichen Beziehung zwischen Produktivkräften und Produktionsverhältnissen.

Denn der moderne Kapitalismus hat die Produktivkräfte grandios weiterentwickelt. Die Produktion findet bereits gesamtgesellschaftlich organisiert statt – in umfassender Arbeitsteilung, in dicht verflochtenen Austausch- und Kooperationsbeziehungen, hochgradig technisiert und verwissenschaftlicht. Das Fabriksystem erfasst die ganze Gesellschaft; sämtliche Produktionsorte und Produzierende sind in gigantische Waren-, Geld- und Informationsströme eingebunden.

Dieser faktischen Vergesellschaftung der Produktion und der mit ihr einhergehenden gewaltigen Produktivitätssteigerung stehen Produktionsverhältnisse gegenüber, die nach wie vor auf dem Privateigentum und dem privaten Profit beruhen. Produkte müssen gewinnbringend verkauft werden, sonst droht der Untergang des produzierenden Unternehmens in der Marktkonkurrenz. Der rasant steigenden Fähigkeit zur Produktion aller möglichen Güter stehen aber keine gleichermaßen steigenden

117 Dies legen überzeugend die unter dem Titel «Der Etatismus der Sozialdemokratie» veröffentlichten Schriften des undogmatischen Marxisten Willy Huhn dar.

Absatzmöglichkeiten gegenüber. Also wird die Überproduktion zum chronischen Problem des Kapitals und verursacht hin und wieder große Wirtschaftskrisen.

Im monopolistischen Stadium des Kapitalismus verschärft sich dieses Problem. Denn um auf dem Weltmarkt mithalten zu können, bedarf es enormer Investitionen in Forschung und Erfindung, in Anlagen und Maschinen, in Werbung und Verteilungsnetze. Gleichzeitig wird es unter dem Druck der Überproduktion beziehungsweise der mangelnden Absatzmöglichkeiten immer schwieriger, diese Investitionen wieder einzuspielen.

In dieser Meister-Erzählung gelten dann Faschismus, Diktatur und Krieg als Versuch der Monopolbourgeoisie eines Landes, die Krise auf terroristische, militärische Weise zu lösen. Der Krisenlösungsversuch beinhaltet einerseits, die Hemmnisse der Profitmaximierung im Inneren der Gesellschaft zu beseitigen: Die Ausbeutung soll intensiver, der Preis der Arbeitskraft niedriger, das Proletariat disziplinierter werden – soziale und demokratische Errungenschaften sowie mögliche politische Widerstände müssen also weg. Andererseits geht es darum, konkurrierende Staaten und Monopolbourgeoisien aus dem Felde zu schlagen. Der Faschismus ist nach dieser Deutung vor allem eine Option für solche Kapitalfraktionen und Staaten, die strukturelle Nachteile und Anpassungsschwierigkeiten in der weltweiten Konkurrenz haben.[118]

V.5. Faschistische Massenbewegung und «Volksgemeinschaft»

Faschismus als Herrschaft im Macht- und Profitinteresse des Monopolkapitals – dieser Gedanke bestimmt sowohl die undogmatische als auch die orthodoxe Traditionslinie des Marxismus. Beide Linien tun sich schwer mit den fanatisierten Massenbewegungen, die in der Geschichte des Faschismus so auffallen. Besonders gilt dies für den NS, denn gerade dieser war keine bloße Diktatur des Kapitals, sondern ein Herrschafts-, Eroberungs- und Massenmordprojekt mit aktiver Unterstützung einer Mehrheit der damals lebenden Deutschen.

Die Geschichtspolitik der DDR und ihr nahestehender Teile der westdeutschen Linken umging dieses Problem. Der Faschis-

118 S. dazu die Abschnitte über Sohn-Rethel.

mus wurde den Monopolkapitalisten und der faschistischen Führungsgruppe angelastet, während ansonsten die kleine widerständige Minderheit des deutschen Proletariats, vor allem ihr kommunistischer Teil, im Vordergrund des Geschichtsbildes stand. Auch die mitunter großartigen Filme, Theaterstücke und Bücher aus der DDR, welche die Faschisierung der Bevölkerungsmehrheit thematisierten, stellten die einfachen Deutschen letztlich doch als Verführte und Gezwungene dar.[119] Diese Geschichtspolitik war Teil einer Gesamtstrategie: Die Deutschen sollten für ein antifaschistisches, sozialistisches Gesellschaftsprojekt gewonnen werden. Dazu bedurfte es identitätsstiftender Erzählungen, aber keiner bohrenden Anklagen.

Trotzdem untersuchten marxistische Gelehrte in Ost und West auch die Anziehungskraft des Faschismus auf kleinbürgerliche und proletarische Massen. Reinhard Opitz beispielsweise formulierte 1969: Faschisten seien Menschen «in Rebellion gegen die richtig als ungerecht empfundenen Verhältnisse, aber den Kopf vollgefüllt mit der Ideologie der Herrschenden».[120] Später schrieb Opitz: Der Faschismus sei «der im Protest gegen die vom Monopolkapital geschaffenen Verhältnisse von unten her in Gestalt rechter Bewegungen aufsteigende Autoritarismus».[121] «Nichtmonopolistische Schichten» – also Schichten unterhalb des Großbürgertums – die in imperialistischer Ideologie befangen seien, würden durch die ständige Verletzung und Missachtung ihrer Bedürfnisse und Interessen rebellisch gegen die staatstragenden konservativen, liberalen und sozialdemokratischen Parteien. Nach Opitz radikalisieren diese «nichtmonopolistischen Schichten» bestimmte Formen bürgerlicher Ideologie und verlangen nach hartem Durchgreifen gegen wirkliche und vermeintliche Feinde – Demokrat*innen, Linke, äußere Gegner, jüdische Menschen und so weiter:

«Das Kennzeichen dieser Mentalität besteht, auf einen Satz gebracht, darin, daß sie aus dem imperialistischen Feindbild die Gewaltkonsequenz zieht und nach deren praktischer Einlösung verlangt.»[122]

119 Beispielhaft: Der Roman «Die Abenteuer des Werner Holt» von Dieter Noll, dessen gelungene Verfilmung von 1965 auf Youtube zu finden ist.

120 Zitiert nach Becher/Lloyd.

121 Opitz, Fragen, 286.

122 Opitz, Entstehung, 591ff.

Opitz betonte die relative Eigenständigkeit des Faschismus als politische Bewegung: Diese versteht sich selbst und tritt auf als Revolte von rechts gegen die aktuellen «Eliten». Die faschistischen Führer wollen eine Gegen-Elite sein, die den kapitalistischen Nationalstaat endlich einmal so richtig auf Vordermann bringt.

Ein später «antideutsch» genannter Teil des westdeutschen marxistischen Milieus verabschiedete sich in den 80er-, 90er-Jahren völlig von der Deutung des Nazismus als Klassenherrschaft. Der NS erschien den Antideutschen vielmehr als Projekt einer klassenübergreifenden Einheit zwischen Herrschenden und Beherrschten im Zeichen von Nation und Rasse. Der Erfolg dieses Projektes rechtfertige es, von einer «negativen Aufhebung» der bürgerlichen Gesellschaft[123] zu sprechen: Anstelle der aus Klassen und anderen Interessengruppen bestehenden bürgerlichen Nation habe der Nazismus eine «Volksgemeinschaft» geschaffen, deren Zweck die Unterwerfung anderer Bevölkerungen und im Falle der jüdischen sowie der als «Zigeuner» diffamierten Opfer sogar deren vollständige Vernichtung war. Rassenkampf statt Klassenkampf, die «arischen» Deutschen als Herrenmenschen-Volk über Sklavenmassen, schließlich die Vereinigung der «Volksgemeinschaft» im Vernichtungsprojekt gegen die als «Weltfeind» oder «Gegen-Rasse» vorgestellten jüdischen Menschen – das sei das Wesen des NS. Dazu gehörte auch die Vorstellung, dass der NS die meist über Recht und Vertrag vermittelten Ausbeutungsverhältnisse des Kapitalismus durch eine schon nicht mehr kapitalistische Kriegs- und Vernichtungsökonomie ersetzt habe.[124]

V.6. Verfall und Zusammenbruch der bürgerlichen Gesellschaft

In antideutschen Erzählungen vom Spätkapitalismus erscheinen die Faschismen als Symptom des Verfalls der bürgerlichen Gesellschaft. Die bürgerlichen Formen von Individualität und Rationalität verfallen demnach ebenso wie bürgerliche Kultur und Rechtsstaatlichkeit. Die Gesellschaft breche in gewalttätig

123 S. als Beispiel für antideutsche Theorie das Buch «Was deutsch ist» von Joachim Bruhn.

124 S. «X.2. Politische Ökonomie des NS...».

miteinander kämpfende Banden («Rackets») auseinander; der Faschismus sei eine besonders gefährliche Variante dessen. Das Racket-Theorem wurde von Max Horkheimer und Friedrich Pollock Anfang der 1940er-Jahre entwickelt.

Endzeitstimmung prägt auch die Meister-Erzählung der neo- oder postmarxistischen «Wertkritik»-Strömung.[125] Diese fokussiert nicht wie der traditionelle Marxismus auf Klassenverhältnisse, sondern auf Grundelemente der kapitalistischen Wirtschaft wie die Ware und den Wert. Das Leitmotiv der Wertkritik lautet, dass der Kapitalismus gegenwärtig an eine strukturelle, unüberwindbare Grenze gekommen sei. Die Verdrängung menschlicher Arbeitskraft aus der Produktion durch Automatisierung und Digitalisierung gefährde letztlich das gesamte System der Profitmaximierung und Kapitalakkumulation. Immer größere Teile der Weltgesellschaft könnten nicht mehr in produktive Wirtschaftskreisläufe eingebunden werden. Sie verfielen stattdessen der Perspektivlosigkeit. Die heutigen Faschismen und religiösen Fundamentalismen seien Reaktionen auf diese globale, innerhalb des kapitalistischen Rahmens unaufhebbare Strukturkrise.

Auch diese Meister-Erzählung handelt im Kern von spätkapitalistischer Krisendynamik, vom Widerspruch zwischen rasant zunehmenden Produktivkräften und archaisch bleibenden Produktionsverhältnissen. Die Wertkritik reformuliert damit ältere marxistische Theoreme, die einen unvermeidlichen (und oft als nah bevorstehend angenommenen) Zusammenbruch des Kapitalismus voraussagten.

---

125 Diese Strömung präsentiert sich u. a. über die Internetseite «krisis.org». Einer ihrer Hauptvertreter war Robert Kurz (1943–2012).

VI. Marxistische Bonapartismustheorien des Faschismus: Bauer, Thalheimer, Trotzki, Mandel

In den 1920er- und 1930er-Jahren zogen marxistische Intellektuelle die Äußerungen von Marx über den Bonapartismus heran, um den Faschismus besser zu verstehen. Als wichtigste Gemeinsamkeit zwischen Bonapartismus und Faschismus sahen sie die Ausschaltung der Legislative, also der gesetzgebenden Gewalt des Parlaments im bürgerlichen Staat, zugunsten einer starken Exekutivgewalt. Die parlamentarische Demokratie wird durch eine autoritäre oder diktatorische Herrschaft ersetzt. Nach dieser Deutung gibt die Kapitalistenklasse die politische Macht ab, um ihre wirtschaftliche Macht und ihre sozialen Privilegien abzusichern – aus Angst vor einer proletarischen Revolution.

Den Bonapartismustheorien zufolge wird der Machtantritt des Faschismus durch ein Kräftegleichgewicht zwischen den Hauptklassen Bourgeoisie und Proletariat beziehungsweise zwischen den bürgerlichen und den proletarischen Parteien ermöglicht. Mitunter war auch von einer allseitigen Erschöpfung der widerstreitenden Klassen- und Parteienkräfte oder von einem Patt zwischen ihnen die Rede. Verwiesen wurde häufig auf die tiefe Krise der gesamten bürgerlichen Gesellschaft am Vorabend des Faschismus: Die traditionellen bürgerlichen Parteien haben abgewirtschaftet und können keinen Ausweg zeigen, aber auch die proletarischen Parteien sind dazu nicht in der Lage.

VI.1. Bonapartismus bei Marx und Engels

In seiner Schrift «Der achtzehnte Brumaire des Louis Bonaparte»[126] von 1852 behandelt Marx einen Abschnitt der französischen Geschichte: Von der Februarrevolution 1848, die

126 Am 18. Tag des Monats Brumaire im Jahre VIII nach dem französischen Revolutionskalender, also am 9. November 1799, ergriff Napoleon Bonaparte, der Onkel von Louis Napoleon, durch einen Staatsstreich die Macht in Frankreich. Marx wählte den Titel in polemisch-satirischer Absicht, um den Neffen als schlechten, betrügerischen Imitator seines Onkels bloßzustellen.

zum Sturz des Königtums und zur Gründung der Zweiten Republik führte, über die Wahl Bonapartes zum Präsidenten im Dezember des gleichen Jahres bis zu seinem Staatsstreich im Dezember 1851, mit dem er sich zum Diktator machte. Der Zeitzeuge Marx erklärt historisch-materialistisch, wie sich die unterschiedlichen sozialen und politischen Akteure in dieser turbulenten Krisenzeit verhielten. Der Text ist detail- und geistreich, schwungvoll und witzig geschrieben – ein echtes Lesevergnügen für historisch Interessierte.

Aus faschismustheoretischer Sicht ist am «Brumaire» spannend, wie er die Errichtung einer autoritären Herrschaft in der modernen bürgerlichen Gesellschaft beleuchtet: Verschiedene Parteien des französischen Bürgertums scheitern nach der Revolution so gründlich in der Regierung, dass sie selbst den Glauben an ihre Regierungsfähigkeit verlieren. Angesichts eines rebellischen, zum bewaffneten Aufstand bereiten Proletariats wird das bürgerliche Bedürfnis nach Ruhe und Ordnung – also nach Besitzwahrung und ungestörten Geschäften – immer mächtiger und lässt die Bourgeoisie schließlich Putsch und Diktatur eines politischen Abenteurers unterstützen oder zumindest hinnehmen.

Diesen Abenteurer, Bonaparte, schildert Marx als prinzipienlosen Demagogen, der allen sozialen Klassen das Blaue vom Himmel versprach. Dennoch war er laut Marx auch der Vertreter einer bestimmten Klasse, und zwar der größten in Frankreich: der Parzellenbauern. Diese Kleineigentümer verdankten ihr Land der von 1799 bis 1814 dauernden Herrschaft Napoleons I., des Onkels von Louis Bonaparte. Marx zufolge waren die Parzellenbauern durch ihre Wirtschaftsweise gesellschaftlich atomisiert, das heißt voneinander isoliert, vereinzelt und daher auch politisch unreif und rückständig. Noch dazu hätten sie sich stets in wirtschaftlich und finanziell prekärer Lage befunden. In ideologischer Hinsicht verweist Marx auf den ausgeprägten Nationalismus und Militarismus dieses bäuerlichen Milieus, der mit der nostalgischen Erinnerung an den ersten, den «großen» Napoleon verbunden war. Die Motive der Marxschen Beschreibung des französischen Parzellenbauerntums tauchten später in vielen Faschismustheorien wieder auf, wenn es um das Kleinbürgertum oder die Mittelschichten als Massenbasis des Faschismus ging.

Ebenso folgenreich für die Faschismustheorie wurde die Marxsche Beschreibung einer von Louis Bonaparte aufgebauten Truppe für Gewalt und Propaganda, der «Dezembergesellschaft». Marx stellt sie dar als Organisation des Pariser «Lumpenproletariats» – kriminelle, korrupte, gescheiterte Existenzen wie Bonaparte selbst – und als gewöhnliche Bande, deren Mitglieder sich von der Herrschaft ihres Chefs materielle Vorteile erhofften. Spätere faschistische Parteien und deren Milizen wurden von kritischen Beobachter*innen häufig ähnlich gesehen.[127]

Faschismustheoretisch besonders wichtig ist die Staatsauffassung, die Marx im «Brumaire» entwickelt und die sich klar von derjenigen abhebt, die er und Friedrich Engels wenige Jahre zuvor im «Kommunistischen Manifest» folgendermaßen zusammengefasst hatten:

«Die moderne Staatsgewalt ist nur ein Ausschuß, der die gemeinschaftlichen Geschäfte der ganzen Bourgeoisklasse verwaltet».[128]

Im «Brumaire» hingegen wird die «Exekutivgewalt mit ihrer ungeheurn bürokratischen und militärischen Organisation, mit ihrer weitschichtigen und künstlichen Staatsmaschinerie» als Apparat beschrieben, der desto mehr wuchs, je differenzierter das gesellschaftliche Gefüge wurde:

«Jedes gemeinsame Interesse wurde sofort von der Gesellschaft losgelöst, als höheres, allgemeines Interesse ihr gegenübergestellt, der Selbsttätigkeit der Gesellschaftsglieder entrissen und zum Gegenstand der Regierungstätigkeit gemacht, von der Brücke, dem Schulhaus [...] bis zu den Eisenbahnen [...] Alle Umwälzungen vervollkommneten diese Maschine statt sie zu brechen. Die Parteien, die abwechselnd um die Herrschaft rangen, betrachteten die Besitznahme dieses ungeheueren Staatsgebäudes als die Hauptbeute des Siegers.»[129]

Dieser aufgeblähte Apparat, in den alle Interessengruppen drängen, entwickelte ein Eigenleben und wurde selbst zum politischen Akteur. In Frankreich nach der 1848er-Revolution, in einer besonderen Situation des Klassenkampfes, konnte sich der Staatsapparat von seiner bürgerlichen gesellschaftlichen Grundlage verselbständigen. Die dabei herauskommende Dik-

---

127 S. «III.3. Frühe generische Theorien...» sowie «IV.2. Lumpenproletariat, Mob, deklassierte Elemente».

128 Engels/Marx, 418.

129 Marx, Brumaire, 405/06.

tatur beschrieb Marx als Rückkehr des Staates «zu seiner ältesten Form, zur unverschämt einfachen Herrschaft von Säbel und von Kutte».[130]

Mit dem Säbel sind Militär und Polizei gemeint, mit der Kutte die damals mächtige katholische Kirche. Die von 1852 bis 1871 währende Herrschaft Bonapartes als «Kaiser Napoleon III.», die sich im Laufe der Zeit wandelte, wird im «Brumaire» nur in ihrer Entstehung beleuchtet. In späteren Texten nahmen Marx und Engels aber immer wieder Versatzstücke der Bonapartismustheorie auf und wendeten sie auf andere Länder an. Daraus lässt sich ein bestimmtes Bild des Bonapartismus gewinnen.

Viele Züge dieses Regimes würden heutzutage wohl am ehesten mit dem Begriff des «Populismus» charakterisiert. Meist ist damit kaum mehr gemeint als der Vorwurf einer verantwortungslosen, nur auf kurzfristige Massenzustimmung zielenden Politik, die die modernen Massenmedien geschickt zu nutzen weiß. Dies trifft durchaus auf Bonapartes Politikstil zu, und ebenso auch auf die anderen Politiker*innen bonapartistischen Typs. Aber im wissenschaftlichen Sprachgebrauch bedeutet «Populismus» noch etwas mehr, nämlich einen klassenübergreifenden politischen Anspruch, die Interessen der gesamten Nation zu vertreten, und nicht, wie im 19. Jahrhundert weithin üblich, nur die Interessen einer schmalen bürgerlichen und adligen Schicht.[131] Dabei handelt es sich um einen typisch modernen Zug, den Louis Bonaparte als einer der ersten voll verkörperte und der sich dann im weiteren historischen Verlauf durchsetzte. Heute ist Populismus in diesem Sinn eine Grundvoraussetzung für erfolgreiche Parteipolitik in kapitalistischen Demokratien.

Insbesondere die Wirtschafts- und Sozialpolitik Bonapartes war populistisch. Er wollte als Wohltäter aller Klassen und besonders der einfachen Leute erscheinen. Gleichzeitig machte er laut Marx die Politik dem kapitalistischen Erwerb und dem Börsenschwindel dienstbar.[132]

Marx, Engels und spätere marxistische Analytiker*innen beschrieben das Lavieren zwischen den sozialen Klassen und politischen Lagern als Wesensmerkmal des Bonapartismus. In einer kapitalistischen Gesellschaft, wo sich Klasseninteressen gegen-

---

130 Marx, Brumaire, 311.

131 S. «XI.9. Griffin...».

132 Nach AutorInnen-Kollektiv, 14.

überstehen, muss solch Lavieren auf Dauer problematisch werden. Anstatt allen Klassen zu gefallen, mag der Machthaber irgendwann bei keiner mehr Anklang finden. Von derlei innenpolitischen Problemen lenken bonapartistische Staatschefs gern durch außenpolitisch-militärische Abenteuer ab und setzen sich dabei als Vorkämpfer der Nation in Szene. Nationalismus und Militarismus sind überhaupt ganz wesentlich für bonapartistische Herrschaftspropaganda. Flankiert wird dies üblicherweise von großartigen politischen Schauspielen wie bestellten Volksabstimmungen, Festen, Paraden und Massenkundgebungen, welche die Zustimmung des ganzen Volkes beweisen sollen.

VI.2. Otto Bauer: Eine sozialdemokratische Faschismustheorie

Der 1881 geborene, aus einer jüdischen Familie stammende Vordenker und Vorsitzende der österreichischen Sozialdemokratie veröffentlichte 1924 einen Aufsatz namens «Das Gleichgewicht der Klassenkräfte». Bauer sah ein solches Gleichgewicht in fast allen europäischen Ländern. Ihm zufolge herrscht die Bourgeoisie zwar noch sozial-ökonomisch, kann ihre Macht aber nicht mehr überall politisch gegen eine starke Arbeiter*innenbewegung durchsetzen. Gerade in den hoch entwickelten kapitalistischen Ländern werden das Proletariat und andere unterprivilegierte Schichten zunehmend als Arbeitskräfte, Verbraucher*innen, Soldaten und Wähler*innen ins System integriert und machen ihre Interessen immer stärker geltend – politisch-parlamentarisch, gewerkschaftlich, kulturell-ideologisch. Die Kapitalistenklasse und andere Herrschaftsgruppen müssen immer schmerzlichere Kompromisse eingehen. In einer besonders schweren Krise wählen sie die faschistische Option, um Zugeständnisse zu vermeiden, politische Ziele durchzusetzen und die Zustimmung der Massen zur Fortführung ihrer privilegierten Existenz zu erreichen. Dazu müssen sie den Verlust der politischen Macht an einen unumschränkt herrschenden Diktator und seine Gefolgschaft in Kauf nehmen – so Bauers Erzählung.

Er sah einige Länder im Übergang zum Sozialismus, bei anderen eine Teilung der Macht oder Koalitionen zwischen proletarischen und bürgerlichen Parteien. In Italien sei mit dem Faschismus «das Gegenstück des französischen Bonapartismus» an die Macht gekommen und habe «eine Diktatur über alle Klassen» errichtet.[133]

Bauers Faschismus-Erklärung wurde über die internationale Sozialdemokratie hinaus breit diskutiert. Die an der Sowjetunion orientierten kommunistischen Parteien lehnten sie entschieden ab. Für sie war der Faschismus bekanntlich eine Diktatur des Großkapitals und keine «Diktatur über alle Klassen».

Zwei Jahre bevor er 1938 im Pariser Exil verstarb, erschien Bauers Buch «Zwischen zwei Weltkriegen? Die Krise der Weltwirtschaft, der Demokratie und des Sozialismus.» Darin zeichnete er das Emporkommen des italienischen und deutschen Faschismus ähnlich nach wie Marx die Karriere Bonapartes im «Brumaire». Jedoch betonte er die Entwicklung der faschistischen Massenbewegung und einige ihrer typischen Ideologie-Elemente, zum Beispiel den falschen Antikapitalismus. In der Analyse des Faschismus an der Macht, nach Abschluss seiner Bewegungsphase, kam Bauer den Auffassungen der Komintern deutlich entgegen. Zur stabilisierten Naziherrschaft, die sich im Juni 1934 des nationalrevolutionären, in der SA verankerten Flügels der Nazibewegung blutig entledigt hatte, bemerkte er: «Unter der faschistischen Diktatur üben Großkapital und Großgrundbesitz ihre Diktatur aus, indem sie sich der regierenden Kaste bedienen, die durch den Sieg des Faschismus zur Macht gelangt ist.»[134]

VI.3. Thalheimer: Dissidenter Kommunist und Faschismustheoretiker

Der 1884 in eine deutsch-jüdische Kaufmannsfamilie geborene August Thalheimer fand nach dem Ersten Weltkrieg von der SPD über den Spartakusbund zur KPD, deren innerem Führungskreis er von 1919 bis 1924 angehörte. Nach schweren Konflikten erst mit der ultralinken Parteifraktion um Ruth Fischer, später mit den Anhänger*innen Stalins unter Ernst Thälmann gründete er 1929 gemeinsam mit anderen ehemaligen KPD-Mitgliedern die KPD-Opposition (KPO). Im Jahr 1933 ging Thalheimer ins Exil, wo er 1948 starb.

133 Bauer, Gleichgewicht, 66.
134 Bauer, Weltkriegen, 160.

Die KPO, von Gegner*innen spöttisch KP-Null genannt, war im Gegensatz zur KPD nicht Moskau-hörig und verfügte nur über einige Tausend Mitglieder sowie wenige regionale Hochburgen. In der KPO-Zeitschrift «Gegen den Strom» veröffentlichte Thalheimer 1930 eine Artikelreihe «Über den Faschismus». Gleich zu Beginn machte Thalheimer deutlich, dass die Marxschen Überlegungen zum Bonapartismus nur dann auf den Faschismus in Italien und anderen Ländern anwendbar seien, wenn auch die Unterschiede zwischen Faschismus und Bonapartismus herausgearbeitet würden. Faschismus und Bonapartismus sind Thalheimer zufolge verwandte, aber nicht wesensgleiche Erscheinungen. Mit Hilfe der beiden Kategorien könne jeder bürgerliche Staat auf der Welt untersucht werden. Der Faschismus ist nach Thalheimer nicht die abschließende, letzte Form bürgerlicher Herrschaft, da die viel weiter als Italien und Deutschland entwickelten kapitalistischen Gesellschaften der USA oder Großbritanniens keinen Faschismus ausgebildet hatten. In diesen Ländern, so Thalheimer, sei die Bourgeoisie sozial und politisch zu stark. Sie brauche dort keine Diktatur, um in ihrem Sinne für Ruhe und Ordnung zu sorgen.

Faschismus trete nur in solchen Ländern auf, in denen die Bourgeoisie existenziell durch eine proletarische Revolution bedroht sei, sodass eine offene Diktatur zu ihrer Rettung nötig werde. An diesem Punkt träfen sich Bonapartismus und Faschismus. Thalheimer schrieb:
«Statt zu sagen, der Faschismus ist *die* offene Form der Diktatur der Bourgeoisie sei zu setzen; ist eine Form».[135]

Und zwar eine, die dem derzeitigen Stand der kapitalistischen Entwicklung entspreche. Der Faschismus unterscheide sich von anderen Formen bürgerlicher Herrschaft in der gegenwärtigen Epoche, genauso wie der Bonapartismus sich zu seiner Zeit von anderen Formen bürgerlicher Herrschaft unterschieden hatte. Formen offener bürgerlicher Diktatur kehren laut Thalheimer periodisch wieder, wenn ein bestimmtes Gesamtverhältnis der Klassen besteht – das schon von Otto Bauer bekannte «Gleichgewicht der Klassenkräfte». Die Situation des historischen Bonapartismus beschrieb Thalheimer so: Die Bourgeoisie ist *schon* zu schwach zum Regieren, das Proletariat hingegen *noch* zu schwach oder nicht bereit dafür.

135 Thalheimer, 28.

Thalheimer stellte Gemeinsamkeiten, aber auch Unterschiede zwischen Bonapartismus und Faschismus fest. Bei beiden würden alle Klassen der diktatorischen Staatsmacht unterworfen. Gleichzeitig versuchten beide, als Wohltäter aller Klassen aufzutreten, was zu inneren Widersprüchen führe, die letztlich nur noch durch den Krieg gegen äußere Feinde überdeckt werden könnten. Faschistischer und bonapartistischer Staat träten als Vermittler zwischen Bourgeoisie und Proletariat auf, während sie gleichzeitig beide Klassen politisch unterdrückten, dabei aber die sozialen Privilegien sowie die Eigentumsrechte der Großbourgeoisie absicherten.

Geführt werde der bonapartistische wie der faschistische Staat von einem Emporkömmling. Die faschistische Partei in Italien war nach Thalheimer wie die «Dezembergesellschaft» Bonapartes ein Sammelbecken für Deklassierte aller Klassen, aber im Gegensatz zu dieser eine echte Massenbewegung. Analog dazu hätten sich auch die proletarischen Organisationen seit der Mitte des 19. Jahrhunderts von kleinen Zirkeln und Geheimbünden zu Massenparteien entwickelt.

Zudem müsse der Faschismus immer einen imperialistischen Charakter haben, denn seit Bonaparte habe sich der Kapitalismus zum Monopolkapitalismus und Imperialismus weiterentwickelt. Thalheimer sah den Faschismus als «offene Trustdiktatur»[136], also als Diktatur der Monopolbourgeoisie. Diese müsse sich nach der Machtübernahme mehr und mehr auch gegen die Interessen der faschistischen Massenbasis aus Kleinbürgertum und Deklassierten richten, weil

«...die faschistischen Führer sich sehr wohl bewußt waren, daß der Aufbau eines mächtigen Staates und die Politik einer imperialistischen Expansion nur mit einer modernen Großindustrie und einer disziplinierten Armee und nicht mit einer Wirtschaft von Kleinproduzenten und einer Armee von parteieigenen Terrorverbänden durchzuführen war.»[137]

Thalheimer ging auch auf die Situation in anderen Ländern als Italien und Deutschland ein. Nicht jeder Staatsstreich, nicht jede Diktatur im Interesse der Bourgeoisie sei Bonapartismus oder Faschismus, und beide seien zudem durchaus verschieden. Der polemischen Inflationierung des Faschismusbegriffs durch

136 Zitiert nach AutorInnen-Kollektiv, 13.

137 AutorInnen-Kollektiv, 19 (Wiedergabe der Position Thalheimers).

die Stalin hörige KPD, die mit diesem Begriff nahezu alle ihre Gegner*innen belegte, trat er entgegen, besonders der Doktrin vom angeblichen «Sozialfaschismus» der Sozialdemokratie. Stattdessen drängte Thalheimer auf ein Bündnis der proletarischen Parteien und aller sonst zu gewinnenden Kräfte für die Verteidigung der bürgerlichen Demokratie, die er als «den besten Kampfboden für den Sozialismus» bezeichnete.

Früh erkannte Thalheimer die Gefährlichkeit der NSDAP, und er sah auch voraus, wie gefährlich der Weimarer Republik die starke Stellung ihres Staatsoberhaupts, des Reichspräsidenten, werden konnte.[138] Genau in dieser Hinsicht wurde sein Blick durch das Bonapartismustheorem von der «Verselbständigung der Exekutivgewalt» geschärft. Seine vergleichsweise fortgeschrittene Faschismustheorie ließ ihn und die KPO erahnen, welch tödliche Bedrohung der Nazismus für die Arbeiter*innenbewegung bedeutete. Thalheimer beschrieb die historische Mission des NS kurz und klassisch: Restlose Vernichtung aller proletarischen Organisationen, um die ganze Gesellschaft für die Vorbereitung und Führung eines großen Krieges um die kolonial-imperialistische Neuaufteilung der Welt einspannen zu können.

So gewarnt, bereitete sich die KPO besser auf die Illegalität vor und vermochte Teile ihrer Strukturen länger zu erhalten als die KPD-Führung, die Hitlers Diktatur anfangs nur für eine kurze Zwischenetappe auf dem Weg zur proletarischen Revolution hielt. Wirksamen Massenwiderstand gegen das sich festigende Naziregime konnte allerdings auch die KPO nicht organisieren.

Wie viele marxistische Beobachter*innen täuschte sich auch Thalheimer in der Annahme, dass die faschistischen Parteien an inneren Widersprüchen zerbrechen müssten. Stattdessen hielt sich Hitlers Regime durch Terror und Einbindung der Bevölkerung bis zur vernichtenden militärischen Niederlage durch äußere Gegner. Auch in Italien, wo der Faschismus Staat und Gesellschaft viel weniger als in Deutschland durchdrungen und umgeformt hatte, bedurfte es erst der Kriegsniederlage, um maßgebliche Teile der Herrschaftsgruppen zum Sturz Mussolinis zu bewegen.

---

138 So konnte der Reichspräsident laut Verfassung eine Regierung ohne parlamentarische Mehrheit ernennen und deren Maßnahmen per «Notverordnung» legitimieren. In dieser Form vollzog sich 1933 die Machtübertragung an die Nazis.

VI.4. Trotzki über Bonapartismus, Faschismus und Revolution

Wie Thalheimer war Leo Trotzki, der 1879 im russischen Zarenreich als Kind einer jüdischen Familie namens Bronstein geboren wurde, ein kommunistischer Dissident. Er hatte mit Lenin und Stalin zur engsten bolschewistischen Führungsgruppe gehört und nach der russischen Revolution von 1917 die Massenerschießungen und Lager des Roten Terrors mitverantwortet. Unter den Opfern waren auch zahlreiche oppositionelle Linke. Bei Lenins Tod 1924 galt Trotzki noch als möglicher Nachfolger, doch wurde er von Stalin entmachtet, ins Exil getrieben und schließlich 1940 durch einen Auftragsmörder getötet.

Wie Thalheimer trat Trotzki gegen die Stalinsche Doktrin vom Sozialfaschismus auf. Trotzki wandte sich aber ebenfalls gegen die ab 1935 folgende Komintern-Politik der «Volksfront», die ein möglichst breites antifaschistisches Bündnis mit allen demokratischen Kräften vorsah. Stattdessen befürwortete er ein proletarisches Bündnis von KPD und SPD, die sogenannte «Einheitsfront». Für eine kommunistische Partei könne es nicht darum gehen, den Weimarer Verfassungsstaat zu verteidigen. Trotzki attackierte Bauer und Thalheimer, die eher das Konzept der Volksfront unterstützten. Bei der Analyse der Wahlalternativen in der Weimarer Republik führte Trotzki aus:

«Wir Marxisten betrachten Brüning [einen konservativen Politiker der katholischen Zentrumspartei und 1930–1932 autoritär regierenden Reichskanzler] und Hitler samt Braun [den langjährigen sozialdemokratischen Ministerpräsidenten Preußens, des damals größten und wichtigsten deutschen Bundeslandes] als verschiedene Teilelemente desselben Systems. Die Frage, wer von ihnen das ‹kleinere Übel› ist, hat keinen Sinn, denn das System, das wir bekämpfen, benötigt all diese Elemente. Aber diese Elemente des Systems befinden sich augenblicklich im Zustand des Konflikts und die Partei des Proletariats muss diese Konflikte im Interesse der Revolution ausnützen.»[139]

Trotzki sah die proletarische Revolution als bestes Mittel zur Bekämpfung des Faschismus an, nicht aber die Verteidigung der bürgerlichen Demokratie. Der Historiker Wolfgang Wippermann wies darauf hin, dass Trotzkis Auffassungen nur «vor dem

---

139 Trotzki, Nationalsozialismus, 60.

Hintergrund seiner Theorie von der Notwendigkeit und Möglichkeit einer ‹permanenten Revolution› verständlich sind».[140] Mit dieser bereits Anfang des 20. Jahrhunderts von ihm entwickelten und danach mehrmals modifizierten Theorie wandte sich Trotzki gegen starre, schematische Vorstellungen innerhalb des Marxismus. So war seinerzeit etwa die Auffassung verbreitet, dass vor einer proletarischen Revolution unbedingt zuerst eine bürgerlich-demokratische kommen müsse. Trotzki gelangte aber nach historischen Studien zu der Überzeugung, dass die Bourgeoisie ihre einstmals fortschrittliche Rolle eingebüßt habe und nun eher einen passiven bis konterrevolutionären Standpunkt einnehme.[141] Bündnisse mit dem Bürgertum, auch solche gegen den Faschismus, seien somit sinnlos und würden die Arbeiter*innen nur in die Niederlage führen. Gegen das traditionelle marxistische Schema gesetzmäßig aufeinander folgender Entwicklungsschritte betonte Trotzki den dynamischen Charakter gesellschaftlicher Wandlungen und die Notwendigkeit für revolutionäre proletarische Parteien, in Krisenzeiten die Initiative zu ergreifen.

Trotzki wandte die Bonapartismustheorie auf Italien, Deutschland und Österreich, aber auch auf die Sowjetunion unter Stalin an. Damit brachte er eine frühe Sonderform der Totalitarismustheorie hervor, die für die meisten antifaschistischen Kräfte damals indiskutabel war.

Folgendermaßen beurteilte Trotzki den geschichtlichen Kontext der faschistischen Massenbewegungen:

«In der Vergangenheit sahen wir ein starkes Anwachsen des Faschismus (in Italien, in Deutschland) als Ergebnis einer verpassten revolutionären Situation, am Ende einer revolutionären Krise, in deren Verlauf die proletarische Avantgarde sich unfähig gezeigt hatte, an die Spitze der Nation zu treten, um das Schicksal aller Klassen, auch der Kleinbourgeoisie, zu ändern.»[142]

Damit bezog sich Trotzki auf die Situation Anfang der 20er-Jahre. Nach massenhaften Streiks sowie Land- und Fabrikbesetzungen des städtischen und ländlichen Proletariats 1919/20 war in Italien eine Schwächung der Linken eingetreten und schließlich hatte 1922 der Faschismus die Macht übernommen.

140 Wippermann, Faschismustheorien, 48.

141 Vgl. «V.1. Die Charakterverwandlung des Bürgertums».

142 Trotzki, Nationalsozialismus, 18.

Auch Deutschland hatte in der Zeit von 1918 bis 1923 einerseits proletarische Aufstände und Massenstreiks, andererseits den antidemokratischen Kapp-Putsch 1920, Hitlers Putschversuch in München 1923 und einen ausgeprägten Rechtsterrorismus erlebt. Mit Blick auf die Situation nach Beginn der Weltwirtschaftskrise 1929 schrieb Trotzki:
«Der Umstand, dass der Faschismus eine derart mächtige Ausgangsposition bereits am Vorabend der revolutionären Periode und nicht erst an deren Ende einnehmen konnte, bezeugt nicht die Schwäche des Faschismus, sondern des Kommunismus.»[143]

Trotzki sah, dass die Kleinbürger*innen eher den Faschismus als den Kommunismus wählten, um Erlösung von der Krise zu finden. Er nahm auch wahr, dass der Faschismus neben kleinbürgerlichen auch proletarische Massen angezogen hatte.

Trotzki zufolge konnte die politische Lage Anfang der 30er-Jahre nach links in den Sozialismus wie auch nach rechts in den Faschismus kippen. Wenn dieser aber an die Macht käme, würde er die proletarischen Organisationen vernichten. Angesichts der verglichen mit der KPD größeren Wahlerfolge der NSDAP fühlte Trotzki 1931 das Pendel nach rechts ausschlagen. Die Entwicklung verlief eben nicht in gesetzmäßig aufeinander folgenden Perioden, wie es die damalige KPD-Führung annahm. Diese glaubte, dass sich erst die «Sozialfaschisten» und dann die «Nationalfaschisten» – so hießen SPD und NSDAP im KPD-Jargon – vor den Massen blamieren müssten, damit schließlich sie selbst ans Ruder kommen könnten.

Für Trotzki waren gesellschaftliche Prozesse immer dynamisch und konnten durch kluge Strategie und revolutionäre Aktion entscheidend beeinflusst werden. Genau wegen dieser Grundauffassung vermochte er die faschistische Bedrohung richtig einzuschätzen:
«Der Faschismus ist in Deutschland zu einer wirklichen Gefahr geworden; er ist Ausdruck der akuten Ausweglosigkeit des bürgerlichen Regimes, der konservativen Rolle der Sozialdemokratie und der akkumulierten Schwäche der kommunistischen Partei im Kampf gegen dieses Regime.»[144]

Zur Massenbasis des Faschismus vor der Machtübernahme bemerkte Trotzki, dieser vereine «so furchtbare Widersprüche»,

143 Trotzki, Nationalsozialismus, 18.
144 Ebd., 19.

dass sich irgendwann sein «soziales Reservoir erschöpfe». Seine Wähler*innenschaft werde vor der absoluten Mehrheit wieder schrumpfen und Hitler sei dann gezwungen «auf den Umsturz zuzugehen».[145] Zwar gab es keinen «Umsturz», aber in der Tat hatte die NSDAP 1932 den Zenit ihrer Wahlerfolge überschritten und die Naziführer sowie ihre Komplizen aus Kapitalkreisen und anderen Herrschaftsgruppen intensivierten daraufhin ihre Bemühungen für eine Machtübergabe an Hitler.

Im März 1933 stellte Trotzki die Frage nach einem österreichischen Bonapartismus. In Österreich bahnte sich damals gerade der sogenannte «Austrofaschismus» an, der von konservativ-katholischen, monarchistischen sowie anderen antidemokratischen und antimarxistischen Kräften getragen wurde. Dieses von 1934 bis 1938 bestehende Regime richtete sich sowohl gegen die starke österreichische NSDAP, die für den Anschluss Österreichs an Deutschland kämpfte, als auch gegen SPÖ, KPÖ und Gewerkschaften. Trotzki analysierte:

«Österreich macht eine Periode durch, die der Periode Brüning-Papen-Schleicher [der von 1930 bis 1933 autoritär regierenden Kanzler der Weimarer Republik] in Deutschland analog; eine Periode der halb-bonapartistischen Diktatur, die sich durch gegenseitige Neutralisierung des proletarischen und faschistischen Lagers hält. Wir geben auch für Österreich der Bezeichnung Bonapartismus den Vorzug als einer Benennung, die sehr klar die Physiognomie einer Regierung charakterisiert, die zwischen zwei unversöhnlichen Lagern laviert und in immer größerem Ausmaße gezwungen ist, die unter den Füßen schwindenden sozialen Stützpunkte durch den militärisch-polizeilichen Apparat zu ersetzen.»[146]

Der Bonapartismus in Österreich stellte aber nach Trotzki ebenso wie der in Deutschland nur ein Kurzzeit-Regime zwischen bürgerlicher Demokratie und Faschismus dar. Im Rückblick erscheinen der «Austrofaschismus» und die autoritären Regierungen am Ende der Weimarer Republik tatsächlich als Vorspiel zum Faschismus, da sie wichtige Bastionen der Demokratie schliffen und die Gesellschaft an die Entmachtung des Parlaments und Polizeistaatsmethoden gewöhnten.

145 Trotzki, Nationalsozialismus, 56.
146 Trotzki, Schriften, 503.

Im Bonapartismus herrscht Trotzki zufolge der schon aus dem «Brumaire» von Marx bekannte «Säbel» als Garant der Klassenherrschaft. Damit dient der Säbel letztlich der mächtigsten Fraktion der Großbourgeoisie:

«Der Säbel hat kein selbstständiges Programm... Er ist berufen zu sichern, was besteht. [...] Der Faschismus an der Macht kann, wie der Bonapartismus, nur die Regierung des Finanzkapitals sein.»[147]

Diesbezüglich stimmte Trotzki also mit der Komintern unter Stalin überein. Der Klassencharakter des Faschismus als Regime entsprach aber für Trotzki nicht der sozialen Massenbasis des Faschismus als Bewegung. Bonapartistische und faschistische Herrschaft waren für ihn beide Instrumente der Herrschaft des Finanzkapitals, die sich aber politisch ganz unterschiedlich äußerten. Trotzki erkannte den Einschnitt, den ein Faschismus an der Macht bedeuten würde. Der Faschismus unterscheidet sich Trotzki zufolge vom Bonapartismus durch noch blutigere Repression, eigene Massenorganisationen, eine Sozialdemagogie sowie den hasserfüllten Terror der Kleinbürger gegen das Proletariat. Der Bonapartismus hingegen bedeute den starken Staat als Schiedsrichter, der «letztendlich die beiden extremen Lager [das proletarische und das faschistische] disziplinieren soll».[148]

Ganz genau mochte Trotzki Bonapartismus und Faschismus nicht trennen. Er sprach sich immer wieder gegen starres Kategorisieren aus. Ihm ging es um die Analyse der labilen Verhältnisse zwischen kämpfenden sozialen und politischen Kräften in zugespitzten Krisensituationen.

VI.5. Mandels Fortführung der bonapartismustheoretischen Ansätze

Der von 1923 bis 1995 lebende Belgier Ernest Mandel – auch er kam aus einer jüdischen Familie – war ein bedeutender marxistischer Autor in der Nachfolge Trotzkis. Er schrieb die Vorworte für dessen Schriften, die in Westdeutschland ab den 60er-Jahren wieder herausgegeben wurden, und arbeitete in ihnen den Unterschied zwischen Faschismus und klassischer Militärdiktatur beziehungsweise Bonapartismus heraus. Außerdem ging er

147 Trotzki, Schriften, 680.
148 Ebd., 682.

vertiefend auf die Differenzen und Gemeinsamkeiten zwischen den Faschismusanalysen Trotzkis sowie Bauers und Thalheimers ein. Mandel schrieb:

«August Thalheimers Faschismusanalyse kommt der Trotzkis am nächsten. Durch zu enge Anlehnung an die Marxsche Analyse des Bonapartismus des 19. Jahrhunderts und Überbetonung der ‹graduellen Faschisierung' unterschätzt er aber den *qualitativen* Unterschied zwischen Bonapartismus und Faschismus – Verselbständigung des Staatsapparats mit traditioneller Repression der revolutionären Bewegung versus Verselbständigung des Staatsapparats mit Zertrümmerung aller Arbeiterorganisationen und Versuch einer vollständigen Atomisierung der Lohnabhängigen. Ferner reduziert er das Faschismusproblem auf die gesellschaftspolitischen Kräfteverhältnisse [...], ohne den Zusammenhang der Entwicklung dieser Kräfteverhältnisse mit der Strukturkrise des Spätkapitalismus zu durchleuchten. Trotzkis Faschismustheorie vereint dagegen die widerspruchsvollen Momente zu einer dialektischen Einheit [...].»

Bei der Entstehung des historischen Bonapartismus in den Jahren nach 1848 sei das französische Proletariat «objektiv-historisch» noch zu unreif für die politische Herrschaft gewesen. Hingegen sei die deutsche Arbeiter*innenklasse 1918 bis 1933 zwar objektiv reif, aber im verhängnisvollen Widerspruch dazu von «subjektiver Unreife» befallen gewesen, so Mandel.

Über Otto Bauer schrieb Mandel:

«Richtig erkennt er auch, daß der Faschismus nicht in einem Augenblick gesiegt hat, in dem die Bourgeoisie von der proletarischen Revolution bedroht gewesen wäre.»

Der Faschismus habe gesiegt, «als das Proletariat schon längst geschwächt und in die Defensive gedrängt, die revolutionäre Flut schon abgeebbt war».[149] Der Faschismus wolle anders als der Bonapartismus nicht nur die proletarische Revolution unterdrücken, sondern auch die Errungenschaften des reformistischen Sozialismus zerschlagen.

In Mandels Vorwort zu Trotzkis «Schriften über Deutschland» wandte er Trotzkis Überlegungen zum Bonapartismus und Faschismus auf die damalige BRD an:

«Unter der Bedingung eines vorwiegend wohlhabenden und konservativen Kleinbürgertums fehlt einem Neofaschismus

149 Alle vorhergehenden Mandel-Zitate: Mandel, 35/36.

jede objektive Möglichkeit, sich eine breite Massenbasis zu erobern».[150]

Denn satte Bürger schlagen sich nicht mit revolutionären Arbeiter*innen oder radikalisierten Studierenden auf der Straße, sondern rufen nach einer starken Polizei. Die Ausbildung einer faschistischen Bewegung oder eines Regimes in den «spätkapitalistischen Gesellschaften» des Westens hängt nach Mandel stark von der wirtschaftlichen Entwicklung ab. Ändere sich diese entscheidend in krisenhafter Weise, so schlage das Pendel erst nach links. Wenn dann aber die Arbeiter*innenbewegung versage, bekomme die Rechte beziehungsweise der Faschismus eine Chance.

VI.6. Was leisten die Bonapartismustheorien heute noch?

Mit den Theoremen der Verselbständigung der Exekutivgewalt und der Kaperung des Staatsapparates durch eine bandenmäßige Partei oder Bewegung wird ein bestimmter Aspekt des faschistischen Machtantritts in Italien und Deutschland gut erfasst. Hingegen beleuchten die Bonapartismustheorien die ideologische Seite des Faschismus, zum Beispiel die zentrale Bedeutung des Vernichtungsantisemitismus für den NS, nur unzureichend. Bauer und Thalheimer sahen den Antisemitismus nur als Ablenkungsmanöver. Allerdings war zur Zeit ihrer Schriften noch nicht erkennbar, welche Rolle der Antisemitismus im voll entwickelten NS spielen sollte.

Leicht gerät bei der bonapartismustheoretischen Lesart aus dem Blick, dass der italienische Faschismus und viel mehr noch der NS über eine Massenbasis in der Bevölkerung verfügten. Selbst im Angesicht der totalen militärischen Niederlage reichte diese weit über den Kreis der Nazi-Funktionäre hinaus. Die Wahrnehmung der Deutschen als funktionierende «Volksgemeinschaft» war nicht nur das Hirngespinst einer fanatisierten Minderheit. Der NS stellte etwas viel Schlimmeres dar als nur die Diktatur einer verselbständigten Exekutivgewalt.

Die Bonapartismusansätze sind somit ein gutes Beispiel für den Wert, aber auch die Grenzen von Theorien: Diese können

150 Zitiert nach Kunow, Trotzkis (Text liegt nur online ohne Seitenzahlen vor).

den Blick auf bestimmte Aspekte und Erscheinungen schärfen, ihn aber hinsichtlich anderer auch verstellen. Nützlich ist eine Theorie, wenn sie dabei hilft, möglichst genau zu analysieren und zu vergleichen, also Unterschiede und Gemeinsamkeiten festzustellen. Insofern lohnt sich die Beschäftigung mit Thalheimers und Trotzkis Unterscheidung von Bonapartismus und Faschismus auch heute noch. Die Merkmale des Bonapartismus passen gut auf einige Diktatoren und Staatschefs aus Geschichte und Gegenwart, welche die parlamentarische Demokratie schnell oder langsam, auf «heißem» oder «kaltem» Wege, zugunsten ihrer autoritären Herrschaft abschaffen. Es handelt sich hierbei eher um Veranstaltungen «von oben», während eins der Wesensmerkmale des Faschismus gerade die ideologisch fanatisierte, bis zu einem gewissen Grad autonom agierende, Massenbewegung «von unten» samt ihrer milizartigen männlichen Kampfbünde ist.

Solch klare Unterscheidung zwischen autoritären Tendenzen und Bonapartismus auf der einen sowie Faschismus auf der anderen Seite könnte auch Auswirkungen auf den linken Sprachgebrauch haben. Nicht jede autoritäre Verschärfung der bürgerlich-demokratischen Herrschaft bedeutet gleich einen neuen Faschismus. Auch bei einem autoritären oder diktatorischen Regime, das demokratische und linke Kräfte gewaltsam unterdrückt, handelt es sich nicht automatisch um Faschismus.

Allerdings wirken bonapartistische Regime als Förderer und Wegbereiter des Faschismus. Jeder Bonapartismus unterdrückt Emanzipationsbewegungen und damit mögliche gesellschaftliche Alternativen, verstärkt chauvinistische, militaristische und überhaupt sämtliche autoritären Tendenzen, zettelt gerne Kriege an – all das begünstigt den Faschismus.

VII. Strukturanalysen des NS aus dem «Institut für Sozialforschung» und seinem Umfeld: Horkheimer, Pollock, Fraenkel, Neumann

Der von Helmut Dubiel und Alfons Söllner 1984 herausgegebene Sammelband «Wirtschaft, Recht und Staat im Nationalsozialismus» enthält die meisten in diesem Kapitel behandelten Texte vollständig oder auszugsweise. Die äußerst lesenswerte Einleitung klärt über den historischen und wissenschaftlichen Kontext der Analysen aus dem «Institut für Sozialforschung» (IfS) auf. Mit der marxistischen deutschen Faschismusforschung der Nachkriegszeit teilten die Gelehrten des IfS eine Grunderkenntnis: Der Faschismus ist eine epochale Reaktion auf die Krise des Monopolkapitalismus – der terroristische Versuch einer Krisenlösung auf kapitalistischer Grundlage. Das Wesen dieses Versuchs versuchten die Mitarbeiter des IfS mit Begriffen wie «Staatskapitalismus» (Horkheimer, Pollock) oder «totalitärer Monopolkapitalismus» (Neumann) zu erfassen.

VII.1. Horkheimer: Faschismus als Konsequenz des Kapitalismus

Max Horkheimer (1895–1973) war langjähriger Direktor des IfS. Wie sein Freund Friedrich Pollock (1894–1970), der das IfS mitbegründete, stammte er aus einer deutsch-jüdischen Fabrikantenfamilie.

Horkheimer veröffentlichte 1939 im US-Exil einen Text namens «Die Juden und Europa». Gleich auf der ersten Seite steht der berühmte Satz:

«Wer aber vom Kapitalismus nicht reden will, sollte auch vom Faschismus schweigen.»[151]

Für Horkheimer sind Faschismus und NS – er unterscheidet beide Begriffe nicht – das Ergebnis einer autoritären, kollektivistischen und militaristischen Entwicklungstendenz, die dem

151 Horkheimer, Juden, 33.

Kapitalismus von Anbeginn innewohnte. Die Ursachen sieht Horkheimer in den Grundlagen der kapitalistischen Gesellschaft, nämlich in der auf Gewalt und Manipulation beruhenden Klassenherrschaft sowie in den Konkurrenzverhältnissen, die im Innern der Gesellschaften und auf internationaler Ebene bestehen. Durch Horkheimers Text zieht sich folgender Gedanke: Sobald eine bestimmte Gruppe von Menschen gesellschaftlich entrechtet und ausgegrenzt wird, birgt dies den Keim zu weiterer Gewalt und Unterdrückung, die sich dann auch gegen andere Gruppen, ja prinzipiell gegen jeden Menschen wenden kann. Dabei ignoriert Horkheimer keineswegs die Fortschrittspotenziale der bürgerlichen Gesellschaft, weist aber auf deren Beschränktheit hin:

«Der Liberalismus enthielt die Elemente einer besseren Gesellschaft. [...] Wer sich unabhängig äußerte, war nicht notwendig verloren. Freilich gab es solchen Schutz nur auf einem kleinen Teil der Erde, in den Ländern, denen die andern ausgeliefert waren. [...] Wer jedoch an einer beschränkten menschlichen Ordnung teilhat, darf sich nicht wundern, wenn er gelegentlich selbst unter die Beschränkungen fällt.»[152]

Laut Horkheimer unterwarfen die herrschenden Schichten den Großteil der Bevölkerung schon immer brutal und nahmen damit den Faschismus vorweg. Er illustriert die Gewaltgeschichte der europäischen Klassengesellschaft seit der Frühen Neuzeit mit einigen «dunklen Philosophen», die nackte Machtpolitik, gewissenlose Bereicherung und feudal-klerikale Herrschaft wortgewandt rechtfertigt hatten.[153] Doch auch in den republikanischen Revolutionären des Bürgertums erblickt Horkheimer Vorläufer des Faschismus:

«Die Ordnung, die 1789 als fortschrittliche ihren Weg antrat, trug von Beginn an die Tendenz zum Nationalsozialismus in sich.»[154]

Das spielt auf die Diktatur der Jakobiner in Frankreich 1793/94 an, die staatlichen Terror, Massenmord, totalitären Machtwillen und kriegerischen Eroberungsdrang zum Vorschein gebracht hatte. Horkheimer will zeigen, dass Diktatur und Militarismus

---

152 Ebd., 51.

153 Ebd., 42. Die Rede ist von Niccolò Machiavelli (1469–1527), Bernard Mandeville (1670–1733) und dem Vicomte de Bonald (1754–1840).

154 Ebd., 47.

schon immer Optionen bürgerlicher Staatlichkeit waren. Seine Zusammenstellung der radikal-republikanischen Jakobiner mit dem NS hat Parallelen in der konservativen Kritik an französischer Revolution und bürgerlicher Moderne.

Was aber ist für Horkheimer das historisch Neue, das Besondere am Faschismus? Er nennt einerseits politisch-ökonomische, andererseits ideologisch-kulturelle Ursprünge und Elemente des Faschismus.

Den politisch-ökonomischen Hintergrund – die Entwicklung des Monopolkapitalismus zu einem faschistischen «Staatskapitalismus» – umreißt Horkheimer nur knapp: Der Monopolkapitalismus steckt in einer tiefen Krise, denn er hat zu einer gewaltigen Produktivitätssteigerung geführt, der aber keine vergleichbaren profitablen Absatzmöglichkeiten gegenüberstehen. Die Kapitalakkumulation stockt, und somit sind auch die Verteilungsspielräume verschwunden, zum Beispiel für Lohnerhöhungen, Beschäftigungswachstum oder soziale Reformen, durch die sich die Klassenherrschaft bisher halten konnte. Klassenherrschaft und Profitmaximierung können nur noch durch autoritäre staatliche Eingriffe in die Marktwirtschaft aufrecht erhalten werden. Schließlich entsteht ein Staatskapitalismus, der Konkurrenz und Preisbildung auf dem Markt durch bürokratische Planung ersetzt. Der Inhalt dieser Planung wird bestimmt von den Kämpfen und Kompromissen zwischen den Kapitalfraktionen und den sonstigen Herrschaftsgruppen.

Ganz besonders muss die Marktwirtschaft, müssen Tausch- und Vertragsfreiheit für diejenige Ware aufgehoben werden, welche die Quelle des kapitalistischen Profits bildet – die Arbeitskraft:

«An die Stelle des Tausches mit der Arbeit tritt das Diktat über sie.»[155]

Diese autoritäre Tendenz wirkt nach Horkheimer in allen kapitalistischen Industrieländern; der Faschismus stellt lediglich eine gesteigerte, nicht mehr nur autoritäre, sondern schon totalitäre Form dessen dar. Faschismus ist für Horkheimer totalitärer Staatskapitalismus, das heißt ein Kapitalismus ohne alle demokratischen und rechtlichen Vermittlungsinstanzen. Statt Parlamentarismus und Rechtsstaat gibt es die direkte, persönliche Herrschaft der Großkapitalisten, die sie mit Hilfe der faschisti-

155 Ebd., 36.

schen Massenorganisationen und Apparate ausüben. Ähnlich marxistisch-leninistischen Agententheorien sieht Horkheimer den Staat im Faschismus als privates Werkzeug der Großkapitalisten. Der Staat sei dies umso mehr, je verselbständigter er erscheine und je mehr er von den Faschisten ideologisch vergöttert werde. Dabei gäbe es «unter der Oberfläche des Führerstaats» brutale Rivalitäten zwischen den unterschiedlichen Kapitalfraktionen, so «daß Deutschland über Nacht in ein Chaos von Gangsterkämpfen sich auflösen könnte».[156]

Während das Großbürgertum mit Hilfe der Faschisten herrscht, kommt das kleine und mittlere Bürgertum wirtschaftlich und politisch unter die Räder. Ebenso ergeht es anderen «Zwischenschichten», zum Beispiel den Funktionärseliten der Sozialdemokratie und der Gewerkschaften. Denn ein wesentlicher politisch-ökonomischer Inhalt des Faschismus besteht nach Horkheimer gerade in der radikalen Absage an das große historische Projekt dieser «Arbeiterbürokratie»[157] – der Umverteilung von Reichtum zugunsten der proletarischen und kleinbürgerlichen Bevölkerungsmehrheit.

Wie in der Theorie von Otto Bauer gilt der Faschismus bei Horkheimer als Versuch, die sozialen und demokratischen Errungenschaften der Arbeiter*innenbewegung wieder zunichte zu machen. Im Unterschied zu Bauer jedoch, der diese Errungenschaften als Schritte zum Sozialismus ansah, rückt Horkheimer sie in ein schlechtes Licht. Die sozialdemokratischen und gewerkschaftlichen «Arbeiterbürokraten» seien gewissermaßen die nützlichen Idioten der autoritären Formierung des Kapitalismus gewesen. Sie hätten bei der Disziplinierung des Proletariats und bei der monopolistischen Strukturierung der Wirtschaft mitgeholfen, nur um dann vom Kapital zugunsten schärferer Hunde, nämlich der Faschisten, fallengelassen zu werden:

«Anstelle routinierter Funktionäre werden phantasiereiche Organisatoren und Fronvögte[158] gebraucht...»[159]

Horkheimer vergleicht die Disziplinierung der Bevölkerungsmassen im Faschismus mit derjenigen in der Frühen Neuzeit wäh-

156 Ebd., 43.

157 Ebd., 37.

158 Ein mittelalterlicher Fronvogt sorgte notfalls mit Gewalt dafür, dass die untertänigen Bauern ihrem Feudalherrn den Arbeitsdienst (die Fron) leisteten.

159 Horkheimer, Juden, 37.

rend der Durchsetzung des Kapitalismus. Als Voraussetzung der faschistischen Herrschaft nennt Horkheimer, dass die Bevölkerung durch die Massenarbeitslosigkeit in der Weltwirtschaftskrise ab 1929 zu einer Ansammlung atomisierter Individuen wurde. Ein weiteres Element der faschistischen Disziplinierung sei die im Spätkapitalismus allgegenwärtige Reklame. Durch die trotz ihrer Farbigkeit letztlich doch gleichförmige und auf im Prinzip gleichförmige Waren verweisende Werbung hätten sich die Menschen längst an zentral gegebene und durch Propaganda verbreitete Befehle gewöhnt. Zusätzlich garantiere der Faschismus den Menschen eine Anstellung zur Lohnarbeit, eine soziale Grundsicherung auf niedrigem Niveau und schließlich das Wichtigste – die Aussicht auf einen gemeinsamen Tod: «Nationale Aufbrüche sind der erlaubte Ersatz für die Revolution.»[160]

Die nazistische Volksgemeinschaft setze die Ideologie von 1914 fort. Damit spielt Horkheimer auf den nationalistischen Freudentaumel an, der beim Ausbruch des Ersten Weltkrieges im Sommer 1914 sehr viele Deutsche erfasst hatte. Diese Masseneuphorie bestand ganz wesentlich im berauschenden, sinnlichen Erlebnis einer klassenübergreifenden nationalen Gemeinschaft. Horkheimer zufolge hofften die Massen darauf, dass die imperialistische Politik der Nazis erfolgreich sein und allen Mitgliedern der Gesellschaft Vorteile bescheren werde.

VII.2. Horkheimer über den Antisemitismus

Obwohl der Text «Die Juden und Europa» heißt, kommt Horkheimer erst spät und nicht sehr ausführlich auf die Juden zu sprechen. An ihrem Beispiel wird noch einmal die Wandlung des Kapitalismus skizziert: Die staatsbürgerliche Gleichstellung der Juden war demnach ein Nebeneffekt der Durchsetzung des Kapitalismus in seiner liberalen Phase. Nun, in der autoritären Phase, kassieren die Herrschenden die liberalen Elemente wieder.

Auch hier bleibt Horkheimers Argumentation strikt an die marxistische Kapitalismuskritik gebunden. Wirtschaftlich gesehen sind die Juden für Horkheimer «Agenten der Zirkulation»[161].

---

160 Ebd., 44.
161 Ebd., 50.

Die Zirkulationssphäre, also derjenige Bereich der kapitalistischen Gesellschaft, wo Geld und Waren fließen, ist demnach der «Ort des Erwerbs» für die Juden.[162] Als «Agenten» sind sie Vermittler oder Vertreter im Marktgeschehen, arbeiten also klassischerweise im Bank- und Maklergewerbe oder im Einzel- und Zwischenhandel. In der Ära des Staatskapitalismus verliert der Markt aber laut Horkheimer seine regulierende Funktion an bürokratische, ideologisch-politisch bestimmte Planung. Damit würden die von den Juden bisher ausgeübten Tätigkeiten ökonomisch überflüssig. Die faschistische Version des Staatskapitalismus gebe jüdische Menschen nun zum Abschuss frei:

«Dieselbe ökonomische Notwendigkeit, die irrational [durch die Marktmechanismen] das Heer der Arbeitslosen schuf, hat sich jetzt in Gestalt wohl abgewogener Verordnungen gegen ganze Minderheiten gewandt.»[163]

Horkheimers Bild der Juden als «Agenten der Zirkulation» erfasst nur das jüdische Bürgertum, nicht aber die gleichfalls existierenden jüdischen Arbeiter*innen in der Stadt und auf dem Land. Diese klischeehafte Sicht auf jüdische Menschen findet sich auch bei Marx, etwa in der Schrift «Zur Judenfrage» und an einigen Stellen des «Kapitals».

Wie bei seiner Faschismusanalyse insgesamt, so weist Horkheimer auch hinsichtlich des antisemitischen Terrors auf dessen historische Vorbereitung in der kapitalistischen Gesellschaft hin. Er nennt einige Praxisfelder, die den Nazis Vorbilder lieferten: Die «Verelendung sozialer und nationaler Gruppen», den Kolonialismus, die «ordentlichen Zucht- und Irrenhäuser».[164]

Ansonsten bestimmt Horkheimer den Antisemitismus streng funktional. Dieser wird ihm zufolge «als Einschüchterung gebraucht. Man zeigt, daß das System vor nichts zurückschreckt.»[165] Dennoch scheint Horkheimer über die Herrschaftsfunktion des Antisemitismus hinaus auch eine Vorstellung von dessen ideologischen Inhalten zu haben, wenn er schreibt:

«Heere von Arbeitslosen und Kleinbürgern lieben Hitler auf der ganzen Erde um des Antisemitismus willen, und der Kern

162 Ebd., 48.
163 Ebd., 47/48.
164 Ebd., 49.
165 Ebd., 51.

der herrschenden Klasse stimmt in solcher Liebe mit ihnen zusammen.»[166]

Aber den Grund für diese Liebe erklärt Horkheimer nicht. Die kapitalismuskritische Absicht beherrscht seinen Text so sehr, dass sie nur wenig Raum für eine Erörterung des Antisemitismus lässt. Horkheimer wollte mit dieser Kapitalismuskritik eine größtenteils bürgerlich-liberal orientierte jüdische Exilgemeinde erreichen.

Der Text entstand zudem vor der systematischen Ausrottung der jüdischen Menschen im nazistischen Machtbereich. Als Hauptziel der antisemitischen Politik der Nazis benennt Horkheimer, die Juden ins «Lumpenproletariat» zu stoßen.[167] Er hatte offenbar die staatliche Entrechtung, die Pogromnächte des Novembers 1938, vor allem aber die massenhafte Vertreibung der jüdischen Bevölkerung aus dem Reichsgebiet vor Augen – jedoch noch keine Massenerschießungen durch «Einsatzgruppen» und keine Todesfabriken wie Treblinka oder Auschwitz-Birkenau.

VII.3. Horkheimers antitotalitäre Haltung

Das jüdische Schicksal dient Horkheimer als Beleg: Der Kapitalismus beruhte schon immer auf Ausgrenzung und Misshandlung ganzer Bevölkerungsgruppen; nun habe sich daraus mit Notwendigkeit der Faschismus entwickelt. Genau deshalb ist Horkheimer entschieden dagegen, einen liberalen, demokratischen Kapitalismus restaurieren zu wollen. Vielmehr gelte es, den «Sprung in die Freiheit»[168] zu wagen – also endlich eine menschenwürdige Gesellschaft für die ganze Menschheit aufzubauen und mit sämtlichen ökonomisch oder ethnisch-religiös begründeten Ausschlüssen aufzuhören. Nur in der Befreiung der Menschheit liege auch die Hoffnung für die jüdischen Menschen, wie Horkheimer erklärt – ganz im Einklang mit der Schrift «Zur Judenfrage» von Marx. Diese radikal antikapitalistische Schlussfolgerung begründet Horkheimer nicht nur aus der Geschichte der kapitalistischen Klassengesellschaft, sondern auch mit ihrer Gegenwart und Zukunft:

---

166 Ebd., 51.
167 Ebd., 49.
168 Ebd., 47.

«Die Hoffnung der Juden, die sich an den zweiten Weltkrieg heftet, ist armselig. Wie er auch enden mag, die lückenlose Militarisierung führt die Welt weiter in autoritär-kollektivistische Lebensformen hinein.»[169]

Die Tendenz zum Faschismus kann nach Horkheimer also auch durch die militärische Zerschlagung Nazideutschlands nicht aufgehoben werden. Im Gegenteil: Die Mobilisierung der Demokratien für den Krieg gegen die Nazis verstärke diese Tendenz noch. Wie Horkheimer ausführt, war die autoritär-totalitäre Entwicklung schon länger im Gang. Sie genau kennzeichnet die monopolistische, imperialistische Phase des Kapitalismus und kommt in der gesellschaftlichen Formierung für den modernen, industriellen Krieg voll zum Tragen.

Diese Betonung der allgemeinen autoritär-totalitären Entwicklungstendenz im modernen Kapitalismus, die bis zu einer problematischen Verwischung der Unterschiede zwischen NS und bürgerlicher Demokratie führt, ist in einem Text Horkheimers von 1940 namens «Autoritärer Staat» noch stärker ausgeprägt als in «Die Juden und Europa». Der Text stellt anfangs fest, dass sich die Vorhersagen von Marx und Engels erfüllt hätten: Aus dem Kapitalismus der freien Konkurrenz mit seinen vielen Einzelkapitalen sei erst der Kapitalismus der Aktiengesellschaften, dann der Kapitalismus der Monopole und schließlich, als höchste Stufe der Zentralisierung des Kapitals, ein totalitärer Staatskapitalismus geworden. Der Staat sei nunmehr zum «wirklichen Gesamtkapitalisten» geworden, wie Horkheimer unter Berufung auf Engels erklärt.

Neben Motive, die bereits aus «Die Juden und Europa» bekannt sind, tritt in der Schrift vom «Autoritären Staat» eine scharfe Wendung gegen Leninismus und Stalinismus, wobei Horkheimer weder Lenin und Stalin noch die Sowjetunion namentlich erwähnt, sondern von «integralem Etatismus» oder «Staatssozialismus» spricht.[170] Beide Begriffe betonen die übermächtige Stellung des Staates. Die diktatorische Zentralisierung

---

169 Ebd., 50.

170 Die von Horkheimer in diesem Text nicht weiter erläuterte Bezeichnung «integraler Etatismus» kann so verstanden werden, dass der sowjetische Staatssozialismus tatsächlich eine umfassende Verstaatlichung der Wirtschaft vornimmt, während der Staatskapitalismus große Teile der Produktion und Verteilung von Gütern zumindest der Form nach privatwirtschaftlich organisiert belässt.

von Gesellschaft und Wirtschaft im sowjetischen Sozialismus sei Vorbild und Wunschtraum der zum Faschismus tendierenden kapitalistischen Industriemächte, sagt Horkheimer, der hier den Sozialismus in die Nähe des NS rückt. Mehr noch: Der Staatssozialismus verwirkliche die allgemeine autoritär-totalitäre Tendenz sogar am konsequentesten und effektivsten. Der Sowjetstaat spiele die Rolle des Gesamtkapitalisten. Hier dachte Horkheimer wohl an die diktatorisch und terroristisch vorangetriebene Teilindustrialisierung und Aufrüstung der Sowjetunion unter Stalin in den 30er-Jahren mit ihren gigantischen Opfern an Menschenleben.

Aber auch die liberalen kapitalistischen Demokratien sind der überwältigenden Tendenz zum totalitären Staatskapitalismus unterworfen, meint Horkheimer. Seine Absage an alle Erscheinungsformen der modernen Industriegesellschaft, seien sie nun liberaldemokratisch, staatssozialistisch oder faschistisch, gipfelt in dem Satz:

«Hunger, Polizeikontrolle, Soldatsein gibt es auf liberal und autoritär.»[171]

Freie Entfaltung und Bedürfnisbefriedigung für alle Individuen in ihrer ganzen Unterschiedlichkeit – das war Horkheimers Forderung an die Gesellschaft. Von diesem freiheitlich-kommunistischen Standpunkt aus, aber teilweise mit konservativen, liberalen und antitotalitären Argumenten, kritisierte er die katastrophale Realität seiner Zeit.

VII.4. Pollock: Faschismus als Staatskapitalismus

Während Horkheimer die epochen- und systemübergreifenden Zusammenhänge beleuchtet, beschränkt sich Pollock in seinen beiden Texten «Staatskapitalismus» und «Ist der Nationalsozialismus eine neue Ordnung?» von 1941 auf die aktuelle politisch-ökonomische Analyse. Wie Horkheimer unterscheidet er nicht zwischen Faschismus und Nationalsozialismus.

«Staatskapitalismus» nennt Pollock die aktuelle Entwicklungsstufe des Kapitalismus, die sich durch die Ausschaltung des freien Marktes auszeichnet. Der Umschlag in den Staatska-

171 Horkheimer, Staat, 64.

pitalismus hatte sich demnach jahrzehntelang vorbereitet. Der NS markiere den Punkt, an dem die schon vorher bestehenden monopolistischen und planwirtschaftlichen Elemente, die bislang als «Störenfriede des Marktes»[172] galten, die ganze Wirtschaft übernehmen. Der Markt werde ersetzt durch bürokratische Kontrolle über Herstellung, Verteilung und Verbrauch der Güter. In der demokratischen Variante unterliege der die Wirtschaft kontrollierende Staatsapparat selbst parlamentarischer und öffentlicher Kontrolle. In der totalitären, faschistischen Variante hingegen sei der Staat Werkzeug einer neuen herrschenden Schicht, die sich aus den Großkapitalisten, den Spitzen der staatlichen Bürokratie sowie des Militärs und aus der Bürokratie der faschistischen Partei zusammensetzt.

Ausführlicher als Horkheimer äußert sich Pollock über die Binnenbeziehungen der faschistischen Führungsgruppen. Er beschreibt die Herrschaftsform des NS als «Synthese von Regierungsgewalt und Privatwirtschaft»[173] und meint, dass die Monopolisten auf die Kooperation mit den faschistischen «Praktikern der Gewalt»[174] angewiesen seien – so wie diese umgekehrt auf jene. Pollock betont also die Kooperation sowie die wechselseitige Abhängigkeit der unterschiedlichen «Eliten»-Fraktionen und nicht ihre Rivalitäten. Anstatt des klaren Vorrangs einer Fraktion sieht er eine mehr oder weniger gleichberechtigte Verschmelzung, wobei Rahmen und Richtung des ganzen Herrschaftsprojektes politisch-ideologisch – das heißt faschistisch – bestimmt sind.

Besonders widmet sich Pollock der Frage, inwiefern die grundlegenden Strukturelemente des Kapitalismus im NS zwar der Form nach erhalten bleiben, jedoch ihren Inhalt und ihre Funktion ändern. Das Hauptproblem hierbei ist die Rolle des Privateigentums und der Profite. Pollock zitiert Arkadij R. L. Gurland, einen Mitarbeiter des IfS: Zwar bleiben Eigentumsrecht und Profitprinzip im NS erhalten, doch unterliegt die Verfügung der Kapitalbesitzer über ihr Kapital vielfältigen Beschränkungen. Es findet eine konsequente Zusammenfassung der Unternehmen in Kartellorganisationen statt, die von den führenden Managern (Kapitalfunktionären) der größten Kapitale beherrscht werden. Gurland hatte formuliert:

172 Pollock, Staatskapitalismus, 122.
173 Ebd., 118.
174 Ebd., 114. Pollock zitiert den US-Politologen Harold Lasswell.

«Die Garantien auf das Recht individuellen Eigentums laufen hinaus auf eine gesteigerte Macht einiger weniger Gruppen, von denen jede über wahrhafte industrielle Reiche herrscht.»[175]

Pollock stimmt dem zwar prinzipiell zu, ergänzt aber, dass die faschistische Transformation viel tiefer wirke und sich der Charakter des kapitalistischen Privateigentums dadurch grundlegend verändert habe:
«Der Kompromiß zwischen den an der Macht befindlichen Gruppen bestimmt Umfang und Richtung des Produktionsprozesses; gegenüber einer solchen Entscheidung ist der Eigentumstitel machtlos».[176]

Nun sind allerdings im NS gerade die Großkapitalisten, also die größten Eigentümer, gleichzeitig auch wichtiger Teil der «an der Macht befindlichen Gruppen», sodass der Bruch mit der überkommenen Eigentumsordnung doch nicht so deutlich ausfällt. Statt der früheren Konkurrenz der Wirtschaftsriesen sind nach Pollock nun Koordination und Kooperation bestimmend. Das Gesamtinteresse der Herrschenden bricht das kapitalistische Einzelinteresse. Auf einen detaillierten Gesamtplan (wie im Staatssozialismus) wird verzichtet und an der privatwirtschaftlichen und monopolistischen Organisationsweise festgehalten, aber es gibt klare politische Priorisierung und entsprechende Zuteilung aller Investitionen und Ressourcen.

Insgesamt ist diese Wirtschaftsweise laut Pollock nicht mehr primär am Profit, sondern am (beispielsweise militärischen) Gebrauchswert der Produkte orientiert. Dies zieht eine Machtverschiebung vom Bank- und Finanzkapital zum Industriekapital und eine Schwerpunktverlagerung von der Konsumgüter- zur Produktionsgüterherstellung[177] nach sich. Den Profiten bleiben demnach zwei Funktionen: In ihrer Form erscheint das Einkommen der Kapitalbesitzer und durch sie werden überdurchschnittliche unternehmerische Leistungen im Sinne des staatskapitalistischen Gesamtinteresses belohnt.

Die wirtschaftliche Umstrukturierung führt nach Pollock dazu, dass die Gruppe der Rentiers verschwindet, also derje-

175 Ebd., 113.

176 Ebd., 113.

177 «Produktionsgüter» sind alle Güter, die zur Herstellung von Gütern erforderlich sind, z.B. Rohstoffe, Halbfabrikate, Kraftstoff und Maschinen.

nigen Kapitalisten, die ohne unternehmerische Tätigkeit nur von den Erträgen ihres Kapitalvermögens leben. Insbesondere diese Gruppe sei mit der antisemitischen Feindbildkonstruktion der Nazis vom «raffenden» im Gegensatz zum «schaffenden» Kapital gemeint. Ähnlich wie Horkheimer mit seiner Denkfigur von den jüdischen «Agenten der Zirkulation» bringt also auch Pollock den Antisemitismus der Nazis direkt mit der staatskapitalistischen Umwandlung der Wirtschaft in Verbindung.

Während die Rentiers verschwinden, gewinnen die Manager und die bürokratischen Führungskräfte des Staatsapparates sowie der faschistischen Massenorganisationen an Bedeutung:

«Geld allein verleiht nur begrenzte Macht oder (wie im Fall der Juden) überhaupt keine. Politische Macht hingegen, die gleichwertig ist mit der Kontrolle der Produktionsmittel, kann die Quelle praktisch unbegrenzter Reichtümer werden.»[178]

VII.5. Pollock über den NS als neue Gesellschaftsordnung

Pollock entwirft das Bild eines voll entwickelten totalitären Staatskapitalismus: Eine neu gebildete Klasse aus faschistischen Führern, Bürokraten, Managern und Teilen der traditionellen «Eliten» herrscht, während sich die Selbständigen und die kleinen sowie mittleren Kapitalisten, die früheren Mittelschichten also, in Regierungsbeamte verwandeln. Die große Mehrheit der Bevölkerung jedoch wird zu «besoldeten Angestellten»[179] ohne politische und soziale Rechte, bis in Familie und Freizeit hinein von oben kontrolliert und organisiert. Wie Horkheimer hält Pollock also die Knechtung der Arbeiter*innen für ein zentrales Element des faschistischen Staatskapitalismus:

«In mancher Beziehung ist das gegenüber der Stellung der Arbeit unter dem Privatkapitalismus ein sichtlicher Rückschritt und ruft viele Züge des Feudalismus wieder ins Leben.»[180]

Pollock sieht die Arbeiter*innen aber nicht ausschließlich als Unterdrückte. Seiner Meinung nach könnte die ungeheure, ständige Mobilisierung der Gesellschaft, die der Faschismus will, niemals allein durch Zwang gelingen. Deswegen behandelt Pollock

178 Pollock, Staatskapitalismus, 115.
179 Ebd., 104.
180 Ebd., 104.

auch die Methoden, mit denen die faschistische Herrschaft die Zustimmung und Mitwirkung der Beherrschten erreicht.[181] Pollock spricht diesbezüglich von einer «physiologischen und psychologischen Struktur», in der die Individuen sowohl körperlich als auch seelisch gefangen sind.[182]

Vor allem präsentiert die Führung «Feinde und Sündenböcke»[183], an denen sich die Unterdrückten sadistisch abreagieren können, während gleichzeitig ihre Lust geweckt wird, sich der faschistischen Herrschaft masochistisch zu unterwerfen und sich sogar für sie aufzuopfern. Dieser Gedanke entstammt psychoanalytischen Faschismustheorien.

Aber nach Pollock unterwirft und unterdrückt der Faschismus nicht nur, sondern gewährt auch gewisse Freiräume, insbesondere für junge Menschen, indem er die traditionelle Familienstruktur schwächt. In der Tat ermöglichten die nazistischen Massenorganisationen vielen jungen Deutschen, auch Mädchen und Frauen, sich manchen Zwängen von Familie, Tradition, Religion und Schule zu entziehen. Damit verbunden war eine gewisse sexuelle Liberalisierung. Im Interesse ihrer «imperialistischen Bevölkerungspolitik»[184], so Pollock, also einer zahlreichen Fortpflanzung der Deutschen im Sinne der Rassenideologie, förderte die Naziführung ein weniger verkrampftes Verhältnis zum eigenen Körper und zur Heterosexualität. Die nazistischen Massenorganisationen mit ihren Großveranstaltungen und Freizeitaktivitäten boten manch Gelegenheit für sexuelle Begegnungen.

Pollocks Text über die «neue Ordnung» des NS ist ein skizzenhafter Versuch, die psychoanalytischen Faschismuserklärungen des IfS mit den politisch-ökonomischen zusammenzubringen. Aus der Zusammenschau leitet Pollock weitgehende Aussagen über die Entwicklungsperspektive des NS ab. Er versucht nachzuweisen, dass der faschistische Staatskapitalismus eine eigenständige, dauerhaft überlebensfähige Wirtschafts- und Gesellschaftsordnung darstellt.

Laut Pollock kann eine moderne industrielle Volkswirtschaft wie die Nazideutschlands auch ohne Marktmechanismen effektiv verwaltet und ihre Produktivität sogar gesteigert wer-

181 Pollock, Nationalsozialismus, 118ff.
182 Ebd., 120.
183 Ebd., 120.
184 Ebd., 120.

den. Dies gelinge durch wissenschaftliche Datenerhebung und Datenauswertung, durch Kontrolle und Planung. Pollock lobt die «Umsicht» der faschistischen und staatlichen Bürokratien[185] und hält das nazistische Versprechen einer krisenfreien, ewig prosperierenden Volkswirtschaft durchaus für einlösbar. Er wendet sich also gegen die wirtschaftsliberale Annahme, dass jede Ordnung früher oder später scheitern müsse, die den wundersamen Kräften des Marktes keine freie Entfaltung lässt.

Pollock warnt, dass der Faschismus keineswegs von allein untergehen werde, sondern vielmehr ein Todfeind mit unstillbarem Expansionsdrang sei. Dies ergibt sich für Pollock aus dem Wesen des Faschismus als totalitärer Staatskapitalismus. Die Mechanismen des Marktes würden durch politische Planung ersetzt, die ideologischen, nämlich rassistisch-imperialistischen Zielen folge. Statt Profitgier und Konkurrenz sei nun das Machtstreben zur Triebfeder sowohl der Individuen als auch der Gesamtgruppe geworden. Damit sei auch ein Beweggrund für stete technische und wirtschaftliche Fortentwicklung gegeben:

«In der kontrollierenden Gruppe wird jedoch das Streben nach politischer Macht zum Zentralmotiv. Jede Entscheidung wird im Grunde danach ausgerichtet, wie sie die Macht der Gruppe als Ganzes und die jedes ihrer Glieder erhält und stärkt.[186] […] Im Bestreben, ihre Macht zu erhalten und auszunutzen, wird die kontrollierende Gruppe mit der auswärtigen Politik in Konflikt kommen und ihr Erfolg auf diesem Gebiet wird von ihrer militärischen Macht abhängen. Das wird jedoch eine Funktion der technischen Leistungsfähigkeit sein. Jedes Nachlassen im Tempo des technischen Fortschritts kann zu militärischer Unterlegenheit und zu Niederlage und Untergang führen. Erst wenn alle möglichen Feinde verschwunden sind, weil die Welt von einem einzigen totalitären Staat beherrscht wird, wird das Problem von technischem Fortschritt und Ausdehnung der Kapitalverwendung auftreten.»[187]

Pollock ergänzt: Die Herrschaftsgruppen des Faschismus seien auf ununterbrochene ideologische und militärische Mobilmachung angewiesen. Weil den Beherrschten keine Atempause,

185 Ebd., 125 (Pollock zitiert aus einem 1939 erschienenen Aufsatz des Nazi-Ökonomen Willy Neuling).
186 Pollock, Staatskapitalismus, 91.
187 Ebd., 97/98.

keine Gelegenheit zum Nachdenken und Zweifeln bleiben dürfe, könne jeder Zuwachs an Freizeit und Lebensgenuss für die Massen den Herrschenden gefährlich werden, sodass diese immer mit Kriegsgefahr drohen oder wirklich Krieg führen müssen.

Aus der Zusammenschau der inneren und äußeren Faktoren folgert Pollock, dass eine Koexistenz von demokratischem und totalitärem Staatskapitalismus unmöglich ist. Doch sei die Demokratie dem Faschismus überlegen – wenn sie die soziale Frage löse:

«Wenn Demokratien zeigen könnten, daß wirtschaftliche Sicherheit nicht mit dem Verlust von Freiheit bezahlt werden muss, sondern unter demokratischen Bedingungen erreicht werden kann, dann wage ich die Prognose, dass die neue Ordnung des Nationalsozialismus in Deutschland und sonstwo abgelöst werden wird von einer unendlich überlegenen demokratischen neuen Ordnung.»[188]

VII.6. Fraenkel: Der «Doppelstaat» des NS

Der Autor von «*The Dual State*», wie das Buch im englischen Original von 1941 heißt, kam 1898 in einer bürgerlichen deutsch-jüdischen Familie zur Welt. Ernst Fraenkel studierte Jura und Geschichte, arbeitete als Anwalt in Berlin mit Franz L. Neumann und gehörte dem linken Flügel der SPD an. Nach 1933 konnte Fraenkel zunächst eingeschränkt weiterarbeiten, da er als Veteran des Ersten Weltkriegs eine Zeitlang geschützt war. In diesen Jahren sammelte er das Material für den «Doppelstaat», etwa offiziell veröffentlichte Gesetze, Erlasse und Vorschriften. Im September 1938 emigrierte Fraenkel, der sich auch im Widerstand engagiert hatte. Erst 1951 kehrte er nach Deutschland zurück und lehrte danach Politikwissenschaft an der Freien Universität Berlin. Im Jahre 1974 übersetzte Fraenkel seinen während des Weltkriegs erschienenen «*Dual State*» ins Deutsche zurück. Im Jahr darauf starb er.

Fraenkel beschreibt, wie die Verfahrensweisen der Justiz und der Verwaltung unter dem NS in den Bereich eines «Normenstaates» einerseits und eines «Maßnahmenstaates» andererseits zerfielen. Fraenkel spricht vom Doppelstaat, «da Maß-

188 Pollock, Nationalsozialismus, 126.

nahmen- und Normenstaat ein interdependentes [wechselseitig voneinander abhängiges] Ganzes darstellen.»[189]

Im Normenstaat funktionierte das Rechtssystem wie vorher. Dies betraf vor allem die Wirtschaft. Trotz einiger antikapitalistisch getönter Naziparolen wie «Gemeinnutz vor Eigennutz» bestand der Kapitalismus fort. Fraenkel bezeichnet das nazistische Wirtschaftssystem «als regulierten Kapitalismus auf der Basis des Privateigentums».[190] Die für dessen Funktionieren notwendigen Rechtsnormen wie Gewerbefreiheit, Vertragstreue, Schutz des Privateigentums einschließlich des geistigen Eigentums, Unternehmerherrschaft im Betrieb, Wettbewerbsregeln und Rechtsschutz für Zinsvereinbarungen wurden konserviert.

Die Wirtschaftspolitik des Staates war ebenso wie die Steuerpolitik dem Normenstaat zugeordnet, um Verlässlichkeit für unternehmerische Planung zu gewährleisten. Rechtsunsicherheit sollte vermieden werden. Die Organe des Normenstaates bekamen bei der Ausübung ihrer Tätigkeit einen weitreichenden Ermessensspielraum. Probleme und Interessengegensätze innerhalb der Wirtschaft wurden autonom in speziellen Ständeorganisationen ausgehandelt. Allerdings besaß das Großkapital, wie etwa die Analysen von Gurland und Neumann herausstellten, in diesen Ständeorganisationen ein klares Übergewicht. Das Proletariat hingegen hatte keine Möglichkeit, für eigene Interessen einzutreten; dies wurde vielmehr als schädlicher Klassenkampf bewertet. Dem Maßnahmenstaat oblag die Unterdrückung des Klassenkampfes, der den Volksgemeinschaftsvorstellungen der Nazis direkt zuwider lief.

Die Organe des Maßnahmenstaates sollten alles beseitigen, was nicht im Einklang mit dem Gesellschaftsentwurf der Nazis stand. Sämtliche Verfahren im Bereich des Maßnahmenstaates, der sich keineswegs nur gegen politische Oppositionelle, sondern zum Beispiel auch gegen christliche Gruppen richtete, die dem eigenen Verständnis nach unpolitisch waren, unterlagen der Gerichtsbarkeit der jeweiligen NSDAP-Organe. Diese Parteigerichtsbarkeit, die sich unter anderem mit der «Reichstagsbrandverordnung» vom Februar 1933[191] legitimierte, stand

189 Fraenkel, 124.

190 Ebd., 117.

191 Die bis heute nicht ganz aufgeklärte Brandstiftung am Berliner Reichstagsgebäude in der Nacht vom 27. auf den 28.2.1933 wurde von der Naziführung umgehend für entscheidende Schritte zur Errichtung ihrer uneingeschränkten Diktatur genutzt.

über den Verfahren und Institutionen des Normenstaates. Nach Fraenkels Beobachtung setzte sich bei Konflikten immer der Maßnahmenstaat gegen den Normenstaat durch, da im NS ständig ein Ausnahmezustand herrschte.

Gegen Urteile der Justiz des Maßnahmenstaates gab es keinerlei Berufungs- oder Revisionsmöglichkeit. Für NS-Organisationen wie den «Sicherheitsdienst» (SD) und Behörden wie die «Geheime Staatspolizei» (Gestapo) galten die Regeln des Normenstaates nicht. Der durchaus weitreichende Ermessensspielraum der Einrichtungen des Normenstaates, etwa der Zivilgerichte oder der Schutzpolizei, erstreckte sich nur auf bestimmte Bereiche. Hingegen waren die Organe des Maßnahmenstaates keinen von außen ersichtlichen Beschränkungen oder Kompetenzregelungen mehr unterworfen. Damit entfiel auch das Prinzip der Verhältnismäßigkeit. Bei der Verfolgung kommunistischer Kräfte etwa hatten die verschiedenen Polizeiapparate – sowohl die aus der Weimarer Republik übernommenen als auch die neu geschaffenen des Maßnahmenstaates – freie Wahl der Mittel. Die Polizei unterlag keiner gerichtlichen Kontrolle mehr. Alle formalen Regeln und Beschränkungen konnten außer Kraft gesetzt werden. Fraenkel schrieb:
«Hauptkennzeichen des Maßnahmenstaates ist die völlige Beseitigung der Unverbrüchlichkeit des Rechts.»[192]

Das Recht diente nicht mehr dem Schutz individueller wie kollektiver Rechtsgüter und Ansprüche, sondern kam so zur Anwendung, wie es die nazistische Staatsräson erforderte. Beispielhaft dafür ist die 1933 erlassene sogenannte «*Lex van der Lubbe*».[193] Diese setzte rückwirkend die Todesstrafe für ein Delikt fest, das zur Zeit seiner Begehung nur mit Freiheitsentzug bestraft werden konnte. Das Rechtsverständnis der Nazis verdeutlicht Fraenkel mit einem Zitat des NS-Ideologen Alfred Rosenberg:
«Recht ist das, was arische Männer für Recht befinden.»[194]

---

192 Fraenkel, 159.

193 «Lex» heißt «Gesetz» auf Latein. Marinus van der Lubbe war ein linker niederländischer Arbeiter, der beim Reichstagsbrand festgenommen und im März gemeinsam mit vier – später mangels Beweisen freigesprochenen – Kommunisten wegen Brandstiftung angeklagt wurde. Trotz seines schlechten psychischen Gesundheitszustandes wurde er zum Tode verurteilt und hingerichtet.

194 Fraenkel, 161.

Fraenkel analysierte richtig und vorausblickend die Praxis des Maßnahmenstaates, der seine zur Ausschaltung politischer Gegner*innen entwickelten Methoden auch zur Gleichschaltung eigentlich unpolitischer, zum Beispiel kultureller Organisationen gebrauchte. Die Justiz des Maßnahmenstaates war klar politisch, da sie nur den Willen der Nazipartei beziehungsweise ihres Chefs ausführte. Eine Gewaltenteilung im Sinne gegenseitiger Kontrolle gab es beim Maßnahmenstaat nicht. Es herrschte also die von der NSDAP geleitete Exekutive über die Gesellschaft, wobei bestimmte Bereiche, etwa große Teile der Privatwirtschaft, einer Selbstregulierung beziehungsweise normenstaatlichen Verfahren überlassen wurden.

Als jüdisch definierte Menschen unterlagen spätestens ab 1938 vollständig dem Maßnahmenstaat. Für sie galten von da an keine normenstaatlichen Regelungen mehr. Spätestens ab 1938 waren jüdische Menschen «bürgerlich tot», das heißt vollkommen entrechtet in allen Lebensbereichen und den für sie als zuständig erklärten Organisationen ausgeliefert. Dem «bürgerlichen Tod» folgte bekanntlich das staatliche Vernichtungsprogramm.

VII.7. Fraenkels Wirkung

Wie andere exilierte Gelehrte wollte Fraenkel mit seiner Arbeit den USA bei der Bekämpfung Nazideutschlands helfen. In Deutschland blieb eine Rezeption von «*The Dual State*» bis in die 1960er-Jahre aus. Nach der Rückübersetzung ins Deutsche 1974 allerdings begleiteten die Beobachtungen und Begriffsbildungen Fraenkels die wechselhafte Geschichte der NS- und Faschismusforschung in Deutschland. Sie beeinflussten auch verschiedene Gerichtsurteile, so eine Grundsatzentscheidung des Bundessozialgerichtes von 1991, mit der die Todesurteilspraxis der Wehrmachtsjustiz dem Maßnahmenstaat zugeordnet wurde. Auch bei der verspäteten, aber relativ umfangreichen Aufarbeitung der NS-Geschichte verschiedener Institutionen, zum Beispiel des Auswärtigen Amtes[195], spielte Fraenkels Unterscheidung von Normen- und Maßnahmenstaat eine Rolle.

Diese Unterscheidung ist wichtig für eine Theorie des Faschismus als Herrschaftsform. Die Grenze zwischen Maßnah-

195 S. Conze/Frei u. a.: «Das Amt und die Vergangenheit».

menstaat und Normenstaat markiert anscheinend den Unterschied zwischen autoritär-konservativen Regimen, die trotz aller Unterdrückung noch eine gewisse Berechenbarkeit und Beschränkung der Staatsgewalt kennen, und der terroristischen Diktatur im Faschismus.[196]

VII.8. Der «Behemoth» von Franz L. Neumann

Wo Fraenkel aufhörte, also kurz vor Weltkriegsbeginn und damit vor der finalen Radikalisierung des Naziregimes, da setzte das Werk seines Freundes Franz Leopold Neumann (1900–1954) ein. Wie Fraenkel stammte Neumann aus einer deutsch-jüdischen Familie, gehörte dem linken Flügel der SPD an und musste vor den Nazis ins amerikanische Exil fliehen, wo er Mitarbeiter des IfS wurde. Im Weltkrieg arbeitete der Jurist und Politologe als Deutschland-Experte für den US-Militärgeheimdienst «*Office of Strategic Services*» (OSS), den Vorläufer der CIA.

Im Jahre 1942 veröffentlichte Neumann die erste Ausgabe des «Behemoth», in die viele Materialien und Beobachtungen aus Fraenkels «Doppelstaat» eingegangen waren. Die faktisch um ein neues Buch erweiterte zweite Auflage folgte 1944 in den USA und Großbritannien. In deutscher Sprache erschien das Buch erst 1977 unter dem Titel «Behemoth. Struktur und Praxis des Nationalsozialismus 1933–1944». Es wurde aufgrund seiner analytischen Stärke und seines Faktenreichtums zu einer wichtigen Arbeitsgrundlage des OSS. Neumann verwertete eine Fülle ihm zugänglicher Quellen wie zum Beispiel deutsche Statistiken und Presseveröffentlichungen.

In der jüdischen Mythologie sind Behemoth und Leviathan zwei riesige Ungeheuer. Der englische Philosoph Thomas Hobbes benutzte ihre Namen im 17. Jahrhundert als Titel zweier staatstheoretischer Bücher. Sein «Leviathan» ist ein Grundlagenwerk der Politikwissenschaft. Es entwickelt die Idee des Gesellschaftsvertrages und begründet die Notwendigkeit eines starken Staates, dem sich die Einzelnen unterwerfen müssen, um dafür in Sicherheit und Frieden leben zu können. Der Leviathan steht für die überwältigende Macht der staatlichen Organisation, die jeden individuellen Widerstand zerstören kann. In

196 Vgl. «IX.7. Kühnl über die faschistische Herrschaft».

seinem «Behemoth» hingegen schilderte Hobbes am Beispiel des englischen Bürgerkrieges von 1642 bis 1649 die Schrecken eines Zustandes, in dem es keinen staatlichen Souverän gibt, sondern vielmehr ein blutiger «Krieg aller gegen alle» herrscht. Behemoth und Leviathan stehen bei Hobbes für zwei Pole: Ein naturwüchsiges Chaos ständiger Gewalt gegen einen starken, rechtlich geordneten Staat.

Neumann übernahm den Titel «Behemoth» für seine Analyse des NS-Regimes, weil er es für ein aus dem bürgerlichen Staat erwachsenes Ungeheuer von Staat hielt, einen Unstaat, der mit herkömmlichen Begriffen nicht erfasst werden kann. Die Organisationsform der Naziherrschaft hatte für Neumann mit einem Staat nichts gemein. Deshalb sprach er auch nicht von einem «totalen» oder «totalitären» Staat, sondern von «totalitärem Pluralismus».

Staatlichkeit bedeutete für Neumann, dass ein einheitlicher Akteur, der mit entsprechenden Gewalt- und Zwangsapparaten ausgestattet ist, «die Herrschaft des Gesetzes»[197] ausübt. In Nazideutschland gab es so etwas jedoch Neumann zufolge nicht. Vielmehr bestand eine «Polykratie» (Vielherrschaft) von vier verschiedenen Gruppen: Die Partei oder «Bewegung» mit ihren unterschiedlichen Organisationen wie Hitlerjugend, «Deutsche Arbeitsfront» und vor allem der SS, die Wehrmacht, die alte Staatsbürokratie sowie die Spitzenfunktionäre und Großeigentümer des Monopolkapitals. In Neumanns eigenen Worten:
«Der Faschismus ist die Diktatur der Faschistischen (Nationalsozialistischen) Partei, der Bürokratie, der Wehrmacht, und des Großkapitals, die Diktatur über das gesamte Volk, zur vollständigen Organisation der Nation für den imperialistischen Krieg.»[198]

Neumann fasste die Herrschaftsstruktur so zusammen: Im Polizei- und Jugendbereich war die Partei unabhängig. Überall sonst stand die staatliche Bürokratie über ihr. Die Wehrmacht war auf vielen Gebieten souverän, die Bürokratie blieb in vielen ihrer Zuständigkeitsbereiche unkontrolliert, und die Großkapitalisten konnten zahlreiche Machtstellungen erobern. Neumann ging von einem Interessengleichklang zwischen Großkapital und Naziführung aus, der eine Verstaatlichung von Betrieben

197 Neumann, 541.
198 Ebd., 221.

unnötig machte. Er sah ein Bündnis zweier Seiten, die beide etwas einbrachten und sich gegenseitig ergänzten:
«Die nationalsozialistische Partei ist ausschließlich damit beschäftigt, die tausendjährige Herrschaft zu errichten. Doch um dieses Ziel zu erreichen, kann sie nicht anders, als das Monopolsystem zu schützen, das sie mit der wirtschaftlichen Basis zur politischen Expansion versieht.»[199]

Die trotzdem ständig auftretenden Konflikte zwischen den vier Herrschaftsgruppen seien nicht rechtlich-gesetzmäßig und allgemein verbindlich gelöst, sondern mittels «Führerbefehl» fallweise und von Tag zu Tag anders entschieden oder auf gewaltsame, terroristische Weise ausgetragen worden. Neumann beobachtete, dass sich Wehrmachtsführung, Monopolherren und die Spitzen der Nazipartei in den späteren Jahren der NS-Herrschaft immer mehr gegen die alte staatliche Bürokratie durchsetzen konnten und dass Recht und Gesetz als allgemein verbindliche Maßstäbe immer umfassender zerstört wurden. Es herrschte schließlich laut Neumann die pure Willkür eines «Unstaates», der von Gewalttätern zusammengehalten wurde, die ihr Projekt des Völkermords und des Eroberungskrieges verfolgten, sich aber bei Gelegenheit auch gegenseitig brutal bekämpften.

Als Beispiel für die Zurückdrängung der aus Kaiserzeit und Weimarer Republik überkommenen staatlichen Strukturen in der Spätphase des NS gab Neumann an, dass nicht mehr die alten Verwaltungsgrenzen innerhalb des Deutschen Reiches galten, sondern sogenannte «Gaue» sowie nach Bedarf geschaffene Komplexe eroberter Länder als Gebietseinheiten installiert wurden.

VII.9. NS und Kapitalismus bei Neumann

Die marxistisch geprägten Wissenschaftler*innen des IfS diskutierten im Exil kontrovers eine für sie entscheidende Frage: Welchen Stellenwert hatte die kapitalistische Ökonomie in der eigenen Theorie und für die Erklärung des NS?

Neumann wie auch der Wirtschaftsexperte A. R. L. Gurland und der Rechtsexperte Otto Kirchheimer vertraten – anders als Pollock und Horkheimer – eine eher traditionell-marxistische Li-

199 Ebd., 215.

nie. Gurland und Kirchheimer steuerten entsprechende Textteile zum «Behemoth» bei. Sie und Neumann sahen im NS einen «totalitären Monopolkapitalismus», der sich konsequent aus den kapitalistischen Gesetzmäßigkeiten der Kapitalkonzentration und Monopolbildung unter den besonderen Bedingungen der deutschen Klassengesellschaft entwickelt hatte. Der NS hätte zwar die Entwicklung beschleunigt, sei jedoch nicht deren Ursache gewesen. Auch ohne NS wäre es – wenn auch in anderer Form – zur totalitär-monopolkapitalistischen Abschaffung der Demokratie gekommen, um Wirtschaft, Staat und Gesellschaft möglichst effektiv zu zentralisieren und auf imperialistische Expansion auszurichten.

Staat, NSDAP und Monopolkapital fielen nach Neumanns Auffassung nicht zusammen, wie Pollock mit seiner These vom «Staatskapitalismus» behauptet hatte. Im Unterschied zu Pollock dachte Neumann, dass der NS sowohl hinsichtlich der Eigentumsordnung als auch der Geltung des Profitprinzips ein Monopolkapitalismus geblieben und keine «neue Ordnung» eines Staatskapitalismus geworden war. Die staatlichen Interventionen des NS ersetzten nicht den Vorrang des monopolistischen Privateigentums, so Neumann und Gurland, sondern seien vielmehr das Mittel, um eine neue Stufe der Zentralisierung und Monopolisierung des Kapitals und der Intensivierung seiner Verwertung zu erreichen. Aus dieser Sicht erschien der NS eher als Vollstrecker des Kapitalismus denn als «neue Ordnung».

Aber auch Neumann erkannte, dass das Spitzenpersonal des deutschen Großkapitals mit den Führungsgruppen der Nazipartei, der Wehrmacht und der Bürokratie tendenziell zu einer neuen herrschenden Schicht verschmolz. Er schilderte detailliert, wie der NS die Kapitalkonzentration zuungunsten der kleinen und mittleren Kapitalisten vorantrieb, wie er die Arbeitskraft total dem Kapital unterwarf und wie die Chefs von Wirtschaft, Militär, Nazipartei und Staatsapparat äußerst flexible und effektive Entscheidungsstrukturen schufen, die stets zweierlei gewährleisteten: Erstens die Mobilisierung aller Kräfte für den «totalen Krieg» mit rassistischer und imperialistischer Zielrichtung, und zweitens außerordentliche Profite für die Herrschaftsgruppen Nazideutschlands, besonders die Monopolbourgeoisie.

Während Pollock aber zumindest versuchte, die «physiologische und psychologische Struktur» in den Blick zu nehmen, die auch die meisten Arbeiter*innen in die nazistische Volksgemeinschaft einbezog, blieb dieses Thema bei Neumann unterbelichtet. Er hoffte stattdessen vergeblich auf eine immer noch widerständige Haltung des deutschen Proletariats gegenüber dem NS. Hier folgte Neumann also traditionell-marxistischen Auffassungen.

VII.10. Warum heute noch den «Behemoth» lesen?

Der «Behemoth» sollte das angloamerikanische Publikum nicht nur umfassend über den NS aufklären, sondern auch in die deutsche Tradition von Philosophie, Ökonomie und Soziologie einführen. Daher vermittelt das Buch viele Grundkenntnisse zu Geistesgrößen wie Hegel, Marx und Weber. Auch der bis heute für die extreme Rechte wichtige faschistische Rechts- und Staatstheoretiker Carl Schmitt wird vorgestellt.

Den «Behemoth» zu lesen, ist für Menschen ohne juristisches und ökonomisches Fachwissen nicht immer einfach. Die vielen hundert Seiten Analyse ermüden bisweilen. Aber aus dem «Behemoth» ist so viel über die Struktur des NS zu lernen wie aus kaum einem anderen Buch. Neumann benannte treffend mehrere spezifisch deutsche Ursachen der Katastrophe: Die aus dem Kaiserreich übernommenen antidemokratischen Strukturen in Bürokratie und Militär, wirtschaftliche Monopolisierung und Kartellbildung, die strukturellen Schwächen der Regierungsinstitutionen der Weimarer Republik, das Versagen der Arbeiter*innenparteien und der Gewerkschaften in historischen Schicksalsmomenten.

Auch ohne Entscheidung der im IfS kontrovers diskutierten Frage, ob der NS eine neue staatskapitalistische Ordnung oder vielmehr «totalitärer Monopolkapitalismus» war, lässt sich eine politisch-ökonomische Bestimmung des Nazifaschismus als Herrschaftsform festhalten: Der Markt mit seinem rechtlich vermittelten Warentausch und seinen Elementen freier Konkurrenz wurde durch eine ideologisch-politisch bestimmte, bürokratisch organisierte «Befehlswirtschaft» (Pollock) ersetzt. Insbesondere vollzog sich die Ausbeutung der Arbeitskräfte nicht mehr vertrags- und marktförmig als Lohnarbeit, sondern in mehr oder weniger verhüllten Formen von Zwangsarbeit. Die meisten Großeigentümer und Spitzenfunktionäre des Monopolkapitals behielten ihre Position als Profiteure und bürokratische Führungsgruppe der Wirtschaftsordnung.

Heute wird Neumanns Denkfigur des «Unstaats» manchmal auf die islamistische Diktatur im Iran angewendet, so von dem Politologen und Publizisten Stephan Grigat. Der Faschismustheoretiker Robert O. Paxton nutzte Überlegungen aus dem «Behemoth» zur Analyse bestimmter Aspekte und Phasen des italienischen Faschismus.[200] Neumanns präzise und materialreiche Strukturanalyse des NS regt also bis heute die Beschäftigung mit dem Faschismus als Herrschaftsform an.

200 S. «XII.8. Phase IV: Machtausübung».

VIII. Psychoanalytische Faschismustheorien: Reich, Fromm, Adorno, Theweleit

Nach dem Ersten Weltkrieg machten Linke in vielen Ländern Europas eine traumatische Erfahrung: Revolutionäre und auch reformistische Emanzipationsbestrebungen unterlagen, stattdessen erhob sich der Faschismus. Auf der Suche nach Erklärungen entfernten sich einige Linksintellektuelle von dem ökonomistischen Ableitungsdenken, das im Marxismus lange vorgeherrscht hatte. Mit dem frühen Marx versuchten sie, den Menschen wieder als «Ensemble der gesellschaftlichen Verhältnisse»[201] in den Blick zu nehmen. Sie fragten sich: Woher kommt die Anziehungskraft des Faschismus auf kleinbürgerliche und proletarische Massen, deren wohlverstandenes Eigeninteresse doch eher für sozialistische Veränderungen spräche? Welche Kräfte und Verhältnisse unterhalb der politischen, wirtschaftlichen, kulturellen und ideologischen Oberfläche fördern den Faschismus?

Antworten schien eine damals noch junge und auf ihre Art revolutionäre Lehre zu geben: die Psychoanalyse nach Sigmund Freud. Die aus der Kombination von Psychoanalyse und Marxismus entstandenen heteronomistischen Faschismustheorien teilen die Grundannahme, dass die zwanghafte Unterdrückung und Zurichtung menschlicher Bedürfnisse in der modernen kapitalistischen Gesellschaft massenhaft Persönlichkeiten hervorbringt, die für Faschismus anfällig sind.

VIII.1. Reich: Faschismus als Folge von Triebunterdrückung

Wilhelm Reichs 1933 erschienenes Buch «Massenpsychologie des Faschismus» ist ein frühes Beispiel für die Kombination von Psychoanalyse und Marxismus. Der Autor, 1897 in eine wohlhabende jüdische Familie der damaligen Habsburgermonarchie

201 Marx, Thesen, 199.

geboren, hatte sich um 1920 dem Kreis um Sigmund Freud in Wien angeschlossen, lag jedoch ab 1926 im Streit mit dem Begründer der Psychoanalyse. Ein Grund dafür waren seine linksradikalen Ansichten.

Reich führte die für den Faschismus anfällige Persönlichkeit direkt auf die Unterdrückung der Sexualität in der bürgerlich-patriarchalen Familie zurück. Der Sexualtrieb galt ihm als Energiequelle und Motor des Freiheitsdrangs, der Neugier sowie der Lust an Spiel und Abenteuer. Reich zufolge werden diese seelisch-körperlichen Energien von der familiären Unterdrückung, die in erster Linie von der autoritären Vaterfigur ausgeht und von Apparaten wie Schule, Kirche und Armee unterstützt wird, in eine falsche, perverse Richtung geleitet.

Reich brachte die autoritäre Verformung von Sexualität und Charakter bei faschistischen Männern in einen Zusammenhang mit Homosexualität. Diese hatte in seinem Konzept einer freien, ursprünglichen und positiven Sexualität keinen Platz. Hier blieb Reich traditionellen Normen verhaftet. Dem Autor Alexander Zinn zufolge sind auch bei anderen Vertretern psychoanalytisch inspirierter Faschismustheorien – er nennt Adorno und den frühen Theweleit – homosexuellenfeindliche Äußerungen nachweisbar, die zur Geschichte des wirkmächtigen Klischees vom «schwulen Nazi» gehören.[202]

Reich hielt die unterdrückten Individuen für von Grund auf unbefriedigt und unglücklich. Er attestierte ihnen eine tiefe muskuläre Verspannung, die er mittels technischer Geräte messen und nachweisen zu können meinte. Reich sprach diesbezüglich vom «Körperpanzer» – dieser Begriff sollte in späteren Analysen noch eine Rolle spielen.[203]

In der Auseinandersetzung mit den Zwängen und Nöten der kapitalistischen, obrigkeitsstaatlichen Gesellschaft entwickeln viele in der patriarchalen Familie geprägte Menschen laut Reich eine sado-masochistische Bedürfnis- und Gefühlsstruktur. Diese ist gekennzeichnet vom Drang, sich einem starren Regelsystem und starken Führungsfiguren zu unterwerfen, und gleichzeitig bestimmt von Aggression gegen Individuen und Gruppen, die nicht der herrschenden Norm entsprechen, sondern als Untergeordnete, Außenseiter oder Feinde markiert sind. Reich deu-

---

202 S. Zinns Text: «SA, Homosexualität und Faschismus. Zur Genese des Stereotyps vom schwulen Nazi.»

203 S. «VIII.5. Theweleit: Der politische Faschist...».

tete die autoritäre Aggression als Kompensation (Ausgleich) für die Gewalt, die das Individuum in Familie und Gesellschaft erleidet, und als sadistischen Ersatz für die versagte sexuelle Befriedigung. Die von Reich geschilderte autoritäre Persönlichkeit fürchtet, verehrt und begehrt gleichzeitig die Autoritäten ihrer Kindheit, vor allem den Vater, und später überträgt sie diese teilweise sexuellen Gefühle auf Vorgesetzte und gegebenenfalls auch auf faschistische Führer.

Reichs «Massenpsychologie des Faschismus» legte die Grundgedanken der psychoanalytischen Faschismustheorien zum ersten Mal breitenwirksam dar. Das Buch zeigt seinen Autor als unbekümmerten, mehr intuitiven als analytischen Denker. Reich schloss von der Ebene der individuellen körperlich-seelischen Verfassung direkt auf die gesellschaftliche Ebene, ohne auf etwaige Vermittlungsinstanzen einzugehen. Erstaunlich ist das naive Vertrauen Reichs in Technik und Naturwissenschaft. Für ihn ließ sich nahezu alles physiologisch darstellen und genau messen.

Reich beließ es übrigens nicht bei der Analyse des Faschismus, sondern begann auch direkt mit dessen massenpsychologischer Bekämpfung. Er hatte sich 1927 der Kommunistischen Partei angeschlossen und verfolgte seitdem in Wien und dann ab 1930 in Berlin das Projekt einer «Proletarischen Sexualpolitik», kurz «Sexpol». Dabei ging es vor allem um den Aufbau von Sexualberatungsstellen. Reich wollte den Menschen zu einer freien, selbstbestimmten Sexualität verhelfen; diese galt ihm als stärkstes Mittel gegen den Faschismus.

Doch die KPD umwarb damals gerade die nationalistischen, in moralischer Hinsicht konservativen Bevölkerungsmassen und konnte dabei neue sexualpolitische Provokationen und Frontlinien nicht gebrauchen. Außerdem kollidierten Reichs Ansichten schwerstens mit der Stalinschen Restauration der traditionellen Familienideologie in der Sowjetunion, die auch das Verbot von Schwangerschaftsabbrüchen und die Verfolgung Homosexueller umfasste. So wurde Reich 1933 von der kommunistischen Partei verstoßen.

Reichs Sexualpolitik wollte den Körperpanzer durch Wiederherstellung der Orgasmusfähigkeit auflösen, also gewissermaßen die für den Faschismus anfällige Persönlichkeit durch die Befreiung der Sexualität therapieren. Der Autor Felix Riedel sieht hierin eine Tendenz zur Verneinung der sexuellen Autonomie und zur politischen Instrumentalisierung der Sexualität. Laut Riedel konnte der 1957 verstorbene Reich aufgrund dieser Tendenz nach 1968 zum Stichwortgeber einiger linker Gruppen werden, die die sexuelle Selbstbestimmung von Frauen, Kindern und Jugendlichen missachteten.[204]

In seinen späten Jahren verstieg Reich sich zum Parawissenschaftler und Wunderheiler. Dennoch bleibt seine «Massenpsychologie des Faschismus» von 1933 inspirierend. Schonungslos zeigt diese Schrift die gravierenden Mängel der bisherigen antifaschistischen Analysen und Strategien auf. Wenn auch Reichs Antworten und Lösungsvorschläge mitunter problematisch sind, so ist sein Buch doch voller richtiger, prägnant gestellter Fragen.

VIII.2. Fromm und Adorno: Faschistische Subjekte als «autoritäre Persönlichkeiten»

Einer der Intellektuellen, die Anfang der 30er-Jahre in Berlin mit Reich einen freudianisch-marxistischen Zirkel bildeten, war der 1900 geborene, einer jüdischen Familie aus Frankfurt am Main entstammende Erich Fromm. Er wirkte seit 1930 als fester Mitarbeiter am Institut für Sozialforschung (IfS), verließ es aber 1939 nach Streitigkeiten. Fortan arbeitete Fromm bis zu seinem Tode 1980 an seiner eigenen, umfassenden emanzipatorischen Sozialphilosophie.

Bereits 1929/30 hatte Fromm die «Berliner Arbeiter- und Angestelltenerhebung» durchgeführt. Analytisch durchdachte Fragebögen waren von ungefähr 700 Personen ausgefüllt und dann von Fromm und seinen Mitarbeiter*innen systematisch ausgewertet worden – damals eine Neuheit in der Sozialwissenschaft. In eine ähnliche Richtung und Größenordnung ging die in den USA durchgeführte und 1950 dort veröffentlichte Untersuchung «*The Authoritarian Personality*» von Theodor W. Adorno, Else Frenkel-Brunswik, Daniel J. Levinson und R. Nevitt Sanford.[205] Adorno (1903–1969), Sohn eines Weingroßhänd-

204 S. Felix Riedels Artikel «Die Angst vor der infantilen Sexualität».

205 Ein erster Bericht über die «Berliner Arbeiter- und Angestelltenerhebung» findet sich in einem Sammelband des IfS namens «Studien über Autorität und Familie», der 1936 in Paris und dann erst wieder 2005 in

lers, der vom Judentum zum Protestantismus konvertiert war, kam wie Fromm aus Frankfurt am Main. Er gehörte zur Kerngruppe des IfS und gelangte wie diese nach der Machtübernahme der Nazis ins US-Exil. Adorno wurde als Philosophie- und Soziologieprofessor nach 1945 neben Horkheimer zum Hauptvertreter der «Frankfurter Schule» und der Kritischen Theorie.

Ähnlich der heutigen Einstellungsforschung erhoben Fromm, Adorno und ihre Mitarbeiter*innen Daten zu Alter, Geschlecht, Bildungsabschluss sowie Beruf der Befragten und maßen deren Zustimmung zu ausgewählten kurzen Aussagesätzen. Es ging darum herauszufinden, wie weit autoritäre Persönlichkeitsstrukturen in der Gesellschaft verbreitet sind und wie sie funktionieren. Fromm und Adorno wollten zu einer wissenschaftlichen Grundlage für demokratische, antifaschistische Aufklärung, Bildung und Erziehung beitragen. Sie verstanden die autoritäre Persönlichkeit als «Sozialcharakter» – diesen Begriff prägte ursprünglich Fromm – also als über-individuelle, von der Gesellschaft massenhaft und regelmäßig erzeugte Struktur. Wie Wilhelm Reich führten Fromm und Adorno diese Struktur auf bürgerlich-patriarchale Familienverhältnisse zurück[206] und hielten sich bei ihrer Analyse eng an Sigmund Freud.

Freud zufolge existieren in der Seele jedes Menschen machtvolle, unbewusste Triebe vor allem sexueller, teilweise aggressiv-zerstörerischer Art, die er zusammenfassend «das Es» nannte. Das Es stößt in der frühen Kindheit schmerzhaft mit den Geboten und Verboten der gesellschaftlichen Umwelt zusammen, die vor allem von der elterlichen beziehungsweise väterlichen Autorität vertreten und durchgesetzt werden. Ein wesentlicher Teil menschlicher Erziehung oder Sozialisation (Vergesellschaftung) besteht darin, die gesellschaftlichen Normen bis zu einem gewissen Grade zu verinnerlichen, das heißt ein sittliches Bewusstsein und ein Gewissen zu entwickeln. Diese innere Leit- und Kontrollinstanz heißt bei Freud das «Über-Ich». Nun kommt es nach Freud darauf an, eine starke Persönlichkeit (das «Ich») auszubilden, die zwischen Es und Über-Ich, zwi-

---

Lüneburg veröffentlicht wurde. In ausführlicher Form wurde Fromms Studie erst 1980 von Wolfgang Bonß herausgegeben («Arbeiter und Angestellte am Vorabend des Dritten Reiches. Eine sozialpsychologische Untersuchung.») Eine deutsche Übersetzung von «*The Authoritarian Personality*» erschien erst 1995.

206 S. AutorInnen-Kollektiv, 76, vgl. «IV.1. Mittelschichten und Kleinbürgertum».

schen den eigenen Trieben und Bedürfnissen einerseits und den gesellschaftlichen Normen andererseits vermitteln kann. Nur wenn das gelingt, kann ein Mensch seine Bedürfnisse einigermaßen befriedigen und gleichzeitig relativ harmonisch in der Gesellschaft leben.

Bei den autoritären Persönlichkeiten, so die Theorie, ist genau diese «Individuation» (Ich-Werdung) misslungen. Fromm und Adorno sprachen diesbezüglich von einer «Ich-Schwäche» und führten sie in erster Linie auf die lieblose, von Zwang, Gewalt und Unterdrückung der kindlichen Sexualität geprägte Erziehung zurück, die in bürgerlich-patriarchalen Familien üblich war. Es handelt sich demzufolge bei den Autoritären um ganz schwache Persönlichkeiten, die von den eigenen unbewussten, verdrängten Wünschen und Gefühlen sowie gleichzeitig von der vielfältigen, auf sie einstürmenden gesellschaftlichen Realität permanent überfordert, verängstigt und verunsichert sind. Um sich überhaupt einigermaßen stabilisieren und in der Gesellschaft funktionieren zu können, benötigen die Autoritären ein ganz starres Korsett ihres Selbst, ja eine regelrechte Panzerung, die wie ein Außenskelett funktioniert.

Für dieses Gerüst ihres Selbst brauchen autoritäre Persönlichkeiten neben der Anlehnung an hergebrachte Regelsysteme und starke Führungspersonen auch die Identifikation mit einer klar nach außen abgegrenzten und im Inneren hierarchisch strukturierten Gruppe. Diese «Eigengruppe», und damit das eigene Selbst, wird von den Autoritären systematisch aufgewertet, während gleichzeitig die «Fremdgruppen» abgewertet werden. Genau hier kommen Ideologien menschlicher Ungleichwertigkeit wie Nationalismus und Rassismus zum Einsatz. Adorno verwendete für diesen seelisch-ideologischen Komplex den Begriff «Ethnozentrismus».

VIII.3. Adornos Faschismus-Skala (F-Skala)

Fromms Vorarbeiten nutzend, stellte Adorno in der F-Skala die Hauptmerkmale der autoritären Persönlichkeit zusammen. Jedem Merkmal entsprachen kurze Aussagesätze auf den Fragebögen der Studie. Mit der F-Skala sollte die autoritäre Strukturierung von Menschen wissenschaftlich exakt gemessen und nach verschiedenen Typen eingeordnet werden.

Die ersten beiden Punkte der Skala bilden der «Konventionalismus» – eine übertriebene und unkritische Identifikation mit den herrschenden Normen – und die «autoritäre Unterwürfigkeit». Adorno erläuterte[207]:

«Wie im Fall von Konventionalismus wurde auch hier in Betracht gezogen, daß die Unterwürfigkeit äußeren Mächten gegenüber wahrscheinlich auf die misslungene Ausbildung einer inneren Autorität, des Gewissens, zurückgeht.»

Die Unterwürfigen hegen Adorno zufolge durchaus auch feindselige Gefühle gegen die Autoritäten der Eigengruppe, von denen sie bevormundet und ausgenutzt werden. Sie sind also nicht blind für die Schwächen und «schlechten Seiten» der Herrschenden. Doch sie lehnen sich nicht auf, sondern projizieren ihre Wut auf als fremd markierte Gruppen, zum Beispiel jüdische Menschen.

Der nächste Punkt auf der F-Skala ist die «autoritäre Aggression» – das Abreagieren der eigenen Frustration an Menschen, die wirklich oder vermeintlich «besser wegkommen» als die autoritären Persönlichkeiten selbst. Adorno schrieb dazu:

«Die Variable Autoritäre Aggression kann daher als sadistische Komponente des Autoritarismus bezeichnet werden, so wie Autoritäre Unterwürfigkeit seine masochistische Komponente bildet. [...] Hat das Individuum erst einmal die Überzeugung gewonnen, daß es Menschen gibt, die bestraft werden sollten, hat es eine Bahn gefunden, in die es seine tiefsten aggressiven Triebe leiten und sich dennoch für durchaus moralisch halten kann. Spenden äußere Autoritäten oder die Masse solcher Aggression dann Beifall, vermag sie gewalttätige Formen anzunehmen [...] das Individuum projiziert die eigenen, ihm unakzeptabel scheinenden Triebe auf andere, um diese dann verurteilen zu können.»

Adorno betonte, dass sich die autoritäre Aggression gegen als fremd und andersartig markierte Gruppen richten muss, weil die Autoritären strukturell unfähig sind, Autoritäten der eigenen Gruppe anzugreifen. Der Projektionscharakter der autoritären Aggression lässt sich mit dem Verlangen nach Bestrafung und Rache illustrieren, wie es häufig gegen Kriminelle, insbesondere Sexualstraftäter*innen, geäußert wird. Dieses Verlan-

207 Alle folgenden, auf die F-Skala bezogenen Adorno-Zitate aus: Adorno u. a., Studien, 49–61.

gen speist sich der psychoanalytischen Theorie zufolge aus der Verdrängung und Abspaltung eigener Begierden.

Mit Verdrängung und Abspaltung hat auch der nächste Punkt der F-Skala zu tun, die von Adorno folgendermaßen erläuterte «Anti-Intrazeption»:

«Der extrem Anti-Intrazeptive wagt nicht, über menschliche Phänomene nachzudenken, weil er die falschen Dinge zu denken fürchtet; er scheut das genuine [echte, ursprüngliche] Gefühl, weil er die Kontrolle über seine Emotionen verlieren könnte.»

Demnach ist das autoritär strukturierte Individuum «ohne Zugang zum Großteil seines Innenlebens» und gleichzeitig bestimmt von Verhärtung, Verdrängung und Desinteresse anderen Menschen gegenüber. Ersatzweise sind es dann «Objekte», also Tiere oder Gegenstände, welche die autoritäre Persönlichkeit «mit liebender Fürsorge umgibt», so Adorno.[208]

Der nächste Punkt der F-Skala ist der «Aberglaube, der Glaube an mystische oder phantastische äußere Determinanten [bestimmende Faktoren] des individuellen Schicksals, und Stereotypie, die Disposition [Veranlagung], in starren Kategorien zu denken». Auch dies ergibt sich nach Adorno aus der Ich-Schwäche und spiegelt die mangelnde Selbstbestimmung wider. Hierbei geht es aber nicht nur um die Selbstentmündigung der autoritären Persönlichkeit. Hinzu kommt die tatsächliche Fremdbestimmung, der alle Menschen in der kapitalistischen Gesellschaft mehr oder weniger unterworfen sind. Adorno bezog sich auf religiöse und okkultistische Vorstellungen aller Art – heutzutage wären wohl auch esoterische und verschwörungsideologische hinzuzuzählen. Zu ihrem Zustandekommen bemerkte er:

«Darüber hinaus werden wahrscheinlich jene Kräfte in den tieferen Schichten der Charakterstruktur, welche das Ich nicht zu integrieren vermag, auf die Außenwelt projiziert und bilden so eine Quelle der bizarren Vorstellungen».

Als nächstes folgt in der F-Skala der Punkt «Machtdenken und ‹Robustheit› (‹Kraftmeierei›)» oder auch «*toughness*», den Adorno so erläuterte:

«der sogenannte ‹Machtkomplex› […] manifestiert sich […] in einer übermäßigen Betonung des Machtmotivs in den mensch-

208 Beispiele wären Hunde, Reitpferde, Autos, Uniformen und Waffen (vgl. «VIII.5. Theweleit: Der politische Faschist...»).

lichen Beziehungen, in der Disposition, diese unter Kategorien wie stark – schwach, überlegen – unterlegen, Führer – Gefolgschaft [...] zu betrachten.»

Einerseits identifiziert sich die autoritäre Persönlichkeit mit den Machthabern und möchte an deren Macht teilhaben, andererseits identifiziert sie sich mit dem «Durchschnitt» der Gesellschaft und strebt nach «einer mittleren Position innerhalb einer klar strukturierten Hierarchie, wo es immer im Rang Höhere und Niedrigere gibt.» Den Höheren kann man sich masochistisch unterwerfen, an den Niederen sich sadistisch abreagieren.

Den nächsten Punkt auf der F-Skala bilden «Destruktivität und Zynismus». Gemeint sind damit eine allgemeine Neigung zur Gewalt und ein negatives Menschen- und Gesellschaftsbild, das die eigene Aggressivität durch die Annahme rechtfertigt, alle anderen Menschen seien ebenso aggressiv. Der folgende Punkt der F-Skala, die «Projektivität», hat ebenfalls mit der Rechtfertigung der eigenen Aggression zu tun:
«Behauptet jemand beharrlich, andere führten Böses gegen ihn im Schilde, obwohl sich kein Beweis dafür findet, besteht aller Grund anzunehmen, daß der Betreffende selbst aggressive Intentionen hegt, die er mit Hilfe von Projektion zu rechtfertigen sucht.»

Adorno und Horkheimer haben den hier angesprochenen Komplex der «pathischen Projektion» am Beispiel des Antisemitismus dargestellt, und zwar in ihrem Buch «Dialektik der Aufklärung». Dort formulierten sie:
«Im Bild des Juden, das die Völkischen vor der Welt aufrichten, drücken sie ihr eigenes Wesen aus.»[209]

Zum Beispiel warfen die Nazis dem Judentum grenzenlose Gier und das Streben nach Weltherrschaft vor, dabei waren sie es, die im Griff nach der Weltherrschaft Europa eroberten und ausraubten. Sie beschuldigten das Judentum, die Völker von innen zu vergiften, und ermordeten selbst Millionen jüdische Menschen mit Gift. In der antisemitischen Agitation der Nazis war viel von jüdischer Grausamkeit und List die Rede, doch die Nazis ließen sich in Grausamkeit und Heimtücke von niemandem übertreffen.

Der letzte Punkt auf der F-Skala ist «Sexualität», worunter Adorno und seine Mitarbeiter*innen eine übertriebene, zwang-

209 Adorno/Horkheimer, Dialektik, 177.

hafte gedankliche Beschäftigung mit sexuellen «Vorgängen» verstanden. So etwas zeuge davon, «daß die eigenen sexuellen Triebe des Individuums unterdrückt werden und in Gefahr sind, seiner Kontrolle zu entgleiten». Auch dieser Gedanke ist von Freud übernommen und tauchte schon bei Wilhelm Reich auf. Die ideologischen Zuschreibungen, die autoritäre Persönlichkeiten vornehmen, enthalten immer viel Sexuelles. So werden zum Beispiel rassistisch oder antisemitisch abgewertete Individuen und Gruppen häufig als sexuell zügellos und hyperaktiv dargestellt.

VIII.4. Autoritäre Persönlichkeit und F-Skala: Probleme und Aktualität

Bei den «Studien zum Autoritären Charakter» ergaben sich schwierige methodische Probleme. Adorno und die Seinen scheiterten letztlich am eigenen Anspruch einer wissenschaftlich exakten Messung und Typisierung der für Faschismus anfälligen Persönlichkeitsstrukturen, was sich unter anderem darin zeigte, dass die F-Skala immer wieder überarbeitet werden musste und nie wirklich zu einer abschließenden Formulierung kam. Die heutige Einstellungsforschung zum autoritären und antidemokratischen Potenzial in der deutschen Gesellschaft beschäftigt sich nicht mehr vorrangig mit Persönlichkeits- oder Charakterstrukturen, sondern mit politisch-ideologischen Haltungen von Individuen. Wichtige Arbeiten dieser Richtung sind etwa die von 2002 bis 2011 durchgeführte Langzeitstudie «Deutsche Zustände» unter Leitung des Pädagogen Wilhelm Heitmeyer und die seit 2002 veröffentlichten «Mitte-Studien» der Sozialpsychologen Elmar Brähler und Oliver Decker sowie anderer Wissenschaftler*innen. Untersuchungen wie diese belegen die weite Verbreitung menschenverachtender und antidemokratischer Ideologie in der deutschen Gesellschaft und damit auch die Notwendigkeit antifaschistischer Politik.

Wie viele kritische Ansätze in Soziologie und Psychologie sind die «Mitte-Studien» direkt von Adorno und Fromm inspiriert. Dabei bemühen sie sich um eine Aktualisierung der Theorie vom autoritären Charakter, die den gewandelten gesellschaftlichen Verhältnissen Rechnung trägt. Die traditionelle bürgerliche Familie mit dem (oft genug gewaltsam) herrschenden Vater wurde seit den 60er-Jahren zumindest in Teilen der Gesellschaft vom Typ der «Aushandlungsfamilie» verdrängt. Der bürokratisch-militärische Obrigkeitsstaat machte nach 1945 allmählich dem parlamentarisch-demokratischen Sozialstaat Platz; dieser wiederum wurde beginnend mit den 80er-Jahren zugunsten einer neoliberalen Entsicherung[210] und Prekarisierung der Lebensverhältnisse demontiert. Einher ging dies mit steigendem Druck auf die Menschen, sich als Unternehmer*innen ihrer selbst andauernd eigenverantwortlich zu optimieren.

Decker, Brähler und andere kritische Gelehrte gehen davon aus, dass sich die gesellschaftlichen Zwänge seit Fromms und Adornos Zeiten deutlich verfeinert haben. Die Zumutungen des modernen Kapitalismus werden verstärkt als unhinterfragbare Sachzwänge und als selbst gestellte Anforderungen erlebt, woraus sich Dauerstress und Auto-Aggression ergeben.[211] Dies führt der Theorie nach zu einer ähnlichen seelisch-emotionalen Dynamik wie beim traditionellen Modell der autoritären Persönlichkeit, insbesondere zu Projektion und Aggression gegenüber Bevölkerungsgruppen, die als fremd und andersartig betrachtet werden oder denen man die Fähigkeit zu ökonomischer Verwertung und Optimierung abspricht. Die Theorie der autoritären Persönlichkeit und mit ihr die F-Skala bleiben also auch unter den Bedingungen eines neoliberal gewandelten Kapitalismus bedeutsam – nicht als exakte Beschreibung oder gar Messinstrument, aber als Augenöffner und Sehhilfe, wenn es um faschistische Potenziale der heutigen Gesellschaft geht.

VIII.5. Theweleit: Der politische Faschist ist der soldatische Mann.

«Anti-Intrazeption», «Machtdenken und Kraftmeierei», «Destruktivität» – einige Punkte der F-Skala lassen schon vermuten, dass die autoritäre Persönlichkeit auch mit einer bestimmten Form von Männlichkeit zu tun hat. Zum Zusammenhang zwischen Männlichkeit und Faschismus legte der 1942 geborene Literaturwissenschaftler und Kulturtheoretiker Klaus Theweleit

210 Den Begriff «Entsicherung» verwendet z.B. Wilhelm Heitmeyer.
211 Schon Fromm hatte ähnliche Gedanken (s. Kühnl, Faschismustheorien, 124ff.).

1977/78 das bahnbrechende Buch «Männerphantasien» vor. Darin untersuchte er Romane und Memoiren von Angehörigen der deutschen Freikorps. Diese rechtsextremen Paramilitärs kämpften nach dem Ersten Weltkrieg mit Terrormethoden gegen linke Kräfte und in mehreren Grenzkonflikten. Manche Werke der Freikorps-Literatur wurden in den 20er- bis 40er-Jahren viel gelesen; einige ihrer Verfasser spielten eine prominente Rolle im rechten Spektrum der Weimarer Republik und teilweise auch später unter den Nazis.

Theweleit fiel an den Freikorps-Männern zunächst eine unglaubliche Gefühlsarmut und Beziehungsunfähigkeit auf. Ihren meist autobiografisch angelegten Büchern ließ sich einiges über Reitpferde, Jagdhunde und Kriegskameradschaft entnehmen, aber nichts zu Freundschaft und Liebe. Stattdessen machten die Texte eine ausgeprägte Form des Körperpanzers sichtbar: Immer hart, stark, diszipliniert und kalt zu sein, das war den Autoren höchst wichtig.

Wogegen sollte dieser Panzer schützen? Theweleit erkannte, dass die von ihm so genannten «soldatischen Männer» von einer tiefen Angst getrieben waren, ihre Persönlichkeit – besser gesagt: ihr Körper – könnte sich auflösen und in Fragmente (Bruchstücke) zerfallen. Die Bedrohung kam von innen. Offenbar hatten diese Männer infolge ihrer autoritären, militärisch geprägten Erziehung niemals einen positiven, lustvollen Umgang mit dem eigenen Körper erlernt. Stattdessen empfanden sie die körperlichen Substanzen und Vorgänge als bedrohliche Mächte. Der Versuch, diese Mächte abzuwehren, wendete sich schließlich gegen äußere Feinde und wurde zum faschistischen Terrorakt.

Folter und Mord retten demnach den soldatischen Männerkörper vor dem Zerbrechen. Die Sexualität weicht einer faschistischen Gewaltstruktur. Eine «Spannungsabfuhr», Selbstgenuss und Lust werden von Männern in diesem Körperzustand nur durch Gewalt, Vergewaltigung und öffentlich ausgestelltes Foltern und Töten erreicht.[212] In einem Interview mit der Zeitschrift Konkret von 2015 beschrieb Theweleit das so:

«Alle Menschen sind zunächst ‹Nicht-zu-Ende-Geborene›. Auf ihrem Weg zum Ausgewachsensein gehen alle Arten Erfahrungen in ihre Körper ein. Diese Erfahrungen verarbeitet ihr Hirn [...]. Körper mit einem Übermaß gespeicherter zerstörerischer

212 S. Reichardt, 665 (am Beispiel der SA).

Erfahrungen suchen ihren Spannungsausgleich verstärkt in zerstörerischen Aktionen. […] Wenn beim Typ ‹Fragmentkörper› die Befürchtung lebendig wird, sein eigenes undifferenziertes Inneres würde überkochen, bestünde aus einem chaotischen Gemisch […] von Blut und Scheiße, das er vergeblich zu beherrschen sucht [dann versucht sich der Täter dieser Furcht zu entledigen.] Er schafft dies, indem er den ‹blutigen Brei› außerhalb des eigenen Körpers, für seine Augen wahrnehmbar, herstellt. Die andern, außen, sind der blutige Matsch, nicht ich. […] Alles äußere Gewimmel, von Insekten bis zu Menschenmassen, repräsentiert das eigene chaotische Innen. Ein paar Schüsse in die Menge helfen; der Platz ist leer. Der leere Platz, gesteigert, enthält alle eliminatorischen [auf Vernichtung abzielenden] Programme.»[213]

Rote, schmutzige Flüssigkeit und chaotisches Gewimmel – mit derlei Sprachbildern hatte Theweleit bereits in den «Männerphantasien» die Ängste des soldatischen Mannes beschrieben. Diese Bilder tauchten auch 2008 in einem Artikel von ihm in der «Frankfurter Allgemeinen Zeitung» auf:
«Schmutz, Schlamm, Sumpf, Schleim, Brei zur Bezeichnung des politisch anderen, des ‹Kommunismus› als ‹rote Flut›, die Angst vor allem Körperauflösenden […] Entscheidend: dass der muskulär-motorische Körperpanzer nicht bloß gegen das bedrohliche Außen errichtet wird [...], sondern ebenso gegen das eigene Innen; gegen die Mischung von Blut und Exkrementen, mit der der von Fragmentierung bedrohte Körper des soldatischen Mannes sein eigenes Inneres angefüllt fürchtet. Die ‹rote Flut› kommt ebenso von innen wie von außen; sie kommt sogar stärker von innen.»[214]

Ein weiteres Thema, das sich durch die Schriften Theweleits seit den «Männerphantasien» von 1977 zieht, sind die Frauenbilder der soldatischen Männer. Hier steht dem Angstbild der erotischen, wehrhaften, die Herrschaftsordnung angreifenden «roten Frau» – des «Flintenweibs» mit «verschlingender» Weiblichkeit – das Idealbild der «reinen weißen Krankenschwester» gegenüber, die den Kämpfer umsorgt. In seinem Buch «Das Lachen der Täter» von 2015 geht Theweleit ausführlicher auf

213 Interview mit Theweleit in der Zeitschrift Konkret: «Wer exzessiv lacht, hat keinen Raum für eine andere Emotion».
214 Theweleit: «Der belgische Hitler-Sohn und der deutsche Über-Leib.»

Männergewalt gegen Frauen sowie auf Vergewaltigung als Kriegstaktik und Einführungsritual kriegerischer Männerbünde ein.

Während die «Männerphantasien» noch psychoanalytisch geprägt waren, bezieht sich Theweleit heutzutage mehr auf die Wissenschaft vom menschlichen Gehirn. Ihm zufolge weisen auch sehr viele Frauen den von ihm beschriebenen «Fragmentkörper» auf, doch äußere sich bei ihnen die Gewalt aus historischen Gründen anders als bei Männern; sie richte sich mehr gegen die eigene Person, die eigenen Kinder und die häusliche Umgebung. Theweleit sieht historische Veränderungen: So werden seiner Meinung nach die deutschen Männer seit 1945 zunehmend weniger zu Mördern und Vergewaltigern erzogen, obwohl daneben die traditionelle Männlichkeit weiter existiert.

Theweleit schreibt keine gewöhnlichen wissenschaftlichen Texte. Sein Stil ist vielmehr suggestiv, plastisch und bar jeden Fachjargons. Alle seine Schriften spannen weite Bögen. Bereits die «Männerphantasien» bewegten sich von der konkreten und detaillierten Analyse der Freikorps-Literatur hin zu einer umfassenden Kritik der bürgerlich-patriarchalen Gesellschaft. Später thematisierte Theweleit «eine universelle Struktur ‹des› Körpers des soldatischen Mannes – also ‹des› politischen Faschisten [...] als ein Normalfall der Gewaltausübung anzutreffen zumindest in der eurasisch-amerikanischen, in der japanischen, in der islamischen Mann-Kultur». Für Theweleit ist der Faschismus ein universeller «Körperzustand», eine «Vernichterkultur, die sich in unseren Gesellschaften eingenistet hat von Beginn unserer ‹Zivilisation› an, immer irgendwo vorhanden».[215]

Was soldatische Männer und ihre Gewalttaten über Zeit und Raum hinweg gemeinsam haben, darüber lehrt Theweleit sehr viel. Die zeitgebundenen Besonderheiten von Faschismen – darunter auch die historischen Gelegenheitsstrukturen für soldatische Männer, als politische Faschisten zu agieren – sind hingegen weniger sein Thema.

In Reinhard Kühnl fand Theweleit übrigens einen harten marxistischen Kritiker, der ihm trotz Anerkennung einiger Einzelerkenntnisse Männerfeindlichkeit und überhaupt der ganzen psychoanalytischen Richtung eine biologisierende und individualisierende Sicht vorwarf. Die Analyse solle nicht von Körpern und Trieben, sondern von historisch-gesellschaftlichen Bedin-

215 Theweleit: «Der belgische Hitler-Sohn und der deutsche Über-Leib.»

gungen wie Arbeit und Produktion ausgehen. Auf Körperlichkeit und frühkindliche Prägung zu fokussieren, bedeute letztendlich, die autoritären Persönlichkeiten – beziehungsweise die soldatischen Männer – als nicht mehr veränderbar hinnehmen zu müssen.[216]

216 Kühnl, Faschismustheorien, 129ff.

IX. Marxistische Faschismusanalysen nach 1945 (I): Gossweiler, Opitz, Kühnl

Besonderen Einfluss auf die deutsche Linke und die Antifa-Bewegung hatten ab den 60er-Jahren drei marxistische Autoren, die sich überwiegend mit dem NS, in geringerem Maße auch mit nichtdeutschen und außereuropäischen Faschismen beschäftigten. Die wichtigste Grundlage der folgenden Abschnitte ist Reinhard Kühnls 1979 zuerst erschienener, 1990 aktualisierter «Leitfaden» zu Faschismustheorien. In diesem Buch versuchte Kühnl, die Hauptstränge der langjährigen marxistischen Faschismusdiskussion in Deutschland zusammenzuführen.

IX.1. Gossweiler: Monopolkapitalismus als Ursache des Faschismus

Kurt Gossweiler, ein Kommunist und antifaschistischer Widerstandskämpfer, wurde 1917 geboren und entwickelte sich zu einem der profiliertesten Vertreter der DDR-Faschismusforschung. Nach dem Ende der DDR verteidigte er öffentlich den Stalinismus. An der marxistisch-leninistischen Deutung des Faschismus als terroristischer, diktatorischer Herrschaft des Monopolkapitals hielt er fest. Gossweiler erforschte und stellte detailliert dar, wie intensiv wichtige Teile des deutschen Großbürgertums die NSDAP finanziell und politisch unterstützten.[217] Im Jahre 2017 verstarb er.

Für Gossweiler war Faschismus der «ausgeprägteste und deutlichste»[218] Ausdruck der monopolkapitalistischen Profit- und Akkumulationsbedürfnisse. Der Drang nach Krieg und Diktatur, und damit letztlich nach Faschismus, resultiere aus dem monopolkapitalistischen Normalbetrieb und nicht aus einem krisenbedingten Unfall. Damit widersprach Gossweiler der un-

217 S. den Auszug aus Gossweilers «Chronik zu den Beziehungen von NSDAP und Monopolkapital ab Oktober 1923 bis zum 30. Januar 1933» bei AutorInnen-Kollektiv, 63–67.

218 AutorInnen-Kollektiv, 54.

ter Linken verbreiteten Auffassung, dass der Faschismus vom Großkapital installiert werde, um eine erstarkende Linke abzuwehren.

Gossweiler setzte Monopolkapitalismus und Faschismus jedoch keineswegs gleich, sondern wollte erklären, wie der Faschismus aus der widersprüchlichen und krisenhaften Entwicklung des modernen Kapitalismus am Ende des 19., Anfang des 20. Jahrhunderts entstanden war. Damals vollzog sich der Übergang vom Kapitalismus der freien Konkurrenz zum Monopolkapitalismus; gleichzeitig wurde die herrschende Ordnung durch proletarische und antikoloniale Emanzipationsbewegungen herausgefordert. Wenig später vollzog sich eine Modernisierung bürgerlicher Herrschaftsformen in den imperialistischen Zentren Europa und USA, während einige Revolutionsversuche etwa in Italien, Ungarn und Deutschland nach dem Ersten Weltkrieg scheiterten. Der Faschismus trug demzufolge einen doppelten, sowohl defensiven als auch offensiven Charakter – einerseits Abwehr anschwellender Emanzipationsbewegungen, andererseits Ergebnis einer erfolgreichen Anpassung der herrschaftlichen Ordnung und einer Schwächephase der Emanzipationsbewegungen.

Gegen Gossweilers Auffassung vom Verhältnis zwischen Monopolkapitalismus und Faschismus spricht, dass Italien und Deutschland die einzigen Industrieländer waren, die unter eine faschistische Diktatur fielen. Die parlamentarische Demokratie blieb auch im Monopolkapitalismus die bevorzugte Staatsform. Laut Kühnl war Gossweilers Analyse zu stark auf Deutschland fixiert.

IX.2. Gossweiler über Monopolgruppen und faschistische Herrschaft

Gossweiler versuchte, den Verlauf der Auseinandersetzungen innerhalb der Naziführung sowie wesentliche Weichenstellungen der nazistischen Außen- und Innenpolitik mit der Rivalität verschiedener Kapitalfraktionen oder «Monopolgruppen» zu erklären. Dabei unterschied Gossweiler zwischen Monopolgruppen innerhalb des Bank- und des Industriekapitals und sah anders als etwa Pollock und Sohn-Rethel eine Vormachtstellung der Großbanken. Wiederum im Einklang mit Sohn-Rethel betonte er den Interessenkonflikt zwischen Schwerindustrie (Bergbau, Metall, Rüstung) sowie Chemie- und Elektroindustrie. Im Gegensatz zu anderen Forscher*innen, zum Beispiel Kühnl, hielt Gossweiler die faschistische Führung nicht für den machtvollen Schiedsrichter der konkurrierenden Kapitalfraktionen. Stattdessen seien die einzelnen Naziführer als Vertrauensleute verschiedener Monopolgruppen in deren «Dschungelkrieg»[219] einbezogen gewesen. Hitler als Spitze der Hierarchie hätte die gefällten Entscheidungen nur noch abgesegnet und sich ansonsten aus den Cliquenkämpfen herausgehalten.

Laut Kühnl konnte Gossweiler letztlich nicht erklären, warum manche Kapitalfraktionen fast ohne Gegenwehr ein Herrschaftsprogramm hinnahmen, das ihren Interessen zumindest teilweise zuwiderlief. Die marxistisch-leninistischen Analysen hätten generell keine schlüssige Darstellung der verschiedenen Monopolgruppen geliefert, so Kühnl.

Um die Lehre vom Faschismus als Herrschaft des Monopolkapitals mit der historischen Realität in Einklang zu bringen, bauten Gossweiler und ihm ideologisch nahestehende Gelehrte eine umfangreiche Argumentation auf. So wären die riesigen Überwachungs- und Terrorapparate des NS schon wegen ihrer Größe durchaus ein eigener Machtfaktor gewesen. Die Naziführer seien zwar Agenten der Monopolbourgeoisie gewesen – aber eben solche, die mit einmal erfolgter Beauftragung einen ganz erheblichen Spielraum und sehr weitgehende Befugnisse erhalten hätten. Die rivalisierenden Monopolgruppen hätten überhaupt erst durch die faschistische Führung zu einer einheitlichen, zielgerichteten Agenda gefunden.

Der Faschismus erschien also bei Gossweiler als ein äußerst mächtiger Beauftragter, der seinen Herrn und Meister, das Monopolkapital, überhaupt erst zur Herrschaft befähigte. Gossweiler half dieser Ungereimtheit mit einer Erzählung ab, die verschwörungstheoretische Züge trug: Pronazistische Industrielle und Bankiers hätten die Nazipartei schon in den 20er-Jahren gezielt aufgebaut und auch danach stets in ihrem Sinne gesteuert. Geheime Absprachen und Geldzahlungen gab es wirklich, aber ihre Bedeutung wurde von Gossweiler so sehr betont, dass ihm die relative Eigenständigkeit der faschistischen Massenbewegung und der faschistischen Staatsgewalt darüber aus dem Blick geriet.

219 Zitiert nach Kühnl, Faschismustheorien, 240.

IX.3. Gossweiler über «Militärfaschismus»

Welchem Klasseninteresse der Faschismus dient, welcher Klasse er nützt – das war die Hauptfrage Gossweilers und der gesamten marxistisch-leninistischen Faschismusforschung. Die Antwort lautete, dass das Monopolkapital den größten Nutzen aus dem Faschismus zog und daher auch in ihm und durch ihn herrschte. Somit erschien es nur folgerichtig, auch andere dem Großkapital genehme, mit Staatsterror gegen Oppositionskräfte vorgehende Diktaturen vor und nach dem Zweiten Weltkrieg als faschistisch einzuordnen. Dies betraf für den Zeitraum vor 1945 vor allem die Regime von Horthy in Ungarn (1922–1944), Zar Boris III. in Bulgarien (1935–1943), Antonescu in Rumänien (1940–1944) und Metaxas in Griechenland (1936–1941). Alle genannten Länder hatten damals eine monarchische Verfassung. Nach 1945 galten der marxistisch-leninistischen Faschismusforschung insbesondere das sogenannte «Obristen[220]-Regime» in Griechenland (1967–1974) und eine Reihe lateinamerikanischer Militärdiktaturen als faschistisch.

In fast allen diesen Fällen stammten die Führer aus den Reihen der hohen Offiziere; meistens waren sie durch einen Militärputsch an die Macht gelangt. Gossweiler wählte für diese Regime den Oberbegriff «Militärfaschismus». Kühnls Gegenargument lautete: Zum Wesen des Faschismus gehöre, dass er die Bevölkerungsmassen mobilisiere und teilweise dauerhaft an sich binde. Gossweilers «Militärfaschismus» hingegen ziele eher auf die Ruhigstellung der Massen, nicht auf ihre Mobilisierung.

Tatsächlich teilten die vom «Militärfaschismus» vor 1945 betroffenen Länder einige Merkmale: Sie waren noch stark landwirtschaftlich und traditionell geprägt, sodass sowohl Bürgertum als auch Proletariat wenig ins Gewicht fielen. Was es an Großbürgertum gab, herrschte gemeinsam mit dem Adel und der hohen Geistlichkeit, während sozialrevolutionäre Bewegungen ebenso schwach blieben wie sozialdemokratische oder liberale Reformkräfte. Alle Gesellschaften mit «Militärfaschismus» litten an Kriegsfolgen und Wirtschaftskrisen.

Für Gossweiler war Folgendes entscheidend: Die Regime des «Militärfaschismus» wurden von den entwickelten kapitalistischen Ländern wie Deutschland, Frankreich, Großbritannien,

220 Ein Obrist (Oberst) ist ein hoher Offizier.

Italien und USA installiert oder zumindest unterstützt, weil sie den Zugriff auf Märkte und Ressourcen erlaubten und weil sie als Bastionen gegen den Kommunismus dienlich waren. Beide Aufgaben erfüllten später auch die prokapitalistischen Militärdiktaturen des Kalten Krieges. Im «Militärfaschismus» sah Gossweiler in erster Linie eine terroristische, diktatorische Herrschaftsform des Monopolkapitals der führenden kapitalistischen Länder, das heißt nach 1945 insbesondere der USA.

Kühnl stellte das griechische Obristen-Regime und verschiedene nationalistische Diktaturen der 1940er- bis 1970er-Jahre in Lateinamerika differenzierter dar. Ihm zufolge spielten einheimische Akteure eine größere Rolle als imperialistische Einflussnahme von außen. Mit Blick auf die von den USA und anderen westlichen Staaten unterstützten Militärputsche und Diktaturen ab den 70er-Jahren, vor allem in Lateinamerika, stimmte allerdings auch Kühnl dem Begriff des «abhängigen Militärfaschismus» zu.[221]

IX.4. Gossweiler über die nazistische Massenbasis

Für die wichtigste Besonderheit des deutschen Faschismus hielt Gossweiler dessen Fähigkeit, kleinbürgerliche Massen mit einem Ideologie-Gemisch aus Imperialismus, Nationalismus, Rassismus und Sozialdemagogie an sich zu binden. Gossweiler führte dies auf den verlorenen Ersten Weltkrieg und die Weltwirtschaftskrise zurück. Von diesen Krisen waren zwar auch die proletarischen Massen betroffen, sogar härter als viele Kleinbürger*innen, aber große Teile des Proletariats besaßen laut Gossweiler im Gegensatz zum Kleinbürgertum schon eine politisch-ideologische Heimat, nämlich in der Arbeiter*innenbewegung. Daher wären die Arbeiter*innen anders als die nationalistischen Kleinbürger*innen nicht zuerst ins Bodenlose gestürzt und danach einem falschen Messias verfallen. Der Nazismus hätte den kleinbürgerlichen Massen nicht nur Erlösung versprochen, sondern ihnen auch erlaubt, der Enttäuschung und dem Abscheu gegenüber ihren vormaligen Interessenvertretern, den rechten Parteien, in Form einer militanten Rebellion Ausdruck zu verleihen.

221 Kühnl, Faschismustheorie, 295.

Gossweiler benannte auch noch andere Faktoren der Massengefolgschaft: Die finanzielle Unterstützung der Nazipropaganda durch das Großkapital, die günstige weltwirtschaftliche Entwicklung nach dem Machtantritt Hitlers, die von den Westmächten zugelassenen außenpolitischen Erfolge der Nazis zwischen 1933 und 1938 – und nicht zuletzt die Verwicklung breiter Bevölkerungsteile in die NS-Verbrechen. Die Furcht vor Strafe und Rache band sehr viele Deutsche an den Nazismus.

Die langfristig in der deutschen Gesellschaft wirksamen ideologischen und psychologischen Faktoren ließ Gossweiler nur am Rande vorkommen oder blendete sie aus. Absolut im Vordergrund stand für ihn die Manipulation der Bevölkerungsmehrheit durch die monopolkapitalistischen Herrschaftsgruppen. Dies ermöglichte es Gossweiler, sich ganz im Sinne der DDR-Staatsideologie positiv auf die deutsche Nation und insbesondere das deutsche Proletariat zu beziehen.

Kühnl kritisierte Gossweilers Verständnis von Ideologie: Diese sei mehr als bloßer Ausdruck von Klasseninteresssen und Manipulation durch «die Herrschenden». Sie entstehe mit einer gewissen Spontaneität als Reflex der gesellschaftlichen Verhältnisse und Prozesse.

Einen Aspekt sah Gossweiler – ähnlich wie der von ihm ideologisch nicht sehr weit entfernte westdeutsche Faschismusforscher Reinhard Opitz – übrigens sehr klar: Faschistische Bewegungen können «nur als solche des Protestes und des radikalen, unversöhnlichen Kampfes gegen eine bestehende, von breiten Massen des Kleinbürgertums als unerträglich empfundene und ihnen verhaßte Ordnung» emporkommen.[222] Der Charakter des Faschismus als Protestbewegung, als rebellische Krisenreaktion wurde von Gossweiler und Opitz zu Recht betont.

IX.5. Opitz: «Faschismusträchtige Situation» und faschistische «Machtbewerbung»

Der westdeutsche Sozial- und Geschichtswissenschaftler Reinhard Opitz (1934–1986) war ein Kommunist, der sich an der DDR und der Sowjetunion orientierte. Er engagierte sich unter anderem in der ab 1956 verbotenen KPD, im Sozialistischen

222 AutorInnen-Kollektiv, 55/56.

Deutschen Studentenbund (SDS), der ihn 1959 ausschloss, und im Bund demokratischer Wissenschaftlerinnen und Wissenschaftler (BdWi). Als Faschismusforscher ging Opitz von einer ähnlichen Zustandsbeschreibung aus wie viele marxistische Analytiker*innen seiner Zeit: Im Stadium des Monopolkapitalismus und Imperialismus können Profitmaximierung und Kapitalakkumulation nur noch durch und über den Staat realisiert werden. Daher durchdringen sich Staat und Monopolkapital; das Spitzenpersonal der Bürokratie und der Großunternehmen verschmilzt zu einem herrschenden Block.

Opitz meinte: Solange der herrschende Block die Hauptinteressen des Monopolkapitals im Rahmen der parlamentarischen Demokratie verfolgen kann, zieht er diese einer Diktatur vor. Dafür müssen die dem Monopolkapital genehmen Parteien aber ausreichend Wahlvolk haben, um politische Mehrheiten zu gewinnen und handlungsfähige Regierungen bilden zu können.

Nun erfordern aber laut Opitz die Interessen des Monopolkapitals je nach Situation ganz bestimmte, manchmal auch extreme staatliche Maßnahmen nach innen und außen, um Profitmaximierung und Konkurrenzerfolg gegen andere Staaten und deren Monopolbourgeoisien zu gewährleisten. Diese Maßnahmen, etwa Sozialabbau, Aufrüstung und Krieg, verschlechtern normalerweise das Leben der Bevölkerungsmehrheit. Die Bevölkerungsmassen zu integrieren, also ihre Zustimmung und Mitwirkung zu gewinnen, wird somit zum zentralen Problem monopolkapitalistischer Politik. Den Herrschaftsgruppen steht dafür laut Opitz eine ganze Skala von Mitteln zur Verfügung, insbesondere gewaltige Ressourcen zur ideologischen Manipulation der Bevölkerung – «Bewusstseinsfalsifikation», also massenhafte Herstellung falschen Bewusstseins, nannte Opitz das. Außerdem gäbe es vielfältige Möglichkeiten des autoritären Staatsumbaus wie Wahlrechtsänderungen oder die Errichtung eines Präsidialsystems.

Erst wenn all das nicht mehr richtig funktioniert und ein maßgeblicher Teil der Monopolbourgeoisie ein spezielles, situationsgebundenes Interesse an Diktatur und Krieg entwickelt, nimmt das Monopolkapital die «Machtbewerbung» der Faschisten an. Aber auch schon lange vorher und unabhängig vom Bedarf des Monopolkapitals gibt es Faschisten und kann es sogar eine faschistische Massenbewegung geben, meinte Opitz.

Opitz beschrieb die faschistische Bewegung als von unten aufsteigendes autoritäres Protestpotenzial – wütende, enttäuschte Anhänger*innen der imperialistischen und nationalistischen Ideologie, die deren konsequente, gewalttätige Umsetzung einfordern. Solche Leute sind unter normalen kapitalistischen Bedingungen stets massenhaft vorhanden, weil die imperialistische und nationalistische Ideologie von den Herrschenden ständig mit hohem Aufwand in die Bevölkerung getragen wird, während gleichzeitig die gesellschaftlichen Verhältnisse viele Menschen in Wut und Verzweiflung treiben.

Vor ihrem Machtantritt sind die Faschisten Opitz zufolge tatsächlich eine Oppositionsbewegung, denn während der herrschende Block versucht, die ihm traditionell nahestehenden Parteien in der Gunst des Wahlvolks und an der Regierung zu halten, versuchen die Faschisten nach Kräften, ihnen möglichst viele Leute abspenstig zu machen. Die faschistischen Mittel hierzu sind vor allem die Selbstinszenierung als Anti-System- und Anti-Establishment-Kraft sowie vollmundige sozialpolitische Forderungen. Dass die faschistische Bewegung wirkliche Opposition ist, schließt jedoch nicht aus, dass sich einige Monopolkapitalisten schon vor der Mehrheit ihrer Schicht für den Faschismus interessieren und ihn unterstützen.

Klarer als Gossweiler arbeitete Opitz den Charakter des Faschismus als militante Protestbewegung von rechts heraus, die auch ohne machtpolitischen Bedarf des Monopolkapitals zu Massenanhang kommen und damit zum Machtfaktor werden kann. In der Analyse der ideologischen Antriebe des Faschismus blieb aber auch Opitz mit seiner Theorie der Bewusstseinsfalsifikation dabei stehen, die faschistische Ideologie nur als Ergebnis der Manipulation durch Herrschaftsgruppen aufzufassen. Kühnl kritisierte Opitzens Ignoranz gegenüber der marxistischen «Kritischen Psychologie». Diese untersuchte, wie tief reaktionäre und autoritäre Ideologie in die Individuen reicht, von ihnen selbst verinnerlicht und immer wieder neu hervorgebracht wird.

Doch Opitz interessierte sich gar nicht in erster Linie für die faschistischen Massenbewegungen und deren Ideologie. Wie Gossweiler sah er den Faschismus zuallererst als terroristische Diktatur des Monopolkapitals im Sinne der Komintern-Definition von 1935, und wie Gossweiler bezeichnete er demzufolge auch allerhand einfache Militärdiktaturen, wenn sie nur antikommunistisch und prokapitalistisch waren, als faschistisch.

Dennoch würdigte Kühnl seine Analysen für ihren Beitrag zum Verständnis von Diktaturen wie der Francos in Spanien (1936–1975) oder Pinochets in Chile (1973–1990).

IX.6. Kühnl: Das Herrschaftsbündnis des Faschismus

Der 1936 geborene, nach langer Alzheimer-Krankheit 2014 verstorbene Politologe Reinhard Kühnl war einer der bekanntesten Vertreter der undogmatisch-marxistischen Marburger Schule. Im Jahre 1972 beteiligte sich Kühnl mit seinem Lehrer Wolfgang Abendroth, Reinhard Opitz und vielen anderen an der Neukonstituierung des «Bundes demokratischer Wissenschaftlerinnen und Wissenschaftler» (BdWi). Der BdWi kämpfte gegen die Diskriminierung linker Positionen und Personen im bundesdeutschen Bildungs- und Wissenschaftssystem, wie sie zum Beispiel in der staatlichen Praxis der Berufsverbote zum Ausdruck kam.

Hinsichtlich politisch-strategischer Empfehlungen blieb Kühnl zeitlebens nah bei Abendroth und dessen Lehrer August Thalheimer: Er forderte das breite antifaschistische Bündnis von liberalen bis zu kommunistischen Kräften, denn schließlich bedrohe der Faschismus alle seine Gegner*innen. Kühnl sprach sich gegen «Pseudoradikalismus» und für die Verteidigung der Demokratie aus, warb aber dennoch für die gesellschaftliche Emanzipation vom Kapitalismus:
«So ermöglicht also in der Tat erst der Sozialismus in Verbindung mit einer Fundamentaldemokratisierung die definitive Überwindung des Faschismus.»[223]

Kühnl definierte den Faschismus an der Macht als Herrschaft eines Bündnisses der Führungsgruppen des Monopolkapitals, der Bürokratie und des Militärs mit der Führung der faschistischen Massenbewegung. Diese Bewegung sah er als vorwiegend kleinbürgerlich und nicht direkt vom Monopolkapital abhängig an.

In seinen frühen Schriften folgte Kühnl noch weitgehend der ihm durch Abendroth vermittelten Theorie Thalheimers. So betonte er damals die Selbständigkeit der faschistischen Führung gegenüber dem Großbürgertum. Später näherte sich Kühnl der

223 Kühnl, Faschismustheorien, 286.

marxistisch-leninistischen Auffassung vom Faschismus als terroristischer Diktatur des Monopolkapitals insoweit an, als er die Machtposition des Großbürgertums im Herrschaftsbündnis stark unterstrich. Er fragte vor allem nach den gemeinsamen Zielen, die dieses Bündnis zusammenhielten, und nach seinen Methoden, sich eine Massenbasis zu verschaffen. Mehr als Gossweiler und Opitz interessierte sich Kühnl für die langfristig wirksamen psychologischen und ideologischen Faktoren, die den Faschismus begünstigen, und verwies diesbezüglich auf die Arbeiten Erich Fromms sowie auf die seit Ende der 60er-Jahre in Westdeutschland entstandene marxistische «Kritische Psychologie». Wie Fromm argumentierte Kühnl, dass der Kapitalismus ständig autoritäres Bewusstsein erzeuge, weil der Großteil der Bevölkerung den wirtschaftlichen und politischen Prozessen fast immer nur passiv unterworfen sei und sie kaum je aktiv mitgestalte. Eine weitere Voraussetzung des Faschismus sah Kühnl in den kapitalistischen Konkurrenzverhältnissen, denen alle Menschen ausgesetzt sind und auf die viele von ihnen mit der Ausprägung rassistischer und nationalistischer Ideologie reagieren.

Besonders das mittlere und kleine Bürgertum besitze einen für Faschismus besonders empfänglichen Sozialcharakter. Hierbei berief sich Kühnl wiederum auf Fromm, aber auch auf Soziologen wie Lipset und Geiger.[224] Das deutsche Bürgertum sei aus historischen Gründen besonders autoritär und militaristisch geprägt.[225]

Kühnl zufolge war die deutsche Kapitalistenklasse Ende des 19., Anfang des 20. Jahrhunderts ein Bündnis mit den adligen, militärisch-bürokratischen Herrschaftsgruppen eingegangen. Die Ziele dieses Bündnisses – Unterdrückung jeder inneren Opposition, insbesondere der Arbeiter*innenbewegung, sowie militärische Aggression und Expansion nach außen – hätten den Erfordernissen von Monopolkapitalismus und Imperialismus entsprochen und das Programm der Nazis in Grundzügen vorweggenommen. Auch die Ideologie der verbündeten Herrschaftsgruppen, zu der Ultranationalismus, Rassismus und Antisemitismus gehörten, ähnelte laut Kühnl bereits dem Nazismus, wurde von weiten Teilen der Mittelschichten mitgetragen und zusätzlich «von oben» in der Bevölkerung verbreitet.

---

224 S. «IV.1. Mittelschichten und Kleinbürgertum».

225 S. «III.2. Singularistische Theorien...».

Die Niederlage Deutschlands im Ersten Weltkrieg hinterließ eine zutiefst frustrierte und verunsicherte Gesellschaft. Weder die reformistische Sozialdemokratie noch die revolutionäre kommunistische Partei vermochten es, ihre gesellschaftlichen Entwicklungsalternativen politisch durchzusetzen. Stattdessen konnte der Faschismus die Krisenstimmung für sich nutzen. Einen weiteren Schub der Faschisierung brachte ab 1929 die Weltwirtschaftskrise.

Kühnl stellte es ähnlich wie Opitz dar: In den Krisen nach 1918 machte sich das autoritäre und militaristische Potenzial des Kleinbürgertums in Form des Faschismus gewissermaßen selbständig – als militante Protestbewegung, die versprach, das bereits vor dem Ersten Weltkrieg formulierte imperialistische Programm endlich konsequent durchzusetzen. Wegen der Wahlerfolge der Nazis konnte die politische Herrschaft der Kapitalistenklasse nicht mehr wie gewohnt über parlamentarische Mehrheitskoalitionen bürgerlicher und reformistischer Parteien organisiert werden. Kühnl beschrieb die Entwicklungsdynamik so:

«Das Anwachsen der faschistischen Partei zur Massenbewegung hat in dieser Hinsicht also bewirkt, dass der Drang der herrschenden Klasse nach der Errichtung eines autoritären Systems noch wesentlich verschärft wurde.»[226]

Maßgebliche Teile der Herrschaftsgruppen stimmten mit den Nazis insofern überein, als es ihnen nicht nur um die Abwehr kommunistischer Revolutionsbestrebungen ging, sondern um die Zerschlagung aller proletarischen Organisationen, also auch der gewerkschaftlichen und sozialdemokratischen, sowie der parlamentarischen Demokratie. Sämtliche Errungenschaften der Revolution von 1918 sollten zerstört werden. Einig waren sich maßgebliche Teile der deutschen «Eliten» mit den Nazis auch im Streben nach einem weiteren großen Krieg zur Neuaufteilung Europas und der Welt.

Die Mehrheit der traditionellen Herrschaftsgruppen hätte den Nazis sicher Regierungspersonal aus dem eigenen Milieu vorgezogen.[227] Doch je mehr Massenanhang die Nazis gewannen, desto schmaler wurde die Basis der alten «Eliten», und desto stärker neigten sie dazu, sich ihren Rückhalt nunmehr durch ein Bündnis mit den Nazis zu sichern.

226 Kühnl, Faschismustheorien, 118.

227 Vgl. «IV.3. Großbürgertum und andere Herrschaftsgruppen».

IX.7. Kühnl über die faschistische Herrschaft

Den Faschismus als Herrschaftssystem charakterisierte Kühnl so:
«In der Methodik politischer Herrschaft: die Zerschlagung der Arbeiterbewegung mit terroristischen Mitteln und die Einkerkerung oder Ermordung ihrer Führer, die Vernichtung der bürgerlichen Demokratie und der verfassungsmäßigen Rechte und Freiheiten, die Unterdrückung jeder Opposition. Im sozialen Inhalt des Herrschaftssystems: die vollständige Unterwerfung der Lohnabhängigen unter das Kommando der Kapitalbesitzer und Großgrundbesitzer und die tendenzielle Verschmelzung der Führungsgruppen von Industrie und Banken, Militär und hoher Beamtenschaft mit den Führungsgruppen der faschistischen Partei in Richtung auf eine neue Oligarchie.»[228]

Gegen den marxistisch-leninistischen Faschismusforscher Manfred Weißbecker beharrte Kühnl auf einer präzisen Bestimmung der «terroristischen Diktatur». Diese bestehe in «schrankenlosem und totalem Terror», in «dauerhafter und vollständiger Unterdrückung aller Oppositionskräfte», oder sie strebe zumindest danach.[229] Kühnl verweigerte sich der Ausweitung des Faschismusbegriffs auf grausame und terroristische Herrschaftsmethoden insgesamt.

Die außenpolitischen Ziele des deutschen Faschismus bestimmte Kühnl folgendermaßen: Vormacht über ganz Kontinentaleuropa, ein Imperium im Osten des Erdteils – um danach von dieser Basis aus den Sprung nach Übersee zu schaffen und die Hauptrivalen Großbritannien und USA niederzuringen.

Hinsichtlich der traditionellen «Eliten» folgte Kühnl weitgehend anerkannten Historikern wie Arthur Schweitzer, Charles Bloch und Hans Mommsen. Die bürokratischen und militärischen Führungsgruppen erwarteten demnach vom NS ihre Wiederherstellung als privilegierte Herrenschicht wie im vorrevolutionären Obrigkeitsstaat. Bis etwa 1937 überwog die Bürokratie im Machtgefüge, danach versuchte die Naziführung, sie sich stärker unterzuordnen oder durch eigene Apparate zu ersetzen. Teile der Bürokratie behaupteten sich zwar gegen diese Machtansprüche, aber nicht gegen die Naziideologie als sol-

228 Kühnl, Faschismustheorien, 97.
229 Ebd., 305–307.

che – hier gab es keine praktisch wirksamen Differenzen. Die Bürokratie trug wesentlich zu Stabilität und Effizienz des Naziregimes bei. Im Hinblick auf den Weltkrieg gilt dasselbe für die Militärführung. Kühnl betonte, dass die höheren Offiziere an der rassistisch-antisemitischen Vernichtungspolitik in Osteuropa aktiv beteiligt waren.

Kühnl konzentrierte sich auf die Schwergewichte im Herrschaftsbündnis: Monopolbourgeoisie und faschistische Führung. Er sah für Italien und Deutschland zwei Phasen des Bündnisses: In der ersten wurden die politischen Gegner*innen, vor allem die proletarischen Organisationen, von der kleinbürgerlich geprägten Parteimiliz zerschlagen. In der zweiten Phase wurden die Parteimilizen kaltgestellt, «weil sich in ihnen die plebejischen[230] und antikapitalistischen Elemente des Faschismus am deutlichsten artikulierten».[231] Die Unterwerfung dieser Elemente war nötig, um mit Großbourgeoisie, Hochbürokratie und Militärführung zu einem stabilen Arrangement im Sinne der gemeinsamen imperialistischen Ziele zu kommen.

Analog zur machtpolitischen Verschiebung vollzog sich eine wirtschaftspolitische. Ursprünglich hatten die Faschisten in Italien und Deutschland eine die Mittelschichten begünstigende Ordnung versprochen und so das Kleinbürgertum geködert. Im Gegensatz dazu wurden die kleinen und mittleren Eigentümer dann aber konsequent einem monopolistisch-bürokratischen Rüstungs- und Kriegskapitalismus untergeordnet.

Auch die Strukturen der Nazipartei wandelten sich laut Kühnl. Statt der hauptsächlich aus kleinbürgerlichen und deklassierten Elementen rekrutierten SA wurde die in den höheren Rängen stärker bürgerlich-akademisch geprägte und dem Großbürgertum eher gewogene SS zum beherrschenden Faktor. In «teilweiser Fusion»[232] mit dem Monopolkapital schlug die SS, die sich nach und nach ein eigenes Wirtschaftsimperium zusammenraubte, enorme Gewinne aus Zwangsarbeit und Massenvernichtung. In der NS-Propaganda stieg der effiziente Unternehmer zu einem der wichtigsten Leitbilder des Herrenmenschentums auf. In ähnlicher Weise wurde der reibungslos

230 Die Plebs war ein niederer sozialer Stand im antiken Rom. Das Wort «plebejisch» meint hier ein nicht klar abgrenzbares Milieu unterhalb des Bürgertums, das nicht zum Proletariat zählt.

231 Kühnl, Faschismustheorien, 187/88.

232 Nach Charles Bloch (zitiert nach ebd., 192/93).

funktionierende Wirtschaftsbetrieb zu einem bevorzugten Modell der «Volksgemeinschaft».

Den Verrat der faschistischen Führer an ihrer kleinbürgerlichen Massenbasis erklärte Kühnl nicht aus einer geheimen Übereinkunft mit der Großbourgeoisie, sondern mit praktischen Erfordernissen. Das ökonomische Potenzial des Monopolkapitals war dem des Mittelstandes haushoch überlegen; es wurde unbedingt für Hochrüstung und Kriegsführung gebraucht. Nicht gebraucht wurden im Kalkül des Krieges hingegen Wirtschaftsexperimente im mittelständischen Interesse. Diesbezüglich bestand Einigkeit zwischen den Fachmännern der Militärführung und den Führungskräften des Großkapitals. Die letzteren hatten in den Leitungsgremien der deutschen Kriegswirtschaft, in denen sie zusammen mit Vertretern der Naziführung, des Militärs und der Bürokratie saßen, eine starke und im Verlaufe des Krieges immer mächtiger werdende Position. Sie beeinflussten kräftig außenpolitische und militärische Planungen, präsentierten den Naziführern selbstbewusst ihre Wünsche nach riesigen Teilen der Kriegsbeute und bekamen diese auch meistens erfüllt.

In den Naziführern sah Kühnl lediglich macht- und geldgierige Emporkömmlinge, die keine soziale Klasse oder Schicht vertraten, auch nicht das Kleinbürgertum. Er argumentierte, dass sich die hohen Ränge der Nazipartei und insbesondere der SS nicht dauerhaft als Teil der herrschenden Klasse etablieren konnten, während das deutsche Großbürgertum seine Stellung nach 1945 behauptete. Kühnl stellte das Großbürgertum somit als eigentliche, echte herrschende Klasse dar, wohingegen die faschistischen Führungsgruppen lediglich im Besitz einer abgeleiteten Macht gewesen seien.

Die faschistische Herrschaft beruhte nach Kühnl auf einem weitreichenden Konsens zwischen den Herrschaftsgruppen. Auf dieser gemeinsamen Grundlage sei es jedoch immer wieder zu Konflikten über durchaus wichtige Fragen gekommen, zum Beispiel «welche Konzessionen an die Massen im Inneren notwendig waren, in welchem Tempo der Krieg vorbereitet, in welcher Konstellation er begonnen, nach welchen Strategien er geführt wurde».[233] Da die Vertreter des Großkapitals oft uneins waren, gelangte die Naziführung in die machtvolle Rolle des Moderators und Schiedsrichters mit großem Spielraum. Immer

233 Ebd., 219/20.

wieder setzte die Naziführung auch Entscheidungen gegen die Interessen einzelner Kapitalisten durch. Die faschistische Staatsgewalt bewahrte eine gewisse Unabhängigkeit, die für ihr Funktionieren unabdingbar war – und das Großkapital wiederum brauchte eine funktionsfähige Staatsgewalt.

Die materielle Basis dieser relativen Unabhängigkeit waren die gewaltigen Überwachungs- und Terror-Apparate des NS. Das Herrschaftsprojekt des NS trug endgültigen Charakter; dies brachte das Propagandawort vom «Tausendjährigen Reich» gut zum Ausdruck. Mit dem Faschismus einmal an der Macht, konnte man nicht mehr zu traditionellen Methoden der Herrschaftssicherung zurückkehren. Zum Erreichen ihrer außen- wie innenpolitischen Ziele waren die traditionellen und die faschistischen Herrschaftsgruppen aufeinander angewiesen. Kühnls Fazit:

«Dieses wechselseitige Aufeinander-angewiesen-sein ist es, was den Begriff des ‹Bündnisses› gerechtfertigt erscheinen lässt – ein Begriff, der im Fall von parlamentarischen Regierungen gänzlich verfehlt wäre.»[234]

Damit widersprach Kühnl der Auffassung, dass die traditionellen «Eliten» ebenso der Nazidiktatur unterworfen gewesen seien wie die einfache Bevölkerung. Gleichermaßen lehnte er die Vorstellung ab, dass es anstelle zielgerichteter Machtausübung der verbündeten Herrschaftsgruppen eine «totalitäre Anarchie» oder «Polykratie» (Herrschaft vieler Gruppen und Instanzen) gegeben habe. Beides hielt Kühnl für eine Verschleierung der historischen Rolle von Kapitalistenklasse, Großgrundbesitzern, Hochbürokratie und Militärführung im Faschismus.

IX.8. Kühnl über faschistische Massenbasis und Ideologie

Den zentralen Unterschied zwischen dem Faschismus und anderen Formen einer Diktatur im Interesse des Großkapitals machte für Kühnl die Mobilisierung einer Massenbasis aus. Er bemühte sich darum, diesen Faktor begrifflich genauer zu bestimmen. Zunächst können Kühnl zufolge nur Menschenmengen von Zehntausenden, Hunderttausenden oder gar Millionen als Massen gelten. Wie organisiert diese Massen tatsächlich sind, ob

234 Ebd., 220.

sie sich langfristig engagieren oder nur spontan und punktuell, stellt ein weiteres Kriterium dar, ebenso wie der Grad des Engagements, der von Duldung über Zustimmung bis zu aktiver Unterstützung reichen kann.

Gerade das letzte Kriterium ist schwer zu bestimmen, denn unter dem Faschismus in Italien und noch viel mehr in Deutschland waren Überwachung und Terror so präsent, dass sich freiwilliges und erzwungenes Mitmachen oft schlecht auseinanderhalten lassen. Letztlich musste Kühnl feststellen, dass sich bei näherer Betrachtung der Massenbasis alles in eine Reihe von Abstufungen auflöst. Er formulierte trotzdem einen begrifflichen Ankerpunkt:

«Mein Vorschlag ist, dass man nur solche Systeme als faschistisch bezeichnet, die über eine beträchtliche, organisierte und zur aktiven Unterstützung bereite Massenbasis verfügen.»[235]

Die Massenbasis speist sich aus dem stets vorhandenen und immer wieder neu erzeugten autoritären Potenzial der kapitalistischen Gesellschaft. Für den Nazismus nannte Kühnl außerdem folgende Faktoren: die Wirkung von Terror und Propaganda, die anfängliche Verbesserung der Lebensbedingungen vieler Menschen unter den Nazis (im Vergleich zur vorherigen Weltwirtschaftskrise), die außenpolitischen Erfolge Hitlers zwischen 1933 und 1939, die Steigerung des Selbstwertgefühls durch die faschistischen Massenorganisationen und die Herrrenmenschen-Ideologie, schließlich die Komplizenschaft vieler Deutscher bei den Naziverbrechen.[236] Um die aktive Beteiligung von Bevölkerungsmassen am Faschismus und an dessen Untaten zu erklären, verwies Kühnl auf die:

«[...] vielfältigen Möglichkeiten zur Bestätigung des Selbstwertgefühls [...] Die Chance, in einer der vielen Massenorganisationen an einer von der Propaganda als groß und ehrenvoll dargestellten Aufgabe aktiv mitzuwirken, die Chance, in einer dieser Massenorganisationen eine mit Befehlsgewalt über andere, mit Titel und womöglich mit Uniform ausgestattete Position zu erhalten: die Chance, sich zu einer zur Herrschaft berufenen Nation zu zählen und dieses Überlegenheitsgefühl gegenüber kommunistischen, jüdischen, polnischen und russischen ‹Untermenschen› auch zu praktizieren usw.»[237]

235 Ebd., 270.
236 Ebd., 194ff.
237 Ebd., 195.

Kühnl behandelte die persönlichen Beweggründe der Menschen in der faschistischen Massenbasis und auch die ihrer Führer ziemlich knapp. Folgendes Zitat kennzeichnet seine traditionell-marxistische Sicht auf dieses Thema:
«Demgegenüber ist vom sozialwissenschaftlichen Standpunkt aus zu betonen, dass Selbstverständnis und tatsächliche Funktion einer Partei zweierlei sind, dass Ideologie und Kampfmethoden, so originell und aufschlussreich sie auch sein mögen, doch von objektiven gesellschaftlichen Bedingungen hervorgebracht werden und im Dienste politischer Zwecke stehen. Erst von ihren gesellschaftlichen Ursachen und ihrem Zweck her – und zwar von ihrem tatsächlichen, nicht ihrem eingebildeten oder verkündeten Zweck – können sie zutreffend interpretiert werden.»[238]

Doch wurde die faschistische Massenbasis ja gerade durch den «eingebildeten oder verkündeten Zweck», also durch Ideologie, mobilisiert. Also braucht es auch die Analyse dieser Ideologie als eigenständigem Faktor.[239] Kühnl aber reduzierte den Inhalt der nazistischen Volksgemeinschaft auf «einige ganz äußerliche Konzessionen» und darauf, «dass diese Propaganda wegen des staatlichen Informationsmonopols auch von einem beträchtlichen Teil der Bevölkerung geglaubt wurde».[240]

Auch weigerte sich Kühnl, die Nazis «revolutionär» zu nennen, denn diese Bezeichnung fand er nur für sozialrevolutionäre Bestrebungen im marxistischen Sinn angemessen. Doch die Nazis revoltierten tatsächlich in radikaler, ihrem eigenen Verständnis nach revolutionärer Weise gegen bestimmte Elemente der bürgerlichen Ideologie und Gesellschaft wie Parlamentarismus, Liberalismus und Rechtsstaat. Diese Revolte war sehr wichtig für die faschistische Identität.

Kühnl wollte unbedingt vermeiden, die traditionellen deutschen «Eliten» indirekt von ihrer historischen Verantwortung für den Nazismus zu entlasten. Deswegen behandelte er die rassistisch-antisemitische Ideologie und die Täter*innenschaft der faschistischen Massen eher sparsam. Vielmehr wurde Kühnl nicht müde zu betonen, dass es der weitreichende Konsens zwischen faschistischen und traditionellen Herrschaftsgruppen

238 Ebd., 164.
239 S. «X.7. Der althusserianische Ansatz...».
240 Kühnl, Faschismustheorien, 82.

war, der die ungeheuerlichen Verbrechen ermöglichte. Gleichzeitig stand für ihn außer Frage, dass ein Teil dieser Verbrechen nicht mit politischen, wirtschaftlichen oder militärischen Interessen erklärt werden kann. Dies gilt insbesondere für den industriellen Massenmord an jüdischen Menschen. Aus diesem Genozid sei zwar Profit geschlagen worden, schrieb Kühnl, dies reiche aber zu seiner Erklärung nicht aus. Wer jede Erscheinung im Bereich von Staat und Ideologie – also, traditionell-marxistisch gesprochen, im Bereich des «Überbaus» – unbedingt mit Klasseninteressen erklären wolle, unterliege «einem argen vulgärmaterialistischen und ökonomistischen Missverständnis».[241] Dem «Überbau» käme vielmehr eine relative Eigenständigkeit zu und er wirke auch auf die ökonomische «Basis» zurück.

Kühnl fragte: Was war das spezifisch Faschistische in der Herrschaftspraxis Nazideutschlands; wo ging sie über Kapitalinteressen hinaus? Er wollte erklären, wie die irrationale Naziideologie unter monopolkapitalistischen Bedingungen wirkmächtig werden konnte. Dabei wendete Kühnl sich gegen die Auffassung, dass der Antisemitismus vor allem aus dem Kleinbürgertum kam. Vielmehr sei er ab 1871 in den großbürgerlichen und adligen Herrschaftsgruppen entstanden; von dort sei er unter den Mittelschichten verbreitet worden, und zwar zu dem Zweck, sozialen Protest auf die jüdische Minderheit abzuleiten.

Dies widerspricht Forschungsergebnissen, wonach sich moderner deutscher Antisemitismus und völkische Ideologie eher in einem kleinbürgerlich-akademischen Milieu entwickelten.[242] Dennoch ist richtig, dass die deutschen «Eliten» den Antisemitismus der Nazis überwiegend teilten oder ihn zumindest in Kauf nahmen. Laut Kühnl hatte der Antisemitismus für die traditionellen Herrschaftsgruppen keine Priorität – jedoch für die Naziführer. Sie nutzten ihren weiten Spielraum im Herrschaftsbündnis für die rassistisch-antisemitische Verfolgungs- und Vernichtungspolitik aus.

Kühnl versuchte, den Antisemitismus aus seiner Nützlichkeit für die Herrschaftsgruppen zu erklären: Demnach brauchte es zur Gewinnung der Massengefolgschaft die antikapitalistische Rhetorik, doch die dadurch geweckten Hoffnungen und Energien mussten in Bahnen gelenkt werden, die der kapitalistischen Eigentumsordnung ungefährlich waren. Eben dazu diente laut

241 Ebd., 231ff.
242 S. «XI.8. Mosse: Modernisierungsängste...» .

Kühnl der Antisemitismus. Kühnl beschrieb also eine beabsichtigte Wirkung der antisemitischen Propaganda im Herrschaftskalkül. Doch erklärte er damit nicht, warum sowohl faschistische Führer als auch Massen an den Antisemitismus glaubten und ihr Handeln in hohem Maße von ihm leiten ließen.[243]

243 Als Beispiel für einen marxistischen Erklärungsansatz s. den Aufsatz «Nationalsozialismus und Antisemitismus» von Moishe Postone.

X. Marxistische Faschismusanalysen nach 1945 (II): Sohn-Rethel, Wertkritik, Poulantzas, Projektgruppe Ideologie-Theorie

Trotz der Unterschiede zwischen ihnen standen Gossweiler, Opitz und Kühnl alle auf dem Boden des traditionellen Marxismus. Für die auf den folgenden Seiten behandelten Theorien gilt das nicht mehr oder nur noch eingeschränkt. Demzufolge wirkten diese Ansätze auch besonders in undogmatischen Teilen der deutschen Linken.

X.1. Sohn-Rethel über den krisenhaften Übergang zum Fordismus

Alfred Sohn-Rethel wurde 1899 in ein großbürgerliches, mütterlicherseits jüdisches Elternhaus geboren. Er beschäftigte sich schon früh mit dem Werk von Karl Marx und wirkte bis zu seinem Tode 1990 als kritischer Philosoph, Ökonom, Historiker und Soziologe. Sein Denken liegt nah an dem von Max Horkheimer und Friedrich Pollock, doch fand er keinen Anschluss an deren Institut für Sozialforschung.

Bevor Sohn-Rethel 1936 aus Nazideutschland emigrierte, hatte er ab 1931 als wissenschaftliche Hilfskraft für den «Mitteleuropäischen Wirtschaftstag» (MWT) gearbeitet. Der MWT war ein Interessenverband des deutschen Großkapitals mit dem Ziel, Ost- und Südosteuropa der deutschen Herrschaft zu unterwerfen. Dabei setzte er auf wirtschaftliche Durchdringung und indirekte politische Einflussnahme anstatt auf militärische Mittel. In den ersten Jahren der Naziherrschaft hatte der MWT laut Sohn-Rethel erheblichen politischen Einfluss. Außerdem war Sohn-Rethel für die von 1928 bis 1935 in kleiner Auflage erscheinenden «Deutschen Führerbriefe»[244] tätig, einen In-

244 Titel ab 1933: «Deutsche Briefe».

formationsdienst für Führungskräfte aus Wirtschaft, Bürokratie und Militär.

Sohn-Rethel hatte also Insider-Wissen über außen- und wirtschaftspolitische Konzeptionen des deutschen Monopolkapitals. Damit ist er eine Ausnahme in der Faschismustheorie. Allerdings gibt es geteilte Meinungen darüber, ob die zeitweilige Nähe Sohn-Rethels zu deutschen Wirtschafts-«Eliten» wirklich Einblicke gewährt oder ob seine Darstellung dadurch nicht vielmehr in wichtigen Punkten verzerrt wird.

Sohn-Rethel ging davon aus, dass der moderne Industriekapitalismus die Produktivkräfte ungeheuer steigert, wobei sich dieser Prozess niemals gleichmäßig oder gleichzeitig in der ganzen Welt vollzieht, sondern immer schubweise und regional. Einer dieser Entwicklungsschübe begann Anfang des 20. Jahrhunderts und wird häufig mit den Begriffen «Fordismus» und «Taylorismus» gekennzeichnet. Der US-amerikanische Autokonzern Ford revolutionierte mit der Fließbandproduktion ab 1913 den Industriekapitalismus. Mit dem Taylorismus, benannt nach dem US-amerikanischen Ingenieur Frederick Winslow Taylor, begann um 1900 die systematische, wissenschaftlich angeleitete, auf immer mehr Bereiche ausgedehnte Optimierung von Arbeitsabläufen.

Nach Sohn-Rethel sprengt die fordistisch-tayloristische Weiterentwicklung der Produktivkräfte die Grenzen der kapitalistischen Wirtschaftsordnung. Die industrielle Produktion findet nunmehr vergesellschaftet statt, das heißt in komplexer gesamtgesellschaftlicher Arbeitsteilung, hochtechnisiert und verwissenschaftlicht.[245] Der bereits gesellschaftlichen Produktionslogik steht aber die immer noch privatwirtschaftliche Aneignungslogik gegenüber. Die produzierenden Unternehmen sind bei Strafe des Untergangs im Konkurrenzkampf gezwungen, ihre Produkte gewinnbringend zu verkaufen. Doch den unerhört gesteigerten Produktionskapazitäten stehen keine auch nur annähernd im selben Maße gestiegenen Absatzmöglichkeiten gegenüber. Möglich und nötig wäre jetzt eigentlich der Übergang zu einer demokratisch-sozialistischen Planwirtschaft, in der die Produktion nicht mehr der Profitmaximierung, sondern der allgemeinen Bedürfnisbefriedigung dient. Wenn der Übergang zum Sozialismus jedoch ausbleibt, dann stellt sich die Frage, wie innerhalb des Kapitalismus noch profitabel gewirt-

245 S. «V.4. Spätkapitalistische Krisendynamik».

schaftet werden kann. Diese Frage muss politisch gelöst werden, also durch und über den Staat.

Eine mögliche Lösung boten sozialdemokratische Reformen: Die Bevölkerungsmehrheit sollte stärker am gesellschaftlichen Reichtum teilhaben. Deswegen wollte die Sozialdemokratie die Arbeitszeiten verringern und die Löhne steigern, um so den Massenkonsum und damit auch den Absatz industrieller Produkte zu erhöhen. Kapitalisten könnten dann aber nur noch Profite erzielen, wenn es ihnen durch fordistische und tayloristische Maßnahmen gelänge, auch die Produktivität entsprechend zu erhöhen, also in weniger Zeit und zu höheren Lohnkosten sehr viel mehr Waren produzieren zu lassen. Eine solche Produktivitätssteigerung erfordert gewaltige Investitionen in Forschung, Technik und Infrastruktur. Genau dieser Modernisierungsweg wurde von den Industrieländern Nordamerikas, Westeuropas und Ostasiens nach dem Zweiten Weltkrieg beschritten.

Enorme Produktivitätssteigerungen und eine Intensivierung des Welthandels ermöglichten diesen Ländern nach 1945 ein anhaltendes Wirtschaftswachstum, also fortgesetzte Kapitalakkumulation. Den politischen Rahmen bildeten zumeist parlamentarische Demokratien, die im historischen Vergleich ziemlich stabil waren und über relativ breit ausgebaute Bildungs- und Sozialsysteme verfügten. Dieses Gesellschaftsmodell konnte die proletarische und kleinbürgerliche Bevölkerungsmehrheit jahrzehntelang in das monopolkapitalistische System integrieren.

In der Zeit zwischen den beiden Weltkriegen konnte Deutschland jedoch noch nicht zu diesem Modell übergehen, denn laut Sohn-Rethel mangelte es nach der Kriegsniederlage von 1918 an Kapital für die Großinvestitionen, die zu einer fordistischen Modernisierung notwendig gewesen wären. Insbesondere die Großunternehmen der Schwerindustrie, also die Stahl-, Bergbau- und Baukonzerne, waren auf dem Weltmarkt nicht konkurrenzfähig, während es bei Chemie- und Elektroindustrie sowie Maschinen- und Gerätebau besser aussah. In Frankreich, Großbritannien und vor allem in den USA hätte es das nötige Kapital zur Modernisierung der deutschen Industrie gegeben, aber die Weltwirtschaftskrise von 1929 bis 1932 ließ die Auslandsinvestitionen zusammenbrechen.

X.2. Politische Ökonomie des NS nach Sohn-Rethel

Um die deutsche Krisendynamik Anfang der 30er-Jahre zu verstehen, ist es nötig, noch einmal auf Sohn-Rethels Ausgangsanalyse zurückzukommen: Die bereits vergesellschaftete moderne Industrieproduktion basiert auf einer gigantischen Infrastruktur von Maschinen und Anlagen sowie Verkehrs- und Kommunikationsnetzen. Die Kosten dieser Infrastruktur machen einen Großteil der Kapitalinvestitionen aus. Um die Kosten wieder einzuspielen und darüber hinaus profitabel zu sein, müssen die Anlagen und Maschinen möglichst ununterbrochen weiterlaufen, also zur Produktion verkäuflicher Waren genutzt werden. Wenn sie einmal krisenbedingt stillstehen sollten, so müssen sie doch weiter unterhalten werden – das heißt, sie ermöglichen dann nicht nur keine Profite mehr, sondern erzeugen fortwährend Kosten und damit Verluste. Außerdem sind sie immer in Gefahr, nach relativ kurzer Zeit wertlos zu werden, da ständig anderswo neue, modernere Industrien entstehen können. Im Extremfall gehen ganze Industriezweige und damit große Mengen Kapital sowie Teile des Bürgertums in solchen Krisen zugrunde.

Genau dies drohte nach Sohn-Rethel dem Monopolkapital der deutschen Schwerindustrie zum Ende der 1920er-, Anfang der 1930er-Jahre. Der Krisenlösungsversuch des Monopolkapitals bestand nun Sohn-Rethel zufolge nicht etwa darin, seine Produktion den Marktbedingungen anzupassen, sondern umgekehrt darin, den Markt seinen Profitinteressen anzupassen. Dies geschah, indem politisch eine gigantische Nachfrage nach Produkten der Schwerindustrie erzeugt wurde – und zwar durch die wesentlich kreditfinanzierte Aufrüstung Deutschlands ab 1933 unter der Nazidiktatur.

Nun können aber mit Rüstungsgütern weder verkäufliche Waren hergestellt werden noch sind sie zu reproduktiven Zwecken[246] konsumierbar. Waffen sind zu nichts nütze außer zur Aufrechterhaltung eines militärischen Drohpotenzials so-

246 Der marxistische Begriff «Reproduktion» («Wiederherstellung», nämlich von Arbeitskraft) bedeutet die Befriedigung von Lebensbedürfnissen wie Nahrung, Wohnung und Kleidung sowie die biologische Erzeugung, Versorgung, Erziehung und Ausbildung neuer menschlicher Arbeitskräfte. Außerdem umfasst «Reproduktion» auch Erholung, Genuss, Zeitvertreib, Kultur, Bildung, soziale Dienste u.v.a.

wie zur Zerstörung von Menschenleben und Sachwerten im Krieg. Profitabel zu verwerten sind Rüstungsgüter daher letztendlich nur durch militärische Erpressung und durch Krieg, nämlich indem sie zum Raub anderer Güter, zur Eroberung von Absatzmärkten sowie Rohstoff- und Arbeitskraftquellen eingesetzt werden. Um also die gewaltigen Rüstungskredite zu decken, und um nach den Rüstungsprofiten wieder einen neuen Kreislauf der Kapitalakkumulation anzuwerfen, musste Nazideutschland den großen Raub- und Eroberungskrieg dringend beginnen. Zu dieser Dringlichkeit trug auch bei, dass Rüstungsgüter schnell ihren Gebrauchswert verlieren können, wenn irgendwo modernere Waffen entwickelt und produziert werden.

Die auf Rüstung, Krieg und Diktatur basierende faschistische Weise der Kapitalakkumulation bezeichnete Sohn-Rethel als «Vernichtungsökonomie» und grenzte sie ab von der «Reproduktionsökonomie», die auf Produktion und Handel ziviler Güter beruht und normalerweise parlamentarisch-demokratisch reguliert wird. Das Verhältnis zwischen faschistischer Partei und Monopolkapital schilderte Sohn-Rethel ähnlich wie dasjenige zwischen einem Kapitalfunktionär (Manager) und dem Kapitaleigentümer:

«Wir haben gesehen, daß das Kapital durch den Umbruch von der Reproduktionsökonomie zur Vernichtungsökonomie seine unternehmerische Verfügungsgewalt über die ihm gehörenden Produktionsmittel einbüßt und sie an den Staat abgibt [...] Die Unternehmertätigkeit wird zur gesellschaftlichen des Staates für die Rechnung der privaten Appropriationstätigkeit [Aneignungstätigkeit] des Kapitals.»[247]

Sohn-Rethel beleuchtete auch, was Diktatur, Aufrüstung und Krieg im Interesse des Monopolkapitals für das Proletariat bedeuteten. Die Ausbeutung wurde intensiviert, die Arbeitszeit verlängert und das Lohnniveau auf einer Höhe knapp über der Arbeitslosenunterstützung eingefroren. Im Gegenzug gab es Vollbeschäftigung und eine totalitär-ideologisch überformte Variante des Massenkonsums. Als Paradebeispiel für ein entsprechendes Massenprodukt kann der «Volksempfänger» gelten, ein billiges Radiogerät.

247 Zitiert nach AutorInnen-Kollektiv, 97/98. Vgl. Horkheimers und Pollocks Auffassung des NS als «Staatskapitalismus».

Der sozialdemokratische Weg zur Integration der proletarischen und kleinbürgerlichen Massen in den Monopolkapitalismus hatte auf die verstärkte politische und ökonomische Teilhabe im Rahmen eines parlamentarisch-demokratischen Sozialstaats gezielt. Der NS war nun ein anderer Weg zur Massenintegration, ein Weg im Zeichen von Volk, Rasse und Imperium, mit dem Ziel einer hierarchisch-elitär organisierten «Volksgemeinschaft» deutscher «Herrenmenschen», die über unterworfene Bevölkerungen herrscht.

Sohn-Rethel beschrieb auch das problematische Verhältnis der unterschiedlichen Industriezweige und Kapitalfraktionen zum NS. Ihm zufolge schwenkten die zunächst distanzierten Großkapitalisten der Elektro- und Chemieindustrie sowie des Maschinen- und Gerätebaus etwa Mitte der 30er-Jahre auf den Kurs der schon länger nazistisch orientierten Schwerindustriellen und Bankiers ein, und zwar als sie merkten, dass die Hochrüstung auch ihnen traumhafte Profite versprach. Dies lag entscheidend an der wirtschaftspolitischen Ausrichtung auf Autarkie (Selbstversorgung). Nazideutschlands Kriegsmaschine sollte von Rohstoffimporten wie Erdöl und Naturgummi unabhängig werden. Zur Herstellung von Ersatzstoffen mussten große Industrien der Chemie, der Elektrotechnik und des Maschinenbaus errichtet werden – das Meiste davon jedoch kreditfinanziert, auf dem Weltmarkt nicht konkurrenzfähig und einzig auf den Krieg und die Hoffnung auf schnellen Sieg ausgelegt.

Trotz der gemeinsamen Unterstützung für den NS unterschieden sich Sohn-Rethel zufolge die Interessen der Kapitalfraktionen. Während die Schwerindustrie in erster Linie auf die Eroberung rohstoffreicher Gebiete im Osten aus gewesen sei, hätten sich andere Monopolgruppen mehr für hochindustrialisierte Gegenden mit aufnahmefähigen Märkten im Westen interessiert. Sohn-Rethel führte die letztlich selbstmörderische Politik Hitlers, gleichzeitig die Westmächte und die Sowjetunion besiegen zu wollen, auf diese widerstreitenden Kapitalinteressen zurück.

Bei Sohn-Rethel erscheinen Diktatur und Krieg des Nazismus einfach als politischer Ausdruck der ökonomischen Sachzwänge. Er schrieb:

«Ich könnte meine Antwort nahezu auf die Formel einer Funktionsgleichung bringen, welche besagt, daß die Zwangsgewalt, die die faschistische Diktatur im Staat des Monopolkapitals ausübt, gleich ist der Gewalt der Zwangslage, die das Monopolkapital zur Schaffung dieses Staates gebracht hat.»[248]

Auch Sohn-Rethel leitete also die politischen, ideologischen und kulturellen Erscheinungen des sogenannten «Überbaus» traditionell-marxistisch aus den ökonomischen Vorgängen an der sogenannten «Basis» ab. Wie sich wirtschaftliche Zwänge ins individuelle und gesellschaftliche Bewusstsein übersetzen, wie sie also vermittelt durch Ideologie und Diskurs menschliches Handeln leiten, blieb weitgehend unerklärt. Ein antifaschistisches Verfasser*innen-Kollektiv aus Göttingen kritisierte in den 90er-Jahren, dass Sohn-Rethels Faschismustheorie «wie ein subjektloser, ökonomischer Automatismus» wirke, wenn sie nicht mit anderen gesellschaftskritischen Ansätzen ergänzt werde.[249]

X.3. Sohn-Rethel plus Wertkritik (I): Ein theoretischer Versuch aus Göttingen

In den 90er-Jahren versuchten antifaschistische Studierende in Göttingen, die Theorie-Lücke bei Sohn-Rethel zu schließen. Sie wollten die politische Ökonomie des Faschismus und die «Konstitutionsproblematik der am Faschismus beteiligten Menschen»[250] als Teile eines gesellschaftlichen Ganzen erklären. Hierzu kombinierten sie Sohn-Rethels Analyse mit den Überlegungen zweier wertkritischer Autoren namens Ernst Lohoff und Robert Bösch.[251] Dieser theoretische Versuch ist Teil einer Überblicksbroschüre zu marxistischen Faschismustheorien, die ein antifaschistisches «AutorInnen-Kollektiv» 1995 in Göttingen herausbrachte und die sich weder in den Verzeichnissen des Buchhandels noch im Internet findet.

Die Göttinger*innen deuten den NS wie Sohn-Rethel als Krisen- und Übergangsphänomen der kapitalistischen Modernisierung. Den Entwicklungssprung zum Fordismus vollzog Deutschland dieser Interpretation zufolge in Form der NS-Ver-

248 Zitiert nach AutorInnen-Kollektiv, 98.
249 Ebd., 98/99.
250 Ebd., 99.
251 Die Wertkritik ist eine neo- oder postmarxistische Strömung. Vgl. «Verfall und Zusammenbruch...». Von Ernst Lohoff und Robert Bösch finden sich viele Texte auf krisis.org.

nichtungsökonomie. Wie bei Sohn-Rethel erscheint der Nazismus hier vorrangig als Produkt von Kapitalinteressen. Ideologische und psychologische Faktoren gelten nur als Form, in der ökonomische Zwänge das Handeln der Subjekte bestimmen. Die «Durchsetzungsbewegung der fordistischen Produktionsweise unter den besonderen Bedingungen des deutschen Kapitals» habe die Zurichtung der Subjekte zu «arbeitenden und dienenden Rädchen in der Zwangskollektivität des deutschen Volkes» erfordert.[252] Auch die Kriegsziele seien rein ökonomisch bestimmt gewesen: Europa sollte zu einem einheitlichen Wirtschaftsraum unter deutscher Vorherrschaft werden, in dem nach dem Sieg das deutsche, nunmehr fordistisch modernisierte Monopolkapital erhöhte Profite einfahren würde.

Eine besonders große Bedeutung messen die Göttinger*innen dem antisemitischen NS-Ideologem der «deutschen Arbeit» bei. In diesem Ideologem hätten sich die Arbeits- und Leistungsanforderungen des modernen Industriekapitalismus auf extreme Weise ausgedrückt. Dem «deutschen Menschen» wurde ein besonders arbeitsames und schöpferisches Wesen zugeschrieben. Als Gegenprinzip fungierte das Bild des Juden, der angeblich zu keiner schöpferischen Arbeit fähig sei, sondern eine parasitäre Existenz mit zersetzendem Einfluss führe. Dieses negative Bild des Juden wurde in der Naziideologie mit der abstrakten (nicht-stofflichen, nicht fassbaren) Seite des Kapitalverhältnisses identifiziert, das heißt mit der Zirkulationssphäre und dort besonders mit Zins und Zinseszins, also mit denjenigen Erscheinungsformen des Profits beziehungsweise des Mehrwerts, die scheinbar nicht aus Arbeit entspringen, sondern aus dem Geld an sich.[253]

Nach Meinung der Göttinger*innen zielte der Nazismus wesentlich auf die Disziplinierung und Leistungssteigerung der Arbeitskräfte; dazu hätte seine Propaganda gegen den vermeintlich nicht auf «schaffender» Arbeit beruhenden Reichtum ebenso gedient wie die Verherrlichung von Industrie und Technik sowie der Terror gegen Menschen, die angeblich zu produktiver Arbeit unfähig waren. Es sei um die Herstellung eines eiskalten und hoch funktionalen, für die fordistische Industrie- und Leistungsgesellschaft geeigneten Menschentyps

252 AutorInnen-Kollektiv, 127.

253 Ähnlich argumentiert Postone in seinem Aufsatz über «Nationalsozialismus und Antisemitismus».

gegangen. Von der antisemitisch grundierten Aufwertung der konkreten Arbeit gegenüber der abstrakten Seite der kapitalistischen Ökonomie hätten sich körperlich arbeitende Deutsche geschmeichelt fühlen können. Die Arbeit für die nazistische Volksgemeinschaft als schaffender Mann oder «gebärfreudige deutsche Frau war […] nun der Lebensinhalt der KleinbürgerInnen in der NSDAP»[254], meinen die Göttinger*innen und weiten diesen Erklärungsansatz noch aus: Die rassistischen Zuschreibungen der Naziideologie allesamt, auch die gegen Menschen afrikanischer und slawischer Herkunft sowie gegen Sinti und Roma, hätten die «Anforderungen der (Arbeits-)Ethik in der faschistischen Rüstungskonjunktur»[255] gespiegelt.

Mit Sohn-Rethel und der Wertkritik wollen die Göttinger*-innen gerade auch den Terror des NS erklären. Der «Widerspruch zwischen hoher Akkumulationskraft des Kapitals und fehlendem Markt»[256] habe dazu geführt, dass die Arbeitskraft eines Teils der Bevölkerung nicht auf normale kapitalistische Weise durch Lohnarbeit verwertet werden konnte. Die Lösung dieses Problems im Sinne der Naziideologie und der Profitmaximierung habe darin bestanden, die als minderwertig markierten Bevölkerungsgruppen durch schwerste Zwangsarbeit oder gleich durch fabrikmäßigen Massenmord zu vernichten. Diese Überlegung trifft jedoch höchstens einen Teilaspekt. Die unterschiedlichen Formen von Zwangsarbeit und Massenmord unter der Naziherrschaft lassen sich damit keinesfalls vollständig erklären.

Wichtig ist noch, dass die Göttinger*innen die fordistisch-monopolistische Modernisierungsleistung des Nazismus in direkte Kontinuität zur westdeutschen Nachkriegsgesellschaft stellen. War die «deutsche Arbeit» erst einmal durchgesetzt, waren die Arbeits- und Leistungsanforderungen also von den meisten Individuen verinnerlicht, konnte demnach von der faschistischen auf die «marktwirtschaftsdemokratische Variante der Kapitalherrschaft»[257] umgeschaltet werden: Die Mitglieder der «Volksgemeinschaft» verwandelten sich zumindest teilweise zurück in normale bürgerliche Subjekte.

---

254 AutorInnen-Kollektiv, 123.
255 Ebd., 128/29.
256 Ebd., 128.
257 Ebd., 132.

X.4. Sohn-Rethel plus Wertkritik (II): Fordismus, Faschismus und Postfordismus

Wie Sohn-Rethel sehen die Göttinger*innen den Faschismus als politisch-ideologische «Reflexionsform eines anderen Aneignungsmechanismus», also einer auf Rüstung, Krieg und Vernichtung basierenden Variante der Kapitalverwertung. Diese stehe im Gegensatz zu einer «marktwirtschaftsdemokratischen» Variante, die auf der Produktion ziviler Güter beruhe. Der Bedarf nach Faschismus in diesem Sinne stelle sich dann ein, wenn eine Gesellschaft vor dem Übergang zum fordistischen Stadium des Monopolkapitalismus stehe und diese Übergangssituation die Gestalt einer tiefen Krise sämtlicher Bereiche der Gesellschaft annehme. Der Faschismus wäre demnach ein Phänomen nachholender krisenhafter Modernisierung.

Diesen Erklärungsansatz wenden die Göttinger*innen auf sämtliche historischen Faschismen an. Als Beispiele nennen sie das Ungarn Horthys und der Pfeilkreuzler (1920–1945), das Rumänien Antonescus und der «Legionäre» (1940–1945) sowie Polen unter Pilsudski (1926–1935). Alle drei Länder waren von Landwirtschaft und Großgrundbesitz geprägt. Nach Auffassung der Göttinger*innen standen sie wie Deutschland in der Weltmarktkonkurrenz unter hohem Druck seitens der bereits fordistisch modernisierten USA. Die Großgrundbesitzer und andere traditionelle Herrschaftsgruppen hätten in Ungarn, Rumänien und Polen eine ähnliche Rolle gespielt wie die nazistisch orientierten Industriellen und Bankiers in Deutschland. Ihnen sei es um eine nachholende kapitalistische Modernisierung unter Wahrung ihrer Herrschaft und ihrer Privilegien gegangen. Während sich die Göttinger*innen bei Ungarn, Rumänien und Polen diesbezüglich nicht sicher sind, sehen sie bei Italien unter Mussolini sämtliche ihrer Kriterien für «Faschismus als Reflexionsform eines anderen Aneignungsmechanismus» erfüllt.

Was folgt aus diesen Überlegungen für die Gegenwart und Zukunft des Faschismus? Die Göttinger*innen schreiben, dass der globale Kapitalismus nach einer von 1945 bis etwa zur Mitte der 70er-Jahre anhaltenden Phase gelingender Kapitalakkumulation erneut in einen «sich ständig vertiefenden Krisenzusammenhang»[258] geraten sei. Tatsächlich haben sich

258 Ebd., 133.

der Vergesellschaftungsgrad der Produktion und damit die Produktivität seit den 70er-Jahren noch einmal ungeheuer erhöht. Dazu trugen neue Technologien und die Intensivierung des Welthandels wesentlich bei. Weitere technisch bedingte Produktivitätssteigerungen stehen bevor. Wie schon im Umbruch zum Fordismus hält das Fassungsvermögen des Weltmarktes damit nicht Schritt. Der globale Kapitalismus steckt wieder einmal, wie vor den beiden Weltkriegen, in einer tiefen Verwertungskrise. Ein durchsetzungsfähiger innerkapitalistischer Ausweg ist nicht erkennbar, von einer emanzipatorischen Systemalternative ganz zu schweigen. Teile der Weltbevölkerung sind vom Kapital nur schwer zu verwerten; sie gelten als «Überbevölkerung». Wie das Leben dieser Überflüssigen geschätzt wird, davon zeugt der hunderttausendfache Migrationstod in den Wüsten und Meeren zwischen armen und reichen Weltgegenden. Sollte es einmal zu faschistischen Lösungsversuchen für die Verwertungskrise und das Problem der sogenannten «Überbevölkerung» kommen, so stünden einem solchen Terror weitaus wirksamere Technologien der Unterdrückung und Massenvernichtung zur Verfügung als den historischen Faschismen.

X.5. Poulantzas: Staat und Politik, Krise und Faschismus

Nicos Poulantzas wurde 1936 in eine bildungsbürgerliche Athener Familie geboren. Seit seiner Studienzeit engagierte er sich in linken Organisationen. Im Jahre 1979 nahm er sich das Leben; einer der Gründe dafür soll die Enttäuschung über den Misserfolg seines politischen Engagements gewesen sein. Als marxistischer Politologe arbeitete Poulantzas überwiegend in Frankreich. Nach anfänglicher Nähe zu dem einflussreichen Linksintellektuellen Louis Althusser übte er Kritik an dessen Theorien und modifizierte sie eigenständig. Seine Arbeiten zu Staat und Politik gelten in Teilen des heutigen Marxismus als maßgeblich.[259]

Wie viele Linksintellektuelle seiner Generation wollte Poulantzas bestimmte Lücken der marxistischen Theorie füllen.

259 Die folgenden Abschnitte beruhen auf dem Text «Krise und Staatlichkeit bei Poulantzas» von Thomas Sablowski.

Anders als der traditionelle Marxismus hielt er die politischen, rechtlichen, kulturellen und ideologischen Verhältnisse nicht für ableitbar aus der Ökonomie. Vielmehr sah er drei relativ autonome Teilbereiche der Gesellschaft – erstens Ökonomie, zweitens Staat und Politik, drittens Ideologie und Kultur – für die es je eigener Analysen und Theorien bedürfe.

Poulantzas unterschied im Hinblick auf Staat und Politik einen herrschenden «Block an der Macht» und «beherrschte Volksklassen». Dabei verstand er unter den Volksklassen außer dem Proletariat auch das traditionelle Kleinbürgertum des Handels, des Handwerks und der Landwirtschaft sowie die neuen Mittelschichten der Angestellten und der technischen Intelligenz. Die Einheit und damit die herrschaftliche Funktionsfähigkeit des «Blocks an der Macht» muss nach Poulantzas' Ansicht durch den kapitalistischen Staat erst hergestellt werden. Die in Ideologischen Staatsapparaten (ISA)[260] wie den Medien, dem Bildungswesen oder der Kirche ausgetragenen Diskussionen über politische Alternativen spiegeln laut Poulantzas meistens Widersprüche im herrschenden Block und nicht solche des Klassenkampfes, wobei die unterschiedlichen Herrschaftsgruppen durchaus auch Unterstützung von unten zu mobilisieren pflegen. Poulantzas' Staatsverständnis wird von dem Politologen Thomas Sablowski folgendermaßen zusammengefasst:

«Jede konkrete Konfiguration der Staatsmacht und der Staatsapparate repräsentiert somit direkt ein instabiles Kompromissgleichgewicht zwischen den verschiedenen herrschenden Klassen und Klassenfraktionen und indirekt zwischen den herrschenden Klassen und den beherrschten Klassen: Der Staat ist eine materielle Verdichtung gesellschaftlicher Kräfteverhältnisse.»[261]

Damit konnte Poulantzas die weitgehende Autonomie des faschistischen Staates besser erfassen als traditionelle marxistische Analysen, die den bürgerlichen Staat lediglich als Organ der Klassenherrschaft darstellten. Wie viele andere marxistische Denker*innen deutete Poulantzas den Faschismus als Ausdruck einer tiefen Krise der kapitalistischen Gesellschaft und als Versuch, diese Krise auf dem Boden des Kapitalismus und im Interesse des Großkapitals zu lösen. Poulantzas bemühte sich um eine detaillierte und differenzierte Analyse der Krisenerschei-

260 S. «X.7. Der althusserianische Ansatz...» für eine Erklärung der ISA.
261 Sablowski, 259.

nungen verschiedener Gesellschaftsbereiche und ihrer Wechselwirkungen. Er kritisierte den Krisenbegriff des Marxismus-Leninismus, demzufolge im Monopolkapitalismus immer eine «allgemeine Krise» herrsche. Poulantzas unterschied stattdessen zwischen «Krisen generierenden Elementen», die im modernen Kapitalismus immer vorhanden sind, und den wirklichen Krisen. Er ging zunächst von der ökonomischen Krise aus, also vom Stocken der Kapitalakkumulation. Diese tritt im Kapitalismus gesetzmäßig immer wieder auf, aber Poulantzas betonte, dass Zeitpunkt, Umfang, Erscheinungsform und Wirkung einer Krise nicht schicksalhaft vorherbestimmt sind, sondern von vielen Bedingungen wie zum Beispiel dem Verlauf der Klassenkämpfe abhängen. Poulantzas unterstrich auch, dass Krisen in gewisser Weise zum normalen Funktionieren des Kapitalismus dazugehören. Neue Schübe der Kapitalakkumulation, also Perioden kräftigen Wirtschaftswachstums, setzen vorherige Krisen voraus.

Die ökonomische Krise, die zum Machtantritt des Faschismus führte, wurde von Poulantzas typisch marxistisch mit dem Übergang vom Kapitalismus der freien Konkurrenz zum Monopolkapitalismus in Verbindung gebracht. Er sah in dieser Übergangsphase ein instabiles Gleichgewicht alter und neuer Produktionsformen sowie eine fortschreitende Auflösung «anderer, untergeordneter Produktionsweisen».[262]

Nach Poulantzas übersetzen sich wirtschaftliche Krisen nicht direkt und nicht in jedem Fall in politische Krisen. Politische Krisen könnten auch verfrüht oder verzögert, also vor oder nach ökonomischen eintreten. Als Hauptmerkmal einer politischen Krise bestimmte Poulantzas, dass die Art und Weise der politischen Herrschaft in Frage gestellt wird. Eine politische Krise entstehe durch Veränderungen im Kräfteverhältnis der kämpfenden Klassen und führe dazu, dass die bisher im «Block an der Macht» vorherrschende Klasse oder Klassenfraktion ihre Vorherrschaft verliere, womit auch die Herrschaft über die «Volksklassen» brüchig werde.

Eine politische Krise setzt sich nach Poulantzas immer aus mehreren Elementen zusammen. Eines dieser Elemente ist die Staatskrise. Darunter verstand er, dass der Staat an seiner zentralen Aufgabe scheitert, die herrschaftliche Funktionsfähigkeit

262 Ebd., 264/65.

des «Blocks an der Macht» herzustellen. Die politische Krise am Vorabend des Faschismus war Poulantzas zufolge auch eine Krise des gesamten parlamentarisch-demokratischen Systems: Erhebliche Teile der Bevölkerung fühlten sich durch Parlament und Regierung nicht mehr repräsentiert; die Regierungen wurden instabil; sie entbehrten zunehmend eines klaren, stimmigen Programms. Auch die Institutionen des Parlamentarismus hätten sich in der Krise befunden. Die «verfassungsmäßigen Kanäle» des politischen Systems seien zunehmend von «informellen Machtnetzwerken» abgelöst worden.[263]

Mit der politischen gehe unweigerlich die ideologische Krise einher. Ideologie legitimiere Herrschaft nicht nur gegenüber den «beherrschten Volksklassen», sondern auch für den «Block an der Macht» und das Personal des Staatsapparates. Ideologie fungiere als «unverzichtbarer Zement» des herrschaftlichen Gefüges.[264] Eine wichtige Wirkung der ideologischen Krise sei, dass sich Teile von Armee, Polizei und Justiz nach rechts radikalisieren und gegen die bislang vorherrschende Fraktion des «Blocks an der Macht» rebellieren.

Doch die ideologische Krise betrifft Poulantzas zufolge nicht nur den «Block an der Macht», sondern die gesamte Gesellschaft, das Proletariat und seine Organisationen eingeschlossen. Poulantzas kritisierte sowohl die reformistischen als auch die revolutionären marxistischen Parteien in Deutschland und Italien scharf. Der Faschismus wurde ihm zufolge durch die historische Defensive des organisierten Proletariats möglich, mithin auch durch Fehler und Schwächen der Parteiführungen. Poulantzas bemängelte vor allem die Unfähigkeit zur strategischen Initiative und zur Herstellung eines breiten Klassenbündnisses. Beispielsweise warf er sozialdemokratischer und kommunistischer Führung vor, ihre paramilitärischen Verbände im entscheidenden Moment nicht mobilisiert zu haben.

263 Ebd., 266.
264 Ebd., 263.

X.6. Poulantzas: Klassencharakter und Massenbasis des Faschismus, Phasen der Faschisierung

Nach Poulantzas folgt der Faschismus aus einem «Kampf zwischen Monopolkapital und nichtmonopolistischem Kapital, denn keine der beiden Fraktionen ist innerhalb der existierenden politischen Ordnung in der Lage, ihre Führung durchzusetzen. [...] Die Lösung der politischen Krise bestand in der Entwicklung der Hegemonie des Monopolkapitals. [...] Die Funktion des Faschismus bestand in eben dieser Reorganisation der Hegemonie des Machtblocks und in der Steigerung der Ausbeutung der Arbeiterklasse.»[265]

Dabei grenzte sich Poulantzas von drei Positionen in der marxistischen Faschismusdiskussion ab: Erstens hätte der orthodoxe Marxismus die Autonomie des faschistischen Staates, seine Massenbasis und die Unterstützung durch andere Fraktionen des Machtblocks neben der Monopolbourgeoisie verkannt. Zweitens hätten die Bonapartismustheorien mit ihrer Vorstellung eines Kräftegleichgewichts zwischen Bourgeoisie und Proletariat die Autonomie des faschistischen Staates überschätzt, seine Funktionalität für das Monopolkapital jedoch übersehen. Drittens schließlich hätten einige sozialdemokratische Theoretiker*innen das Kleinbürgertum fälschlich für eine «dritte Kraft»[266] zwischen Proletariat und Monopolkapital gehalten und den Faschismus als Diktatur des Kleinbürgertums missverstanden.

Dagegen erkannte Poulantzas beim Faschismus eine «spezifische relative Autonomie sowohl gegenüber dem Machtblock als auch gegenüber der Fraktion des Monopolkapitals, dessen Hegemonie er etablierte. Diese relative Autonomie beruhte einerseits auf den inneren Widersprüchen des Machtblocks: Sie war notwendig, um ihn zu reorganisieren und die Hegemonie des Monopolkapitals zu errichten. Andererseits beruhte sie auf den Widersprüchen zwischen dem Machtblock und den beherrschten Klassen.»[267] Demnach konnte der Faschismus gerade durch seine relative Autonomie die Restabilisierung der politischen Herrschaft vermitteln.

265 Ebd., 266.
266 Zitiert nach ebd., 267.
267 Ebd., 267.

Poulantzas führte dies näher aus, indem er Vorbereitung und Beginn der Nazidiktatur in vier Phasen beschrieb. Die erste Phase umfasst den Vorabend des Faschismus bis zum «*point of no return*», das heißt bis zu jenem Zeitpunkt in der zweiten Jahreshälfte 1932, an dem die Weichen endgültig gestellt waren. In dieser Phase schwenkte laut Poulantzas die deutsche Monopolbourgeoisie insgesamt auf die Unterstützung einer Naziregierung ein, während die Naziführung gute Verbindung auch zu anderen Teilen des Machtblocks wie Militärführung und Hochbürokratie aufnahm. In der zweiten, bis zum Machtantritt der Nazis am 30. Januar 1933 währenden Phase sah Poulantzas ein effektives, durch die faschistische Partei vermitteltes Bündnis zwischen Kleinbürgertum und Monopolbourgeoisie verwirklicht. Die dritte Phase unmittelbar nach der Machtübernahme sei dann durch einen instabilen Kompromiss zwischen diesen beiden Gruppen gekennzeichnet gewesen. Der unentschiedenen Hegemonie hätte eine Politik der «halben Maßnahmen» und widersprüchlichen Signale entsprochen. Laut Poulantzas wurde das Kleinbürgertum in dieser Phase «mittels der faschistischen Partei *regierende Klasse*, ohne jedoch *politisch herrschende Klasse* zu sein». In der letzten, vierten Phase während des sogenannten «Röhm-Putsches» vom Juni 1934 und der Zeit danach sei die Frage der Hegemonie durch eine blutige Säuberungsaktion gegen die kleinbürgerlichen Elemente entschieden worden. Die faschistische Partei mit ihren Massenorganisationen hätte sich Hochbürokratie und Militär unterordnen müssen. Poulantzas zufolge verwirklichte das Monopolkapital so «seine Hegemonie und wurde zur regierenden und herrschenden Klasse zugleich, während das kleinbürgerliche Personal der Staatsapparate nicht länger die Klasse repräsentierte, der es entstammte.»[268]

Die spätere Radikalisierung der nazistischen Herrschaft im Zuge von Weltkrieg und Massenvernichtung wurde von Poulantzas nicht mehr so feingliedrig analysiert wie ihre Anfangszeit. Er hielt fest, dass sich Bürokratie und Militär ab Ende der 1930er stärker der Naziführung unterordnen mussten. Damit einher ging der Machtgewinn spezieller nazistischer Gewaltorganisationen unter dem Dach der SS. Poulantzas schrieb, dass die vom Faschismus verfolgte Politik schließlich zu dem

268 Zu den Phasen der Faschisierung s. ebd., 267-269. Poulantzas ist zitiert nach ebd., 268/69.

Punkt gelange, «an dem sie das Großkapital beunruhigt und beeinträchtigt».[269] Sablowski kritisiert an Poulantzas, dass er die Widersprüche im «Block an der Macht», insbesondere die gegensätzlichen Positionen unterschiedlicher Fraktionen des Monopolkapitals, vernachlässigt habe.

Den größten Erfolg hatte der Faschismus laut Poulantzas bei unterschiedlichen sozialen Gruppen im ländlichen Raum, die von den wirtschaftlichen Veränderungen beim Übergang zum Monopolkapitalismus besonders bedroht und beunruhigt waren. In diesen Milieus hätten die faschistische Demagogie von «Blut und Boden, Landverteilung und Kolonisierung»[270] ihre größte Wirkung entfaltet. Im proletarischen Milieu gab es laut Poulantzas nur begrenzte Unterstützung für den Faschismus, die er auf das Versagen der proletarischen Parteien zurückführte. Allerdings fasste Poulantzas unter dem Begriff des Proletariats auch fast nur die Arbeiter*innen der großen Industriebetriebe.

Einmal an der Macht, neutralisierten die Faschisten Poulantzas zufolge das Proletariat mit einer Mischung aus Repression, ideologischer Anrufung (die auf Nationalismus und Korporatismus sowie auf Elemente sozialistischer und antiimperialistischer Rhetorik setzte) und «relativen materiellen Kompromissen».[271] Sablowski kritisiert, dass Poulantzas› Analyse der ideologischen Dynamik der Faschisierung blass bliebe und der Antisemitismus «praktisch gar nicht» erwähnt würde.[272]

Doch immerhin bestimmte Poulantzas den Faschismus schärfer als etwa Gossweiler. Ähnlich Kühnl unterschied er Faschismus und «normale» Militärdiktatur anhand des Merkmals der «genuinen Massenbasis».[273] Diese umfasst demnach eigene Kanäle der Massenmobilisierung, eine faschistische Massenpartei und weitere Massenorganisationen. Die faschistische Bewegung hat Poulantzas zufolge eine eigene Ideologie, die er allerdings nicht ausführlicher charakterisierte. Zwischen einer «normalen» Militärdiktatur und dem Faschismus siedelt Poulantzas den Bonapartismus an. Hier wird bei ihm eine Skala diktatorischer Herrschaftsformen im modernen Kapitalismus greifbar.

269 Zitiert nach ebd., 268/69.
270 Ebd., 269.
271 Ebd., 269.
272 Ebd., 266.
273 Ebd., 264.

Poulantzas' Beschreibung der ideologischen und politischen Krise, die dem Faschismus vorangeht, hat beklemmende Parallelen zur aktuellen Schwächung der staatstragenden Parteien in Deutschland und zum Aufstieg der AfD. Nachdenklich stimmt sein Hinweis, dass die ideologische Krise der Gesellschaft, die zu den Entstehungs- und Erfolgsbedingungen des Faschismus gehört, immer auch eine Krise der emanzipatorischen Kräfte ist.

X.7. Der althusserianische Ansatz der «Projektgruppe Ideologie-Theorie»

Ende der 1970er-, Anfang der 1980er-Jahre wirkte in Westdeutschland die «Projektgruppe Ideologie-Theorie» (PIT), deren heute bekanntestes Mitglied der 1936 geborene Philosoph Wolfgang Fritz Haug war. Die PIT kritisierte grundlegend die bisherigen marxistischen Faschismustheorien. Diese hätten vor allem auf die Analyse der kapitalistischen Ökonomie und der Klassenverhältnisse gesetzt, den Bereich der Ideologie hingegen vernachlässigt. Die im Marxismus übliche Zurückführung auf Klassenherrschaft und Klasseninteresse könne zwar die Absichten erhellen, die Herrschaftsgruppen mit faschistischer Ideologie und Propaganda verfolgen, aber nicht deren Massenwirksamkeit. Diese analytischen Mängel führten zwangsläufig zu einem strategisch hilflosen Antifaschismus. Der Zusammenhang zwischen kapitalistischer Klassenstruktur und Faschismus sei nur über die Ideologie und nicht durch Ableitung aus der Ökonomie zu verstehen. Dabei machte die PIT bei ihren Materialstudien laut eigener Aussage «die verblüffende Erfahrung, daß die Kommentare der führenden Faschisten die Strukturen und Wirkungsweisen ideologischer Praxen klarer beschreiben als der größte Teil der faschismuskritischen Autoren».[274]

Maßgeblich inspiriert wurde die PIT durch den marxistischen französischen Philosophen Louis Althusser, der von 1918 bis 1990 lebte. Althusser muss als einer der einflussreichsten Linksintellektuellen der Nachkriegszeit gelten. Eine ganze Reihe von Denker*innen, darunter Poulantzas und Michel Foucault, wurden von ihm angeregt. Von früher Jugend an hatte Althusser psychische Probleme. Im Jahre 1980 tötete er seine Ehefrau

274 PIT, Vorwort, 8.

Hélène Rytman und verbrachte danach mehrere Jahre in der Psychiatrie.

Althusser wollte die Wirkungsweise von Ideologie im Gesamtarrangement der kapitalistischen Herrschaft erklären. Ihn interessierte, wie herrschaftliche Institutionen – etwa die Familie, die Schule, die Massenmedien, Religion und Kirche – einen Menschen als Subjekt (gesellschaftlich handlungsfähiges Wesen) überhaupt erst konstituieren (erschaffen), indem sie ihn oder sie mit einer Identität und bestimmten unhinterfragten, selbstverständlichen Denk- und Handlungsweisen ausstatten. Diesen Prozess nannte Althusser die «ideologische Subjektkonstitution».

Ideologie war für Althusser zunächst die Weise, in der sich Menschen ihr Verhältnis zu ihren Lebensbedingungen vorstellen, also zum Beispiel Faschisten ihr Verhältnis zum Nationalstaat. Die wesentliche Funktion von Ideologie ist nach Althusser, nicht weiter erklärungsbedürftige Gewissheiten zu produzieren, also im Falle der Faschisten zum Beispiel die Gewissheit, dass es mächtige Feinde der eigenen Nation gibt, die bekämpft werden müssen. Im imaginären Verhältnis zu den eigenen Lebensbedingungen wäre demnach der Grund für die Aggressivität und den Fanatismus der Faschisten zu suchen.

Für Althusser stellte Ideologie nicht ein «falsches Bewusstsein», ein Ideensystem oder Gedankengebäude dar, sondern eine materielle Praxis, also eine Tätigkeit mit gesellschaftlichen Auswirkungen. Die Materialität von Ideologie liegt Althusser zufolge darin, dass die Ideologie ein bestimmtes Verhalten des von ihr ergriffenen Menschen zeitigt: Einen inneren Dialog im Bewusstsein (zwischen «innerem Schweinehund» und Gewissen etwa), ein Handeln oder Nichthandeln nach Außen, Muster der Wechselwirkung mit anderen Menschen und so weiter. Die Materialität der faschistischen Ideologie liegt demnach also auch in faschistischen Aktivitäten wie Propaganda, Terror und Gemeinschaftsritualen.

Außerdem liegt die Materialität von Ideologie nach Althusser in den «Ideologischen Staatsapparaten» (ISA). Dieser Begriff soll verschiedene Bereiche der Gesellschaft erfassen, die weder zu einzelnen Wirtschaftsbetrieben gehören noch zum Staatsapparat im engen Sinn, also zu Regierung, Bürokratie, Militär, Polizei, Geheimdienst und Justiz. Althusser zählt die ISA der Religion, des Schulsystems, der Familie, des politischen Systems (unter anderem die Parteien), des juristischen Systems, der Gewerkschaften, der Information (Presse, Radio, Fernsehen und so weiter) sowie der Kultur (Literatur, Kunst, Sport) auf. Zu den ISA gehören auch sachliche Anhängsel wie Schulen, Kirchen oder Bücher, sowie ein bestimmtes Personal, zum Beispiel Lehrkräfte, Geistliche oder Medienmacher*innen.

Althusser dachte sich das Wirken der ISA auf die Individuen folgendermaßen: Die ISA konstituieren erst die Subjekte, indem sie diese als Subjekte «anrufen». Das heißt, die Staatsapparate geben einem neugeborenen Individuum einen Namen und eine bestimmte Stellung mit Rechten und Pflichten. Vor allem bringen sie das Individuum dazu, sich selbst als das Subjekt x mit bestimmten Rechten und Pflichten zu begreifen – eben das ist die ideologische Subjektkonstitution, welche die «Anrufung» durch die ISA ermöglicht. Also wird ein Subjekt zum Beispiel als Kind seiner Eltern, als Mitglied einer Religionsgemeinschaft oder als Staatsbürger*in von den entsprechenden ISA «angerufen» und zu einem erwünschten, herrschaftskonformen Verhalten veranlasst. Dabei konstituiert jede Ideologie die Subjekte doppelt, nämlich einmal die vielen Subjekte, die Individuen, und zum anderen ein absolutes «SUBJEKT» (in Althussers Schreibweise), vor dem sich die Subjekte zu verantworten haben und in dessen Namen die ISA «anrufen». Solche SUBJEKTe können beispielsweise der liebe Gott, eine übermächtige Elternfigur, ein religiöser oder politischer Führer, aber auch Kollektive wie eine Partei oder eine Nation sein. Im Falle der faschistischen Subjekte wäre das SUBJEKT wohl klassischerweise das im Führer personifizierte, ultranationalistisch gedachte Volk. Ein Zitat mag den Mechanismus der ideologischen Subjektkonstitution erläutern: «Die doppelte Spiegelstruktur der Ideologie [die gleichzeitige Konstitution des ‹SUBJEKTS› und der Subjekte] gewährleistet gleichzeitig: 1) die Anrufung der ‹Individuen› als Subjekte 2) ihre Unterwerfung unter das SUBJEKT 3) die gegenseitige Anerkennung zwischen den Subjekten und dem SUBJEKT sowie der Subjekte untereinander und schließlich die Anerkennung des Subjekts durch sich selbst 4) die absolute Gewissheit, dass alles in der Tat so ist und alles bestens gehen wird, solange die Subjekte nur erkennen, was sie sind, und sich dementsprechend verhalten [...]»[275]

275 Althusser, 167/68.

Althusser zufolge produzieren die ISA die imaginären Verhältnisse der Menschen zu ihren Lebensbedingungen, die daraus resultierenden Gewissheiten und somit die ideologisch angeleiteten Handlungsmuster. Die ISA erzeugen also herrschaftliche Ordnung, Gehorsam und Zustimmung. Ideologie und ISA gelten bei Althusser nicht als «Überbau-Phänomene», die schematisch aus der ökonomischen «Basis», aus Klassenherrschaft und Klasseninteresse abgeleitet werden können. Vielmehr stellen sie einen relativ autonomen Bereich der Gesellschaft dar, der mit Ökonomie und Klassenstruktur in ständiger Wechselwirkung steht.

Die PIT setzte Althussers Gedanken um, indem sie analysierte, wie nazistische Strukturen, zum Beispiel das «Winterhilfswerk des deutschen Volkes»[276], praktisch funktionierten und dadurch das ideologische Konstrukt der «Volksgemeinschaft» zur erlebten und gefühlten Realität für Millionen Deutsche werden ließen. Mit folgenden Worten umriss Wolfgang F. Haug den Ansatz der PIT:

«Wir sind gut beraten, wenn wir aufmerksam untersuchen, was die Faschisten wirklich tun. [...] Und wir werden von einer funktionalhistorischen Bestimmung des Ideologischen ausgehen. Sie sucht nicht primär Ideengebäude, auch weder Klassenbewußtsein noch sonstige Formen ‹wertbezognen› oder ‹handlungsorientierten› ‹Bewußtseins›. Wir suchen Formen der auf innere Selbstunterstellung der Individuen zielenden Reproduktion von Herrschaft. [...] Und wir suchen vor allem die faschistische Spezifik im Ensemble der ideologischen Mächte, Beziehungen, Praxen etc. Wir suchen also nicht primär nach einer faschistischen Ideologie, sondern nach der Faschisierung des Ideologischen und nach der ideologischen Transformationsarbeit der Faschisten.»[277] [...] «Dies ist unser Forschungsgegenstand und die leitende Frage: Wie hat sich die faschistische Macht über die Herzen des Volkes befestigt?»[278]

Dabei fasste auch die PIT den Faschismus ganz traditionell-marxistisch als Instrument bürgerlicher Klassenherrschaft auf

276 Beim Winterhilfswerk sammelten Mitglieder nazistischer Massenorganisationen wie der Hitlerjugend und der SA Geld- und Sachspenden der Bevölkerung, um damit bedürftige Deutsche (im Sinne der Rassenideologie) zu unterstützen.

277 Haug, 47.

278 Ebd., 76.

und widmete deswegen den antibürgerlichen und antiliberalen Elementen der faschistischen Ideologie kaum Aufmerksamkeit. Der Fokus lag auf dem Antimarxismus. Den «Standpunkt Hitlers» bestimmte die PIT infolgedessen nur als «reorganisierte Reproduktion der bestehenden Ordnung».[279] Inwiefern der NS über diese Ordnung hinausging, blieb unterbelichtet.

Die PIT beschäftigte sich fast nur mit dem NS, betrieb also eigentlich keine generische Faschismustheorie. Doch ihre Texte helfen zu verstehen, woher die Anziehungskraft der faschistischen Ideologie kommt und warum es oft nicht hilft, den Menschen zu erklären, dass der Faschismus ihnen eigentlich schadet. Denn sehr viele Menschen sind als nationalistische und autoritäre Subjekte konstituiert – was ihnen nützt oder schadet, beurteilen sie vom nationalistischen und autoritären Standpunkt aus.

Als praktische antifaschistische Empfehlung schlug die PIT vor, dem Faschismus alle seelischen und emotionalen Energien, welche dieser für sich einzuspannen trachtet, zu entwinden, um sie dann demokratisch-emanzipatorisch zu kanalisieren. So solle der Diskurs um Volk und Nation von links besetzt werden. Dies könnte allerdings statt zur Demokratisierung des Nationalismus auch zur Faschisierung der Linken führen.

279 Ebd., 54.

XI. Neuere Theorien des Faschismus als Ideologie und Bewegung: Nolte, Sternhell, Mosse, Griffin

Die folgenden Theorien konzentrieren sich auf das Selbstverständnis und die Ideologie faschistischer Bewegungen; daher wird ihr autonomistischer Ansatz auch als «ideozentrisch» (ideologiezentriert) bezeichnet. Theorien dieser Art gehen wie die frühen marxistischen Erklärungsversuche von Clara Zetkin, Karl Radek und Ernst Bloch davon aus, dass faschistische Bewegungen – wie andere politische Bewegungen auch – von den Überzeugungen ihrer Führungspersonen und aktivistischen Anhänger*innen leben. Diese sind in der Mehrzahl keine opportunistischen Karrieremacher*innen oder Beauftragte von Herrschaftsgruppen, sondern sie glauben wirklich an den Faschismus als Gesellschaftsentwurf und Krisenlösung. Ideozentrische Theorien fragen daher nicht in erster Linie nach den Interessen von Herrschaftsgruppen, denen der Faschismus möglicherweise dient, sondern nach den gesellschaftlichen Stimmungen und Krisenwahrnehmungen, auf die er reagiert. Das Augenmerk dieser Theorien liegt also auf den Gründen, aus denen sich Menschen für den Faschismus begeistern – oder, wie Ernst Nolte formulierte, auf dem «genuinen Antrieb einiger Zehntausend Fanatiker»[280], die zwischen 1918 und 1945 den Kern der faschistischen Massenbewegungen in Europa bildeten.

XI.1. Nolte, der «missratene Lehrer»[281] der Faschismustheorie

Der Philosoph und Historiker Ernst Nolte, geboren 1923, war viele Jahre lang Professor an der Freien Universität Berlin. Als er 2016 starb, galt er schon lange als führender Rechtsintellektueller. Doch Noltes 1963 veröffentlichtes Buch «Der Faschismus

280 Nolte, Faschismus, 453/54.

281 Wolfgang Wippermann, der einst bei Nolte an der FU Berlin seine Doktorarbeit schrieb, nannte diesen 2011 in einem Interview seinen «missratenen Lehrer».

in seiner Epoche», ein wahrer Klassiker, hatte noch einen liberalen, den Faschismus scharf kritisierenden Autor gezeigt. Damals betonte Nolte, dass die traditionellen Herrschaftsgruppen in Wirtschaft, Staat und Kirche mitschuldig am Faschismus gewesen waren. Sinngemäß formulierte er: Der historischen Erfahrung nach kam der Faschismus im antikommunistischen Bündnis mit Konservatismus und Liberalismus zur Macht – und zwar nur dort, wo Staats- und Wirtschafts-«Eliten» mit ihm paktierten, während er alsbald erlag, wenn der Staat ihn ernsthaft bekämpfte.[282] Auch im Weltmaßstab suchte der Faschismus lange Zeit das antikommunistische Bündnis mit den kapitalistischen Großmächten gegen die Sowjetunion.

Trotz dieser Einsichten nahm Nolte schon damals einen konsequent bürgerlich-antikommunistischen Standpunkt ein; zudem galt sein erklärtes Hauptinteresse nicht der Kritik und Bekämpfung des Faschismus, sondern seiner verstehenden, nachvollziehenden Betrachtung. Bereits hier war vielleicht eine profaschistische Tendenz angelegt. Nolte zog von Anfang an Kritik und Polemik von marxistischer Seite auf sich, und dies verstärkte sich in dem Maße, wie Nolte nach rechts driftete.[283]

Im Jahre 1986 veröffentlichte die «Frankfurter Allgemeine Zeitung» einen Artikel Noltes, in dem er einen «kausalen Nexus», also eine ursächliche Verbindung, zwischen dem bolschewistischen «Klassenmord» ab 1917 in der Sowjetunion und dem nazistischen «Rassenmord» im Zweiten Weltkrieg behauptete. Die Untaten der Nazis seien eine zwar «überschießende», also unverhältnismäßige, jedoch im Grunde verständliche Reaktion auf den Roten Terror und die bolschewistische Revolutionsdrohung gewesen – Teil eines von 1918 bis 1945 tobenden «Weltbürgerkrieges», in dem beide Seiten ungeheuerliche Verbrechen begingen. Nolte versuchte, den Antisemitismus der Nazis nachvollziehbar zu machen: Schließlich hatte es viele jüdische Menschen in den marxistischen Führungsgruppen gegeben, und auch die jüdische Nationalbewegung, der Zionismus, hatte sich vor dem Zweiten Weltkrieg klar gegen Nazideutschland gestellt.

Mit diesen Thesen, die weder neu waren noch ausschließlich von ihm vertreten wurden, löste Nolte 1986 eine große geschichtspolitische Debatte aus, den «Historikerstreit». Viele

282 S. Nolte, Faschismus, 394.
283 Vgl. Kühnl, Faschismustheorien, 147, 150/51.

wichtige Intellektuelle der BRD stellten sich damals gegen Nolte. In den folgenden Jahren warb dieser immer eindringlicher um Verständnis für den mörderischen Antikommunismus und Antisemitismus der Nazis, setzte sich auch für die Meinungsfreiheit von Holocaust-Leugnern ein – ohne allerdings den Holocaust je selbst zu leugnen oder gut zu heißen. So isolierte er sich einerseits in der Wissenschaft und avancierte andererseits zum Haus- und Hof-Historiker der deutschen Rechten. Zuletzt sympathisierte der hochbetagte Nolte offen mit dem Kampf, den radikal konservative, faschistische und islamistische Bewegungen sowohl gegen die westliche Moderne als auch gegen jede linke Emanzipationsbestrebung führen.

XI.2. Noltes vergleichende Forschung und Begriffsbildung

In dem Buch «Der Faschismus in seiner Epoche» von 1963 analysierte Nolte drei Bewegungen vor allem anhand ihrer Führer und Chefideologen, und zwar die *Action Française* (Französische Aktion), den italienischen *fascismo* und den NS. Zwischen diesen Bewegungen, so Nolte, bestanden substanzielle ideologische, organisatorische und strategische Gemeinsamkeiten, die ihre Zusammenfassung unter dem Faschismusbegriff rechtfertigen. Dieser Begriff, den der deutsche bürgerliche Wissenschaftsbetrieb lange gemieden hatte, um sich vom Marxismus abzugrenzen, wurde so wieder stärker in die Diskussion gebracht.

Doch Nolte beschäftigte sich nicht nur mit den grundlegenden Gemeinsamkeiten von *Action Française* (AF), *fascismo* und NS, sondern auch mit den beträchtlichen Unterschieden zwischen ihnen. Er erklärte sie aus den verschiedenen geschichtlich-gesellschaftlichen Gegebenheiten ihrer Ursprungsländer. Nolte bezeichnete die Ideologie und Praxis der AF als «Protofaschismus», also Vor- oder Frühform des Faschismus, und grenzte sie vom italienischen «Normalfaschismus» und vom deutschen «Radikalfaschismus» ab. Im NS sah er den am weitesten entwickelten, sein Wesen am offensten zeigenden Faschismus. Daher lässt sich laut Nolte anhand des NS auch das Wesen der weniger radikalen und ausgereiften Formen des Faschismus studieren.

Mit der Typenunterscheidung von Proto-, Normal- und Radikalfaschismus machte Nolte einen Vorschlag, wie substanzielle Unterschiede zwischen einzelnen Faschismen zu berücksichtigen wären, ohne auf einen Oberbegriff zu verzichten. Damit lassen sich auch Grenzphänomene erfassen wie die noch stark dem Konservatismus verhaftete AF, aber auch der Extremfall des NS.

Für Nolte resultierte der Faschismus aus einer existenziellen, sich bereits Ende des 19. Jahrhunderts anbahnenden Krise der bürgerlichen Gesellschaften Europas. Den Zeitraum des vollen Ausbruchs und Verlaufs dieser Krise bis 1945 bezeichnete Nolte als Epoche des Faschismus. Damals bestimmten die europäischen Mächte Deutschland, Großbritannien, Frankreich und Italien letztmalig das Weltgeschehen, bevor sie diese Rolle an die kontinentalen Großmächte USA und Sowjetunion beziehungsweise Russland, später auch an China, abgeben mussten. Vor allem aber sahen sich die europäischen Klassengesellschaften dieser Epoche einer großen inneren Herausforderung gegenüber: den proletarischen Emanzipationsbewegungen, die organisatorisch und ideologisch weithin vom Marxismus geprägt waren.

XI.3. Noltes Deutung des Faschismus als Antimarxismus

Nolte interessierte sich besonders für die AF, die Ende des 19. Jahrhunderts entstand und damit die älteste der von ihm untersuchten Bewegungen ist. Ihre ideologischen Ursprünge fand er bei radikal-konservativen und rechtsliberalen französischen Schriftstellern des 18. und 19. Jahrhunderts, deren Ideologieproduktion auf die Aufklärung, auf bürgerliche Revolutionen und auf die beginnenden proletarischen, feministischen und antikolonialen Emanzipationsbewegungen reagierte. Diese konterrevolutionären Denker radikalisierten und systematisierten die traditionellen Ideologien menschlicher Ungleichwertigkeit[284]; später wurde ihr Denken von dem Gründer und Chef der AF, Charles Maurras, zu einer Parteiideologie zusammengefasst und popularisiert. Nolte wies in dieser Denktradition wesentliche Elemente des Rassismus und Antisemitismus der Nazis

284 Vgl. «V.1. Die Charakterverwandlung...».

nach. Im Kern handelt es sich dabei um eine «Lehre von den Feinden»[285], wie Nolte schrieb, also eine Zusammenstellung von «Anti-Haltungen», die das konservativ-konterrevolutionäre und das spätere faschistische Denken miteinander gemeinsam haben. Antiliberalismus und Antiparlamentarismus spielen darin ebenso eine Rolle wie Antimarxismus und Antifeminismus.

Schon die Vor- und Frühformen des Faschismus waren laut Nolte nichts Anderes als eine Abwehr emanzipatorischer Bestrebungen, und auch in den entwickelten Faschismen Mussolinis und Hitlers sah Nolte radikale Abwehrbewegungen gegen die Bedrohung der europäischen Klassengesellschaft durch Marxismus und Bolschewismus. Das ist interessanterweise ganz nah an der alten marxistischen Auffassung vom Faschismus als Konterrevolution, als letztem Aufgebot der alten Gesellschaftsordnung gegen das vermeintlich bald siegreiche Proletariat. Gleichzeitig trifft sich Noltes Deutung mit dem Selbstverständnis der Faschismen, das von einem «Vernichtungs-Antikommunismus»[286] geprägt war. Hierbei ging es nicht mehr um Zurückdrängung und Unterdrückung des Feindes, sondern um dessen restlose und endgültige Auslöschung – auch und gerade dann, wenn dieser Feind bereits in der Defensive war und gar keine akute Revolutionsgefahr mehr bestand. Gleichzeitig sah Nolte im Faschismus auch einen Versuch, das Proletariat in die Nation einzubinden, und zwar durch gemeinsame Aggression nach außen:

«Aber setzte diese Art der Klassenversöhnung, um dauerhaft zu sein, nicht die Perpetuierung [immer weitere Fortsetzung] eines Ausnahmezustandes im Verhältnis zu einem anderen Volke voraus?»[287]

Nolte war 1963 noch ein patriotischer deutscher Liberaler. So teilte er die bürgerliche Angst vor der proletarischen Revolution, lehnte jedoch gleichzeitig auch den Faschismus prinzipiell ab. Wie viele bürgerlich-liberale Denker*innen entwickelte Nolte aus dieser Zwischenposition eine antitotalitäre, gegen Marxismus wie Faschismus gerichtete Argumentation. Er stellte diejenigen Elemente, die der Faschismus scheinbar von der Arbeiter*innenbewegung übernommen hatte, ins Zentrum seiner Faschismusdefinition:

285 Nolte, Theorien, 26/27.
286 Reichardt, 620.
287 Nolte, Faschismus, 368.

«Faschismus ist Antimarxismus, der den Gegner durch die Ausbildung einer radikal entgegengesetzten und doch benachbarten Ideologie und die Anwendung von nahezu identischen und doch charakteristisch umgeprägten Methoden zu vernichten trachtet.»[288]

In einer späteren Schrift erwähnte Nolte die «realistischen und kriegerischen Elemente», die der Faschismus angeblich vom Marxismus übernommen und zur Entfaltung gebracht hatte.[289] Dazu gehören der Antiparlamentarismus und die Betonung der revolutionären Gewalt, ein eschatologisches und chiliastisches Denken[290], Putschismus, Avantgardismus und der Vorrang der Praxis vor der Theorie.

Doch der Faschismus hatte es kaum nötig, zentrale Elemente seiner Ideologie und Praxis aus dem Marxismus zu übernehmen, sondern entwickelte sie selbständig aus der herrschaftlichen, konterrevolutionären Tradition Europas. Nolte berücksichtigte zu wenig die aus der europäischen Klassengesellschaft stammenden Ursprünge und Elemente des Faschismus wie Imperialismus, Nationalismus und Militarismus. Auch der antibürgerliche, antiliberale und falsch antikapitalistische Gehalt des Faschismus erscheint bei Nolte nur am Rande.

XI.4. Nolte über den Faschismus als «Widerstand gegen die Transzendenz»

Für Nolte erschöpfte sich das Wesen des Faschismus nicht im Antimarxismus. Den Marxismus sah er lediglich als den radikalsten, konsequentesten Ausläufer eines schon Jahrhunderte andauernden, sich stetig vertiefenden und weltweit ausbreitenden Prozesses der Auflösung und Überwindung von herrschaftlichen Grenzen zwischen verschiedenen Gesellschaften und sozialen Gruppen. Dieser Prozess ist unlöslich mit Modernisierung und Globalisierung verbunden, also mit der Entstehung, Weiterentwicklung und weltweiten Durchsetzung des Kapitalismus. Den Faschismus hielt Nolte für eine radikale Wi-

288 Ebd., 51.

289 Nolte, Streitpunkte, 353.

290 Mit den aus der Religionsgeschichte übernommenen Begriffen «Eschatologie» und «Chiliasmus» meint Nolte die marxistische Erwartung eines baldigen Endes des Kapitalismus und einer nachfolgenden glücklichen Zeit für die Menschheit.

derstandsbewegung gegen die moderne Auflösung herrschaftlicher Ordnungen.

Nolte bezeichnete den welthistorischen Prozess, gegen den die Faschismen ankämpfen, als «Transzendenz», was ein von dem lateinischen Wort für «Übersteigen» abgeleiteter Fachbegriff der Philosophie ist. «Überstiegen» oder überschritten werden die herrschaftlichen Schranken ethnischer, staatlich-territorialer, standes- und klassenmäßiger, geschlechtlicher sowie religiöser Art. Bei Nolte gibt es einmal die «praktische Transzendenz»: Das sind die technischen, wirtschaftlichen und politischen Entwicklungen, welche die historisch überkommenen Herrschaftsverhältnisse zunehmend überwinden helfen – dabei geht es zum Beispiel um das Fortschreiten der Globalisierung in dem Sinne, dass durch neue Kommunikations- und Verkehrsmittel tatsächlich «Eine Welt» entsteht.

Außerdem gibt es bei Nolte die «theoretische Transzendenz»: Das sind die Diskurse und Ideologien, welche die praktische Transzendenz zurückspiegeln und weiter antreiben. Wesensmerkmal der unterschiedlichen Erscheinungsformen von theoretischer Transzendenz ist das Ideal der Freiheit, Gleichberechtigung und globalen Solidarität aller Menschen. In Ansätzen findet sich dieses Ideal schon seit dem Altertum in verschiedenen religiösen und philosophischen Lehren. Es wurde durch neuzeitliche geistige Strömungen wie den Humanismus und die Aufklärung ausformuliert und von modernen Emanzipationsbewegungen wie Sozialismus, Anarchismus und Kommunismus radikalisiert.

Die Widerstände gegen die praktische und theoretische Transzendenz, also reaktionäre und konterrevolutionäre Abwehrbewegungen, sind laut Nolte ebenso alt wie die Transzendenz selbst. Der Faschismus stellt aber eine historisch neue, besonders gewalttätige und zerstörerische Erscheinungsform dieser Widerstände dar. Noltes Erklärung hierfür ist schwammig, kann aber folgendermaßen ausformuliert werden: Die praktische Transzendenz ist in der industriellen Moderne so dermaßen weit vorangekommen, dass die herrschaftlichen Ordnungen mit ihren Trennungen und Grenzen, die den faschistischen Subjekten so am Herzen liegen, immer offensichtlicher als unnötig und veraltet dastehen. Es gibt mittlerweile tatsächlich die materiellen Voraussetzungen eines guten und freien Lebens für alle Menschen.

Die extreme Vernichtungs- und Zerstörungswut der Faschismen speist sich also aus dem untergründigen Bewusstsein, dass die herrschaftliche Ordnung mittlerweile tödlich bedroht und vielleicht dem Untergang geweiht ist. Nolte drückte es so aus: «Der NS war der Todeskampf der souveränen, kriegerischen, in sich antagonistischen[291] Gruppe. Er war praktischer und gewalttätiger Widerstand gegen die Transzendenz.»[292]

Diese Worte stehen im hinteren Teil von Noltes Buch, der die geschichtsphilosophische, «transpolitische» Deutung des Faschismus behandelt. Dieser Teil wird oft ignoriert, vielleicht, weil er sprachlich und inhaltlich ziemlich anspruchsvoll ist, doch gerade hier finden sich die tiefsten Einsichten.

So legte Nolte dar, dass der welthistorische Prozess der Transzendenz, gegen den die Faschisten ihren mörderischen Widerstand leisten, genau mit denjenigen Seiten der Modernisierung zu tun hat, die der Antisemitismus mit dem Judentum verbindet. Dadurch kann das Judentum zum faschistischen Feindbild schlechthin werden, zur Verkörperung all dessen, was faschistische Subjekte hassen. Nolte zufolge ist faschistisches Denken generell unfähig, die unpersönlichen Strukturen zu begreifen, die in der modernen kapitalistischen Gesellschaft wirken, und muss zwanghaft stets konkrete Personen und Gruppen beschuldigen. Diese und andere Überlegungen Noltes berühren sich mit gesellschaftskritischen emanzipatorischen Theorien und können diese durchaus bereichern. Dennoch ist festzuhalten, dass Noltes Lebenswerk von einer konservativen Grundhaltung, von der Angst vor dem Untergang der bestehenden Herrschaftsverhältnisse geprägt ist. Diese Haltung radikalisierte sich schließlich bis zur offenen Parteinahme für den Faschismus.

XI.5. Sternhell, Erforscher des frühen Faschismus

Zeev Sternhell wurde 1935 als Jude in Polen geboren, entkam der Shoah und emigrierte 1951 nach Israel. Er hat seit langem eine Professur für Politologie in Jerusalem inne, befindet sich aber mittlerweile im Ruhestand. Als linker Zionist ist er ein prominenter Kritiker der israelischen Rechten.

291 Antagonistisch ist ein unversöhnlicher, nur durch Vernichtung einer Seite aufhebbarer Gegensatz.
292 Nolte, Faschismus, 507.

Sternhells Arbeiten wurden in Deutschland erst spät von der Fachöffentlichkeit wahrgenommen. Das lag wohl hauptsächlich daran, dass Sternhell den NS nicht als Faschismus ansieht und weitgehend aus seinen Analysen ausklammerte. Stattdessen konzentrierte sich Sternhell auf Frankreich und Italien. Damit lag sein Forschungsschwerpunkt abseits der deutschen Debatten, die jahrzehntelang vorwiegend um die eigene Geschichte kreisten.

Im Jahre 2002 brachte der Berliner Verbrecher-Verlag Sternhells 1976 geschriebenen Aufsatz über «Die faschistische Ideologie» auf Deutsch heraus.[293] Der Text fand in theoretisch interessierten Antifa-Kreisen starkes Echo, denn er skizzierte schlüssig den geistig-kulturellen Hintergrund und das politische Programm der frühen Faschismen. Vieles schien auch auf die extreme Rechte der deutschen Gegenwart zu passen.

Wie viele Vertreter*innen eines ideozentrischen Ansatzes plädierte Sternhell dafür, die Analyse des Faschismus als Regime klar von der des Faschismus als Bewegung zu trennen. Denn nur in der oppositionellen Bewegungsphase vor dem Machtantritt drücken die Faschismen sowohl ihre Kritik am Bestehenden als auch ihre politischen Ziele einigermaßen unverfälscht aus. Nach Übernahme der Staatsmacht sind sie hingegen zu vielen innen- und außenpolitischen Kompromissen gezwungen, müssen also bis zu einem gewissen Grade Realpolitik betreiben. Dadurch entwickeln sich die einzelnen Faschismen sehr unterschiedlich und die gemeinsamen Grundmerkmale ihrer Bewegungsphase werden überdeckt.

Die Trennung von Bewegungs- und Regimephase vorausgesetzt, muss der Faschismus laut Sternhell genauso wie alle anderen politischen Bewegungen untersucht werden, nämlich anhand seiner ideologischen Ursprünge und Elemente. Mit dieser Position war Sternhell in den 70ern ein Außenseiter, denn wegen der ungeheuren Verbrechen des Faschismus hatte es lange als geradezu unsittlich gegolten, ihn als eigenständige politische Bewegung und Ideologie zu analysieren, ihn in die Geistesgeschichte einzubetten und aus bestimmten gesellschaftlichen Bedürfnissen seiner Entstehungszeit zu erklären.

293 Mittlerweile liegt eine Neuübersetzung durch Volkmar Wölk vor (Sternhell, Zeev: Faschistische Ideologie. Eine Einführung. Berlin 2019).

XI.6. Die Erfindung des Faschismus nach Sternhell

In den letzten Jahrzehnten des 19. Jahrhunderts gab es Sternhell zufolge eine große intellektuelle Krise in Europa. Hoch im Kurs standen Lehren, die wie der Sozialdarwinismus die Ungleichwertigkeit der Menschen predigten und wie der Nationalismus die Gemeinschaft über das Individuum stellten. Die faschistische Ideologie, so Sternhell, entstand in den Diskussionszirkeln junger intellektueller Männer aus Frankreich und Italien, die von solchen Lehren geprägt waren.

Diese frühen Faschisten empfanden tiefe Unzufriedenheit mit dem modernen Kapitalismus, der sich damals voll herausgebildet hatte. Ihnen war der bürgerliche Lebensstil der industriellen Massengesellschaft zu berechenbar, engstirnig und langweilig. Sie verwarfen ihn radikal zugunsten einer «Liebe zu Heldentum und Gewalt», wie Sternhell es nannte.[294] Typisch dafür ist eine Äußerung des französischen Faschisten Georges Valois: Das Schwert zu ziehen, sei die Antwort auf Schweinezüchter, Finanziers, Ölhändler und die Welt der Statistiken.[295]

Diese antibürgerliche, kriegerische und heroische Attitüde ist ein Wesensmerkmal des Faschismus. Als Lebensgefühl schon vor der eigentlichen Ausbildung faschistischer Ideologien und Bewegungen vorhanden, wird sie in vielen Fällen zum Kristallisationskern der verschiedenen antiemanzipatorischen Ideologeme und Praxisformen, die im Faschismus zusammenfinden. Insbesondere trägt diese Attitüde wesentlich bei zu einer zentralen faschistischen Praxis- und Vergemeinschaftungsform: dem männlichen Kampfbund.

Wie Sternhell darlegte, hatte die faschistische Kritik an der industriellen Massengesellschaft durchaus Berührungspunkte mit der gleichzeitig entstehenden Umwelt- und Lebensreformbewegung und auch mit der politischen Linken. Nicht nur die Faschismen verehrten das Konkrete, Einfache, Kraftvolle, Klare und Gesunde; nicht nur sie wünschten sich ein naturnahes Leben mit Freikörperkultur und Sport. Typisch für die frühen Faschisten, aber auch viele andere Menschen seinerzeit, war zudem eine ungebremste Begeisterung für die Kraft und Schnel-

294 Sternhell, 24.
295 Nach ebd., 63.

ligkeit moderner Maschinen, vor allem für die damals neuen Autos und Flugzeuge.

Die frühen Faschisten in Frankreich und Italien empfanden sich selbst als ungeheuer modern. Einige von ihnen kamen aus der radikalen Künstler*innen- und Intellektuellenbewegung des Futurismus. Sie inszenierten sich als dynamische, jugendliche, revolutionäre Gegen-Elite, die im politischen Feld weder links noch rechts, sondern «vorne» und «oben» verortet sei[296], und sie versprachen, sowohl den konservativen und liberalen als auch den gewerkschaftlichen und sozialistischen Führungsgruppen bald den Garaus zu machen. Dieses Flair einer hypermodernen Anti-Establishment-Kraft zog auch nicht wenige linke Intellektuelle an. Für den Avantgardismus[297] der frühen Faschisten wie auch ihre rebellische Attitüde und ihren Hang zu Krieg und Gewalt steht beispielhaft das 1909 veröffentlichte futuristische Manifest von Filippo Marinetti, der später faschistischer Kulturfunktionär wurde:

«1. Wir wollen die Liebe zur Gefahr singen, die gewohnheitsmäßige Energie und die Tollkühnheit. 2. Die Hauptelemente unserer Poesie werden der Mut, die Kühnheit und die Empörung sein. 3. [...] wollen wir die aggressive Bewegung, die fiebrige Schlaflosigkeit, den gymnastischen Schritt, den gefahrvollen Sprung, die Ohrfeige und den Faustschlag preisen. [...] 9. Wir wollen den Krieg preisen, - diese einzige Hygiene der Welt – den Militarismus, den Patriotismus, die zerstörende Geste der Anarchisten, die schönen Gedanken, die töten, und die Verachtung des Weibes. 10. Wir wollen die Museen, die Bibliotheken zerstören, den Moralismus bekämpfen, den Feminismus und alle opportunistischen und Nützlichkeit bezweckenden Feigheiten».[298]

Diese Worte lassen den ausgeprägten *machismo* und Antifeminismus der protofaschistischen Jungmänner erkennen. Außerdem klingt ihr glühender Nationalismus an, hier als «Patriotismus» bezeichnet und offen mit dem Lob von Gewalt, Mord und Krieg verbunden. Es ist nicht ganz klar, ob die frühen Faschisten den Nationalismus lieben mussten, weil er die Massen

296 Die sich als «Faschisten des dritten Jahrtausends» bezeichnende Bewegung Casa Pound Italia hat dies mit ihrer Selbstverortung als «*extremo centro alto*» (etwa: «äußerst mittig hoch») wiederaufgenommen.

297 «Avantgarde» heißt auf Deutsch «Vorhut».

298 Zitiert nach Sternhell, 53.

zu Kriegen aufputscht, oder ob sie den Krieg lieben mussten, weil sie Nationalisten waren. In jedem Fall ergänzten sich ihr Militarismus und Nationalismus in idealer Weise gegenseitig.

Die Sorte Nationalismus, welche die frühen französischen und italienischen Faschisten beseelte, wurde von Sternhell als «organisch» bezeichnet. Sie ähnelte der völkischen Ideologie in Deutschland zur selben Zeit, obwohl diese noch deutlich rassistischer und antisemitischer war. Anstatt auf eine republikanische Rechtsordnung als Fundament der Nation setzte der organische Nationalismus auf Abstammung, Schicksal, Glauben und Opferbereitschaft.

In den Augen der frühen Faschisten befand sich ihre Nation in einer tiefen Krise. Dies hing mit bestimmten historischen Schlüsselerfahrungen zusammen: Frankreich verlor 1870/71 den Krieg gegen Preußen-Deutschland. Italiens Kolonialimperialismus erlitt 1896 in der Schlacht bei Adua eine schwere Niederlage gegen das äthiopische Kaiserreich.

Diese Niederlagen führten zu einer Radikalisierung im nationalistischen Spektrum Frankreichs und Italiens. Doch nicht nur für diese beiden Länder lässt sich zeigen, dass die Initialzündung des Faschismus erfolgte, nachdem der jeweilige Nationalismus eine tiefe Demütigung erfahren hatte. Dies war nach dem Ersten Weltkrieg zum Beispiel bei den großen Verlierern Deutschland, Österreich und Ungarn der Fall, auf andere Weise aber auch in den Siegerstaaten Rumänien und abermals in Italien. Intensiv wurde nach Wegen zu einer machtvollen nationalen Wiedergeburt gesucht, besonders in den Kreisen der frühen Faschisten. Ein Konzept zur Grunderneuerung der Nation fanden viele von ihnen in einer Form des Sozialismus, die nichts mit Marxismus zu tun hatte. Über diese Sorte Sozialismus schrieb der französische Protofaschist Charles Maurras, dass sie, «wenn sie ihrer demokratischen und kosmopolitischen [weltbürgerlichen] Anhängsel entkleidet wird, mit dem Nationalismus ebenso gut zusammenpassen wird wie ein gut gefertigter Handschuh zu einer schönen Hand passt».[299]

Den frühen Faschisten war klar, dass sie ihre Gesellschaft grundlegend umgestalten mussten, wenn diese in der imperialistischen Konkurrenz siegreich sein sollte. Die tiefe Spaltung der Nation in soziale Klassen und politische Lager war zu über-

299 Zitiert nach ebd., 36.

winden; das ganze Volk musste unter einer Führung vereinigt werden. Dies konnte nur durch gewisse Angebote an die kleinbürgerlichen und proletarischen Massen gelingen. Die Faschisten versprachen, die Beschäftigung, Ernährung, Behausung und Ausbildung der armen Bevölkerungsteile zu verbessern. Diese Versprechen fielen ihnen leicht, da die militärische und wirtschaftliche Konkurrenz zwischen den imperialistischen Nationen ohnehin nach tauglichen, einsatzfreudigen Soldaten und Arbeiter*innen verlangte. Also mussten die schlimmsten Formen des damaligen Massenelends im nationalen strategischen Interesse abgestellt werden. Die Faschisten versprachen leistungsfähigen und leistungswilligen Menschen aus Mittel- und Unterschichten den sozialen Aufstieg. Letztlich ging es beim Sozialismus der frühen Faschisten darum, die Nation für neue große Kriege zu stärken und zu vereinen.

Aber es gab noch einen anderen Aspekt: Schon aus dem Marinetti-Zitat oben hatte die Sympathie mit der «zerstörenden Geste der Anarchisten» gesprochen. Die frühen Faschisten mochten die Militanz der radikalen Linken und ihren Kult um die revolutionäre Gewalt, der bei einigen Strömungen des Anarchismus und Syndikalismus besonders ausgeprägt war. Die Verschmelzung des organischen Nationalismus mit Elementen eines nicht-marxistischen Sozialismus, alles auf der Grundlage von Militarismus, Heroismus und Anbetung der Gewalt – das ist für Sternhell die ideologische Quintessenz des frühen Faschismus in Italien und Frankreich.

Seither haben viele Kräfte der extremen Rechten versucht, ein ähnlich explosives, die Massen mobilisierendes Ideologiegebräu aus Nationalismus und antiemanzipatorisch verschobenem Antikapitalismus herzustellen. Die Inszenierung als alternativer «Dritter Weg» jenseits von liberalem Kapitalismus und linkem Sozialismus gehört geradezu zum Markenkern vieler Faschismen. Heute gewinnen Konzepte dieser Art in der extremen Rechten Deutschlands und Frankreichs wieder an Bedeutung. Darauf weist etwa der Autor und Referent Volkmar Wölk hin, der als Kenner und Übersetzer Sternhells vor Augen führt, wie dessen Arbeit heutige Analysen anregen kann.[300]

300 S. beispielhaft Wölks Artikel «Lechte Leute von rinks».

XI.7. Kritik von und an Sternhell

Sternhell betrachtete den Faschismus nie isoliert, sondern immer im Zusammenhang mit gesellschaftlichen Gegenkräften. Deren Schwächen und Fehler, die den Faschismus begünstigten, sprach er offen an.

So hatte der Marxismus auf die internationale Klassensolidarität der Arbeiter*innen gesetzt, doch beim Ausbruch des Ersten Weltkriegs erwies sich, dass der Nationalismus stärker war. Ebenfalls entgegen der marxistischen Erwartung gingen die Mittelschichten nicht zwischen Kapitalistenklasse und Proletariat unter, sondern weite Teile der Wirtschaft blieben in kleinen und mittleren Unternehmen organisiert. Zudem bildeten sich neue Mittelschichten der Angestellten und der technischen Intelligenz. Weder die revolutionäre oder die reformistische Linke noch die traditionellen liberalen und konservativen Parteien konnten diese mittelständischen Gruppen für sich gewinnen – eher gelang dies den Faschismen.

Sternhell kritisierte auch die marxistische Faschismusforschung: Sie konzentriere sich einseitig auf den Faschismus als Herrschaftsform und Herrschaftsinstrument, vernachlässige hingegen seine Ideologie und Bewegungsdynamik. Der Marxismus sei für einen Stillstand in Forschung und Fachdebatte verantwortlich. Im Gegenzug wurde Sternhell und den ideozentrischen Faschismustheorien insgesamt von marxistischer Seite vorgeworfen, sich auf das Denken der faschistischen Führer zu fixieren, die sozialen Grundlagen und den Klassencharakter des Faschismus jedoch zu verschleiern. Aber Sternhell leugnete keineswegs die prokapitalistische Ausrichtung der Faschismen und ihr Bündnis mit dem Großbürgertum. Vielmehr erklärte er ausführlich, wie und warum die ursprünglichen antikapitalistischen und sozialreformerischen Impulse der Faschismen weitgehend unwirksam blieben. Der Sozialismus der Faschisten, daran ließ Sternhell keinen Zweifel, war ihrem Nationalismus und Imperialismus strikt untergeordnet und wurde dem Bündnis mit dem Großbürgertum bei Bedarf stets geopfert.

Eine andere Kritik an Sternhell lautete, dass er die Bedeutung des nicht-marxistischen Sozialismus für den frühen Faschismus übertrieben habe. Die intellektuellen Überläufer und Grenzgänger, auf die er so viel Gewicht legte, hätten wenig Wirkung erzielt, stattdessen sei der Protofaschismus vorwiegend konservativen Milieus entsprungen. Es gibt in der Wissenschaft auch die Position, dass die nationalistisch-sozialistische Synthese nur eine von mehreren Hauptquellen des frühen Faschismus war.[301]

Sternhell ist auch wegen seiner strikten Trennung von Faschismus und NS kritisiert worden. Er begründete diese Position mit dem speziellen Rassismus und Antisemitismus der Nazis und ihren beispiellosen Genoziden. Doch wie auch immer die Frage nach der Angemessenheit des Faschismusbegriffs für den NS beantwortet werden mag[302] – unstrittig ist, dass NS und Faschismen einige gemeinsame Merkmale aufwiesen und sich gegenseitig beeinflusst haben. Insofern Ähnlichkeiten zwischen dem frühen Faschismus in Frankreich und Italien sowie dem NS in seiner Bewegungsphase bestehen, können Sternhells Analysen auch das Verständnis des NS bereichern.

XI.8. Mosse: Modernisierungsängste als Impuls des Faschismus

Georg Lachmann-Mosse wurde 1918 in Berlin geboren, starb 1999 und wirkte jahrzehntelang als Geschichtsprofessor in den USA und Israel. Wie Sternhell war er der Shoah entkommen. Auch Mosse hielt den NS für einen Sonderfall, doch zählte er ihn anders als Sternhell trotzdem zu den Faschismen. Mosse drückte das Verhältnis des Besonderen zum Allgemeinen – also zwischen den Faschismen der einzelnen Länder und dem europäischen Faschismus insgesamt – in folgendem Satz aus:
«Jedes Land entwickelte den Faschismus, der seinem spezifischen Nationalismus gerecht wurde.»[303]

Faschismus als radikalisierter Nationalismus – diesen Gedanken teilen viele Faschismustheorien. Seit Beginn der Moderne entstanden nach und nach nahezu überall auf der Erde nationalistische Massenbewegungen; nicht wenige davon brachten einen Faschismus hervor. Wie die unterschiedlichen Nationalismen die historischen und kulturellen Bedingungen ihres Entstehungsbodens widerspiegeln, so gilt dies auch für die Faschismen. Wenn der Nationalismus einer Gesellschaft eher völkisch-rassistisch

301 S. das Buch von Stefan Breuer über Nationalismus und Faschismus in Deutschland, Frankreich und Italien.
302 S. «XIV.2. Schwierige Grenzziehungen...».
303 S. Mosse, Revolution, V/VI.

geprägt war, wie in Deutschland und vielen Ländern Ost-, Ostmittel- und Südosteuropas, dann traf dies auch auf den jeweiligen Faschismus zu. Bestand hingegen eine starke republikanische beziehungsweise liberale Tradition, wie in Frankreich und Italien, so färbte das auch auf den Faschismus dieser Nationen ab, in dem völkisch-rassistische Tendenzen folglich weniger Bedeutung hatten.

Ob nun völkisch-rassistisch geprägt oder nicht – jeder Nationalismus konnte sich in Krisenzeiten zu einem Faschismus radikalisieren. Mosse sah die Ursache dafür in den «*anxieties of modernity*», also den Verunsicherungen und Ängsten, die viele Menschen des 19. und 20. Jahrhunderts angesichts der schwer verständlichen, überwältigenden Mächte der kapitalistischen Modernisierung empfanden. In katastrophalen Krisen und Kriegen wurde die Unüberschaubarkeit und Unberechenbarkeit der Moderne leidvoll erfahren.[304]

Mosse deutete Nationalismus und Faschismus als Versuche der Menschen, mehr Kontrolle über ihre Lebensbedingungen zu gewinnen. Nationalismus und Faschismus versprachen starke, klar strukturierte Gemeinschaften; sie verhießen mithin Geborgenheit, Ordnung und Orientierung inmitten des Chaos.

Der Faschismus ist laut Mosse eine Rebellion gegen das, was aus nationalistischer Sicht als bedrohliche Seite der kapitalistischen Moderne empfunden wird. Daher kommt es, dass die faschistische Ideologie von Themen besessen ist, die mit diesen bedrohlichen Aspekten besonders eng verbunden sind oder symbolisch für sie stehen, wie etwa das internationale Finanzwesen. Gleichzeitig rebelliert der Faschismus gegen das Unpersönliche, gegen die zunehmende Versachlichung und Komplizierung der gesellschaftlichen Verhältnisse im modernen Kapitalismus. Der Faschismus verleiht einer Sehnsucht nach Einheit, Einfachheit und Ursprünglichkeit Ausdruck, die als massenhafte Reaktion auf die immer differenzierter und unübersichtlicher werdenden Arbeits- und Lebenswelten der Moderne entsteht.[305] Deswegen sind faschistische Subjekte so empfänglich für romantisch-mystische, gegen das Abstrakte, die Welt der Maschinen und der spezialisierten Arbeitsteilung gerichte-

304 Ähnliche Gedanken hatten auch andere Faschismustheoretiker*innen formuliert, zum Beispiel Fromm und Adorno. S. beispielhaft Adornos Vortrag «Aspekte des neuen Rechtsradikalismus».

305 Vgl. Ernst Bloch über die «Ungleichzeitigkeit».

te Stimmungen. Dennoch bedienen sich die Faschismen moderner Mittel und Methoden ohne Bedenken, wenn es gegen die von ihnen ausgemachten inneren und äußeren Feinde der Nation geht. Faschismen können antimoderne und traditionalistische Züge tragen, gleichzeitig aber technikbegeistert und hypermodern-avantgardistisch auftreten. Mosse arbeitete das widersprüchliche Verhältnis des Faschismus zur Modernität an konkreten Beispielen heraus.

Mosse widmete sich zahlreichen Fragen der Nationalismus- und Faschismusforschung. Eine besondere Vorreiterrolle spielte er mit seinen Studien zum Verhältnis von Nationalismus, Sexualität und Männlichkeit.[306] Ob es um die Entwicklung des faschistischen Stils in Massenchoreografie und Architektur, die esoterisch-mystische Seite der NS-Ideologie, faschistische Tendenzen in der französischen Arbeiter*innenbewegung oder in der deutschen Populärliteratur ging[307] – stets kam Mosse auf die sozialökonomischen Grundlagen zurück. Er betonte, dass sich die historischen faschistischen Bewegungen vorrangig aus rebellisch gewordenen jungen Männern des Bürgertums rekrutierten, auch wenn Arbeiter*innen gleichfalls für faschistische Parolen empfänglich sein konnten. Die Modernisierungsängste als wesentlicher Impuls der Faschismen machten vor dem Proletariat nicht halt.

Besonders intensiv untersuchte Mosse die Geschichte des radikalen «völkischen» Nationalismus in Deutschland und Österreich, so in dem 1964 erschienenen Buch «*The Crisis of German Ideology*».[308] Mosse stellte fest, dass der völkische Protofaschismus seine soziale Basis ursprünglich weder in Adel und Großbürgertum noch bei Bauernschaft oder Proletariat hatte, sondern im unteren und mittleren Bildungsbürgertum. Mosse beschrieb anschaulich die «schrulligen Denker [...] frustrierten Privatgelehrten [...] Volksschul- oder Gymnasiallehrer voller Galle und Haß»[309], welche die völkische Bewegung entscheidend prägten.

Mosse legte dar, wie sich die Faschisierung des deutschen Bürgertums konkret vollzog. Er behandelte die zentralen Multi-

306 S. beispielhaft Mosses Buch: «Das Bild des Mannes».

307 Diese u.a. Themen behandelte Mosse in der Aufsatzsammlung «*Masses and Men*».

308 Auf Deutsch erschien das Buch unter dem Titel: «Die völkische Revolution».

309 Mosse, Revolution, IV.

plikatoren der völkischen Ideologie in Bildungswesen, Massenmedien und Populärkultur. Er beschrieb die breite völkische Zivilgesellschaft, die unter anderem aus akademischen Verbindungen, Turner-, Sänger-, Schützen- und Veteranenvereinen sowie Jugendbünden bestand. So zeigte Mosse die protofaschistische Ideologie der Völkischen nicht als losgelöste, freischwebende Kopfgeburt, sondern als mächtige soziale Praxis mit eigener Dynamik.

XI.9. Griffin: Der faschistische Mythos nationaler Wiedergeburt

Mosse erwähnte einmal die für alle Faschismen typische Mystik von Leben und Tod, Untergang und Neuschöpfung, Opfer und Geburt.[310] Der 1948 geborene Oxford-Geschichtsprofessor Roger Griffin entwickelte in seinem Buch «*The Nature of Fascism*» (Das Wesen des Faschismus) von 1993 eine Faschismusdefinition, in deren Zentrum ein ähnlicher Gedanke steht. Griffins Definition machte damals Furore. Man sprach sogar von einem «neuen Konsens» nach einer jahrzehntelang kontrovers geführten und mittlerweile festgefahrenen Fachdebatte.

Griffin brachte wichtige Merkmale des Faschismus als Ideologie und Bewegung auf den Punkt. Ihm zufolge ist Faschismus ein in politischer, sozialer und ethischer Hinsicht revolutionärer populistischer Ultranationalismus, der eine neue dynamische Gemeinschaft unter neuen Führungsgruppen und mit heroischen Werten formen will. Seinen mythischen Kern stellt dabei eine ethnische, klassenübergreifende Bewegung der reinigenden nationalen Wiedergeburt beziehungsweise Neuentstehung oder Palingenesis dar.

Die zentralen Begriffe dieser Definition seien erläutert: Unter «Populismus» verstand Griffin eine Politik, die alle Klassen einer Nation ansprechen und einbeziehen will und nicht wie der traditionelle Konservatismus und der Liberalismus nur die Mittel- und die Oberschicht – und auch nicht, wie der Marxismus, nur die Arbeiter*innenklasse und allenfalls noch Teile des Kleinbürgertums. Auch Sternhell und Mosse hatten diesen Punkt behandelt. Der Erfolg des Faschismus zwischen den

310 Mosse, Masses, 92.

Weltkriegen lässt sich nicht ohne den Populismus verstehen: Der bürgerliche Parlamentarismus war damals eine Domäne kleiner konservativer und liberaler Führungsgruppen und schloss den Großteil der Bevölkerungen aus. Gleichzeitig fühlten sich große Teile dieser Bevölkerungen, vor allem die Mittelschichten und die traditionell-religiös gebundenen Menschen, sowohl von der reformistischen als auch von der revolutionären Linken nicht nur nicht angesprochen und vertreten, sondern sogar direkt bedroht. Das Ergebnis war eine tiefe Krise der politischen Systeme. Als Lösung und Ausweg bot sich der faschistische Populismus an und fand in einigen Fällen massenhaften Anklang.

Der Begriff «Ultranationalismus» meint bei Griffin einen Nationalismus, der durch keinerlei moralische oder religiöse Werte mehr begrenzt wird. Im ultranationalistischen Wertesystem steht also tatsächlich die Nation zuoberst, ähnlich wie bei Religionen die Gottheit.

Mit Palingenesis (auch: Palingenese) meinte Griffin die radikale, oft gewaltsam gedachte Neuerschaffung der Nation. Griffin zufolge sind wichtige Merkmale des palingenetischen Mythos, dass seine Anhänger*innen die eigene Lebenszeit als Wende- und Höhepunkt der Geschichte begreifen und einen neuen Menschentyp erschaffen wollen. Mit der Bestimmung der Palingenese als Wesensmerkmal des Faschismus fing Griffin dessen besondere Aggressivität und Dynamik als revoltierende Protestbewegung ein, die auch schon vielen anderen Beobachter*innen aufgefallen war.

Griffin betonte, dass der Faschismus nicht nur in Europa und nicht nur zwischen den beiden Weltkriegen auftrat, sondern dass er eine globale, nach wie vor aktuelle Erscheinung ist. Damit wies Griffin einer systematisch vergleichenden Faschismusforschung den Weg, welche die nationalhistorischen Beschränkungen der Vergangenheit und die Fixierung auf den Zeitraum 1918 bis 1945 zunehmend überwindet.

Griffin wurde dafür kritisiert, dass er imperialistische Eroberungskriege sowie das Streben nach Vernichtung bestimmter Bevölkerungsgruppen nicht in seiner Faschismusdefinition aufführte, wobei doch gerade diese Merkmale im Gedächtnis der Menschheit als typisch faschistisch verankert sind. Aber Griffin verfuhr wohl lediglich konsequent, als er die ideologische Grundstruktur des Faschismus auch bei solchen Bewegungen diagnostizierte, die keine historische Gelegenheit zu Völkermorden und Angriffskriegen erhielten.

Eine andere Kritik an Griffin lautet, dass seine Bestimmung der Palingenese als ideologischem Kernbestandteil des Faschismus willkürlich und nichtssagend sei. Der Mythos der Neugeburt ist nämlich keineswegs nur für die Faschismen typisch, sondern auch für andere radikale Bewegungen, zum Beispiel den revolutionären Marxismus. Gerade bei den Nationalismen und religiösen Fundamentalismen taucht die palingenetische Rhetorik und Symbolik häufig auf, sodass sich der Faschismus hierüber kaum zuverlässig abgrenzen lässt. Griffin führte den palingenetischen Mythos auf menschliche Daseinserfahrungen wie den Tod, die Geburt, den Wechsel der Jahreszeiten und die periodische Bewegung der Himmelskörper zurück. Gerade weil die Vorstellung von Wieder- und Neugeburt in solchen Ur-Erfahrungen wurzelt, wird sie in so vielen Mythen aufgerufen. Der Faschismus entspricht hier eher der Regel, als dass er eine Ausnahme wäre.

Doch kein einziges Element der faschistischen Ideologie und Praxis stellt wirklich ein Alleinstellungsmerkmal dar, auf dem eine präzise Definition aufgebaut werden könnte. Für alles finden sich Parallelen bei anderen Bewegungen und Lehren; bei jedem einzelnen Element ließe sich zeigen, woher die Faschisten es übernahmen oder woraus sie es entwickelten. Es ist das Ensemble der Elemente, worin das Wesen des Faschismus liegt. In diesem Ensemble spielt der Mythos der Neugeburt einer Gemeinschaft aus Kampf und Opfer eine zentrale Rolle – darauf hat Griffin zu Recht hingewiesen.

XII. Von den neueren zu den neuesten Theorien: Wippermann, Breuer, Mann, Reichardt, Paxton

Auch nach dem Jahre 2000 erschienen wichtige Beiträge zur Faschismustheorie. Einige davon lassen sich als praxeologisch, also praxiszentriert, bezeichnen. Sie gehören zu den autonomistischen Theorien. Andere Arbeiten verfolgten klassische geschichts-, gesellschafts- und politikwissenschaftliche Fragestellungen.

XII.1. Wippermanns «Dreiecksdefinition» des Faschismus

Der 1945 geborene Historiker Wolfgang Wippermann habilitierte 1978 mit einer Arbeit über die Bonapartismustheorie von Marx. Er veröffentlichte seither mehrere Bücher zum Faschismus, die auch für Einsteiger*innen gut geeignet sind. Wippermann sieht sich als Wissenschaftler dem Antifaschismus verpflichtet.[311] Ansonsten lässt er sich keiner theoretischen Richtung eindeutig zuordnen. Stattdessen übt Wippermann grundsätzliche Kritik sowohl an Totalitarismustheorien, marxistischen Faschismusanalysen, Kritischer Theorie als auch neueren ideozentrischen Ansätzen. In einem 1989 erschienenen Buch zum damaligen Stand der Fachdebatte[312] legte Wippermann dar, dass es keine allgemein anerkannte und zufrieden stellende Faschismustheorie gäbe. Daher plädierte er für eine methodisch und theoretisch vielfältige, möglichst umfassende und detaillierte Erforschung und Beschreibung der Faschismen. Alle verschiedenen Ansätze sollten mithelfen, die Basis für eine neue und verbindliche Theorie zu schaffen.

In den seither vergangenen Jahrzehnten wurde das von Wippermann vorgeschlagene Forschungsprogramm im We-

311 S. Wippermann, Globalgeschichte, 293.

312 «Faschismustheorien. Zum Stand der gegenwärtigen Diskussion.»

sentlichen erfüllt. Ab 1990 begann die Konjunktur einer systematisch vergleichenden, internationalen und epochenübergreifenden Faschismusforschung mit vielfältigen Ansätzen. Dennoch stellt Wippermann in seiner 2009 erschienenen «Weltgeschichte des Faschismus» erneut eine ernüchternde Diagnose: Die früher geläufigen Globaltheorien des Faschismus, so die aus Marxismus und Kritischer Theorie, könnten die tatsächlichen Aktionen faschistischer Bewegungen und Regime nicht befriedigend erklären; sie seien durch die Erfahrung widerlegt. Auch die neueren Theorien wiesen keinen Weg aus der Sackgasse, in der sich mittlerweile die gesamte Faschismustheorie befinde. Wippermann schlägt wie schon 1989 eine Hinwendung zur empirischen (auf Erfahrung basierenden) Forschung und zum Vergleich vor, und zwar auf Grundlage des folgenden, von ihm selbst entwickelten «Realtypus» des Faschismus:

«Faschistische Parteien waren hierarchisch nach dem Führerprinzip gegliedert, verfügten über uniformierte und bewaffnete Abteilungen und wandten einen damals neuartigen und spezifischen politischen Stil an, wobei man auf Massenaufmärschen und -kundgebungen den jugendlichen und zugleich männlichen Charakter betonte und ihn mit pseudoreligiösen und gewaltbetonten Riten und Ritualen feierte. Im Mittelpunkt stand jedoch das Bekenntnis zur und die Ausübung von schrankenloser Gewalt gegen verschiedene und durchaus austauschbare ‹Feinde›. In der Regel waren dies Kommunisten und Sozialisten sowie Juden und andere rassistisch stigmatisierte Minderheiten. Diese Gewaltausübung wurde mit dem Hinweis auf eine Ideologie begründet, die mehr war als bloß verschleiernde Propaganda, sondern einen programmatischen Charakter hatte. Die faschistische Ideologie setzte sich aus einem rassistischen Kern zusammen, um den sich weitere antisemitische, antimarxistische, antidemokratische, antifeministische und vor allem nationalistische Elemente gruppierten. Zur Macht gelangten diese Parteien in der Situation eines politischen und sozialen Gleichgewichts durch einen Putsch oder ein Bündnis mit den konservativen Kräften, in dem sich die Faschisten aber gegenüber ihren konservativen Partnern durchsetzten und, gestützt auf ihre Parteiarmee und im Besitz der Exekutive, einen weitgehend totalen Staat errichten konnten.»[313]

313 Wippermann, Weltgeschichte, 12.

In dieser weniger erklärenden als beschreibenden Zusammenfassung sind Aussagen zur historischen Entwicklung der Faschismen ebenso enthalten wie zu Kernmerkmalen ihrer Ideologie, Herrschaftsweise, Organisation und Praxis. Vieles davon findet sich auch in anderen Faschismusdefinitionen.

Wippermann schränkt ein, dass sein «Realtypus» stark am italienischen Faschismus orientiert ist und nicht auf alle Entwicklungsphasen sämtlicher Faschismen passt. Deswegen schlägt er eine neue «Dreiecksdefinition» vor, derzufolge Faschismus in einer «klassischen», einer «bonapartistischen» und einer «fundamentalistischen» Variante existiert. Die klassische Variante entspricht dem oben zitierten «Realtypus». Die bonapartistische Variante meint einen «Faschismus von oben»: Auf Polizei und Armee gestützte Regime, die in der Situation eines politisch-sozialen Kräftegleichgewichts ihre Herrschaft errichten und sich dann mit faschistischen Parteien verbünden oder aber eine Staatspartei aufziehen, welche die Bevölkerung mobilisiert und kontrolliert. Wippermann nannte Beispiele aus der Zwischenkriegszeit (die Diktaturen von Franco in Spanien, Pilsudski in Polen, Horthy in Ungarn) und der Nachkriegszeit (die argentinische Militärdiktatur sowie die Baath[314]-Regime in Syrien und im Irak). Fundamentalistisch schließlich wären religiös begründete Faschismen wie das Regime der slowakischen Nazi-Kollaborateure unter Tiso, aber auch evangelikale Rechte in den USA, die islamistische Diktatur im Iran sowie die Muslimbruderschaft und ihre Abkömmlinge wie die palästinensische Hamas.

Der bonapartistische und der fundamentalistische Faschismus werden von Wippermann leider nicht näher bestimmt. Er ordnet verschiedene Regime und Parteien aus Afrika, Amerika, Asien und Europa einem der drei Typen zu, wobei keine durchgehenden Kriterien sichtbar werden. Manchmal nennt Wippermann das Vorhandensein oder Nicht-Vorhandensein einer Massenpartei, ein anderes Mal das Begehen von Massenmorden und anderen Verbrechen und dann wieder eine bestimmte ideologische Ausrichtung als Begründung.

Die «Dreiecksdefinition» bleibt also erklärungsbedürftig, aber sie erfüllt ihren Zweck für ein Programm vergleichender

314 Das hier «Baath» geschriebene arabische Wort kann mit «Wiedergeburt» übersetzt werden und steht für einen all-arabischen Ultranationalismus.

Forschung. Wie eine nicht zu eng, aber auch nicht zu weit gefasste Suchanfrage fängt sie eine überschaubare Zahl von Kandidaten ein, die dann näher zu untersuchen und vergleichen wären. Somit kann Wippermanns Dreiecksdefinition die Faschismusforschung tatsächlich anregen.

XII.2. Breuer: Faschismus als Parteityp und Politikstil

Stefan Breuer, Jahrgang 1948 und Hamburger Professor für Soziologie im Ruhestand, hat zahlreiche Studien zur historischen extremen Rechten in Deutschland und anderen Ländern vorgelegt und ist Experte für das Werk von Max Weber (1864–1920), einem der Begründer der Soziologie. In dem Buch «Nationalismus und Faschismus. Frankreich, Italien und Deutschland im Vergleich.» von 2005 charakterisiert Breuer den Faschismus als einen besonderen Parteityp und Politikstil, der durch systematische Gewaltanwendung, Patronage und charismatische Herrschaft gekennzeichnet ist. Patronage bedeutet hier, dass die faschistische Führung ihre Gefolgsleute begünstigt und belohnt – etwa durch Postenverteilung, Geld oder Sachwerte – wenn sie die Staatsmacht und deren Ressourcen unter Kontrolle hat. Das Konzept der charismatischen Herrschaft lässt sich mit Max Webers Soziologie etwa so umreißen: Die Beherrschten glauben daran, dass der jeweilige Herrscher oder Führer übermenschliche Fähigkeiten besitzt. Dieser politisch-religiöse Effekt kann zustande kommen, wenn die Führungsfigur einen starken Glauben an sich selbst und ein großes Talent zur Selbstinszenierung hat, wenn sie durch raffinierte, intensive Propaganda und Personenkult auf einen Sockel gehoben wird, und wenn das alles auf eine krisengeschüttelte Gesellschaft trifft, in der sich Menschenmassen nach Erlösung sehnen. Mit Webers Konzept der charismatischen Herrschaft lässt sich gut die wichtige Rolle der Führer in den Faschismen beschreiben.[315]

Der faschistische Parteityp und Politikstil kann nach Breuer nur in einer Gesellschaft entstehen und erfolgreich sein, die ein modernes Parteiensystem und moderne Strukturen der politischen Kommunikation ausgebildet hat, das heißt vor allem

315 S. den Artikel «Faschismus, eine charismatische Herrschaft?» von Fabian Kunow.

Massenmedien und eine nationale Öffentlichkeit. Im 19. Jahrhundert wiesen nur wenige Länder diese Merkmale von Modernität auf; im 20. Jahrhundert nahm die Zahl solcher Länder sprunghaft zu. Doch noch heute gibt es einige Gesellschaften, die entsprechende Modernisierungsprozesse nicht oder kaum erlebt haben und folglich auch keinen Faschismus ausbilden können.

Gar nichts hält Breuer davon, die Faschismen anhand ihrer Ideologie beschreiben und erklären zu wollen, wie es die ideozentrischen Ansätze tun. Seiner Meinung nach strebten die historischen faschistischen Parteien vor allem nach Macht und kombinierten in ihrer Propaganda viel zu widersprüchliche Ideologeme, als dass sich eine gemeinsame und grundlegende faschistische Ideologie, ein «faschistisches Minimum», finden ließe.

Mit dieser Argumentation erinnert Breuers generischer, von der politischen Praxis ausgehender Ansatz an ältere Theorien des Faschismus als Nihilismus und Machiavellismus. Bei Breuer muss Ideologie ein halbwegs zusammenhängendes und folgerichtiges Gedankensystem mit geschichtlicher Kontinuität und identifizierbaren Quellen sein. Vor allem aber zeichnet sich echte Ideologie für Breuer dadurch aus, dass sie sich nur wenig gebrochen in die politische Realität überträgt. Andere Forscher*innen würden diesen Begriff von Ideologie zu eng und ihrer gesellschaftlichen Funktionsweise unangemessen finden.[316]

Fraglich ist in der Tat: Als was sollen Bewegungen gelten, deren Ideologie den Inhalten nach faschistisch ist, denen aber charismatische Führer, Patronage und systematische Gewalttätigkeit fehlen? Nach 1945 gab es eine Reihe derartiger Formationen in Europa. Was ist umgekehrt mit Bewegungen, die Gewalt, Patronage und charismatische Führung aufweisen, sich moderner Massenmedien bedienen und sich in einem Parteienwesen modernen Typs bewegen, aber von der Ideologie her nicht faschistisch sind? Ein Beispiel hierfür wäre die von Hugo Chavez gegründete Bewegung in Venezuela.

Trotz möglicher Schwächen seines Faschismusbegriffs gibt Breuer eine höchst differenzierte und informative Darstellung der von ihm untersuchten Faschismen. Beim italienischen Frühfaschismus sieht er drei Hauptströmungen: den Futurismus, den

316 S. «X.7. Der althusserianische Ansatz...» und «XI.5. Sternhell, Erforscher des frühen Faschismus».

Nationalsyndikalismus und den Rechtsnationalismus. Sie alle mündeten in den «*Partito Nazionale Fascista*» (PNF) Mussolinis. Die NSDAP setzte sich Breuer zufolge zunächst aus einem großen Teil der völkischen Bewegung, dann aus «Neonationalisten» wie den Nationalrevolutionären um die Gebrüder Strasser, und schließlich den «Rasse-Aristokraten» vom Schlage des späteren SS-Führers Himmler zusammen. Bei der extremen Rechten Frankreichs vor 1945, die nie zur Einheit fand, passt keine Fraktion in Breuers Faschismusdefinition.[317]

Breuers Buch hilft, das Innenleben der Faschismen in Deutschland, Italien und Frankreich zu verstehen, und es zeigt, dass sich die unterschiedlichen Strömungen in zentralen Punkten wie Ultranationalismus und Militarismus, Antiliberalismus und Antimarxismus einig waren. Aber Breuer zeigt auch, wie fraktioniert ein Faschismus sein kann und wie sehr die Unterschiede zwischen den Fraktionen historisch ins Gewicht fallen. Der NS zum Beispiel verdankte einen erheblichen Teil seiner Radikalität den «Rasse-Aristokraten».

XII.3. Mann und Reichardt: Parteimiliz und Kampfbund als Ankerpunkt der Analyse

Wie Breuer ist der 1942 geborene britisch-amerikanische Gelehrte Michael Mann ein Soziologie-Professor. In einem 2007 erschienenen Beitrag für «Mittelweg 36», die Zeitschrift des Hamburger Instituts für Sozialforschung, resümierte Mann die wichtigsten Stränge der Faschismustheorie und stellte «vorbereitende Überlegungen für eine Soziologie faschistischer Bewegungen» an. Eine seiner Fragen war, inwiefern die unterschiedlichen Faschismustheorien eine ernsthafte soziologische Untersuchung von Mitgliedern und Wähler*innen der faschistischen Parteien leisteten. Manns kritische Antwort: Häufig blieb es bei unzureichend empirisch überprüften und wenig differenzierten Konzepten. Wenn aber doch Merkmale wie Alter,

317 Einige der in der Fachliteratur als faschistisch bezeichneten Gruppierungen dieser Zeit in Frankreich waren die *Action Française* (Französische Aktion, AF) unter Charles Maurras, die *Faiscaux* (Bünde) des Georges Valois, der *Parti Populaire Français* (Französische Volkspartei, PPF) von Jacques Doriot und der *Rassemblement National Populaire* (Nationaler Volkszusammenschluss, RNP) unter Marcel Déat.

Geschlecht, Bildung, Konfession, regionale Herkunft und militärischer Hintergrund erfasst wurden, dann fehlte meist eine gründliche Auswertung. Insgesamt sei der Kern der faschistischen Anhänger*innenschaft nur schlecht erforscht und alle Theorien hätten dabei versagt, ein Muster zu finden, auf dem eine soziologische Erklärung des Faschismus basieren könnte. Mann fragt klassisch-soziologisch nach den typischen Organisations- und Praxisformen der faschistischen Bewegungen und will das Profil ihrer Mitglieder präzise erfassen. Ihm zufolge war der «Paramilitarismus» die wichtigste Organisationsform und das wichtigste politische Mittel der Faschismen sowie gleichzeitig die Verkörperung ihrer Schlüsselwerte und die Vorwegnahme ihres utopischen Ziels, nämlich einer militärisch organisierten, von Idealismus und Kameradschaft geprägten nationalen Gemeinschaft. In den «von unten» her gebildeten Parteimilizen sieht Mann den zentralen Unterschied zwischen den Faschismen und anderen rechten Regimen.

Nah daran liegt der praxeologische Ansatz, den der 1967 geborene Historiker Sven Reichardt in seinem 2002 erschienenen monumentalen Werk über «Faschistische Kampfbünde» verfolgt. Es handelt sich wohl um die bisher gründlichste Darstellung des *squadrismo* bis 1922 und ebenso der SA bis 1933, wobei Reichardt nicht nur die Fachliteratur auswertete, sondern auch zusätzliches Quellenmaterial erschloss und die italienischen sowie deutschen Kampfbünde systematisch verglich.

Reichardt stellt das Alltagshandeln der Schwarz- und Braunhemden in den Mittelpunkt, nicht aber ihre Ideologie oder ihr Verhältnis zu Großbürgertum und Großgrundbesitzern. Dabei liegen seiner Untersuchung soziologische, sozialpsychologische und politikgeschichtliche Erkenntnisse zu Grunde. Die bisherigen Ansichten zur Zusammensetzung der Kampfbünde, zu Werdegang und sozialer Lage sowie Alter ihrer Mitglieder werden anhand einer Fülle von Daten überprüft und ergänzt. Das Buch analysiert Mentalität und Charakter der Kampfbündler und lässt sich in dieser Hinsicht als empirische Bestätigung und Erweiterung der Studien zur autoritären Persönlichkeit und soldatischen Männlichkeit lesen. Viel Beachtung finden außerdem Polizei und Justiz, deren Verhalten die Erfolgschancen der faschistischen Milizen entscheidend beeinflusste.

Reichardt zeigt, dass die Kampfbünde tatsächlich das Kernelement des Faschismus in seiner Bewegungsphase sind, also vor Übernahme der politischen Macht. Mit dem Kampfbund als zentraler Praxis- und Vergemeinschaftungsform hängen die faschistische Ideologie und Mentalität sowie der faschistische Politikstil innerlich und ursächlich zusammen.

Reichardts Buch ermöglicht viele Analogieschlüsse auf neofaschistische Bewegungen, von denen sich nicht wenige selbst in die Tradition der SA oder des *squadrismo* stellen. Insofern lassen sich auch Hinweise für antifaschistische Strategie gewinnen. Dies betrifft das staatliche Handeln und ebenso die zivilgesellschaftliche Gegenmacht. Wie die Dynamik eines faschistischen Kampfbundes zu brechen wäre, was dessen empfindliche Punkte sind, etwa die Rückzugsräume – auch das geht indirekt aus Reichardts Werk hervor.

XII.4. Faschismus als sozialer Prozess: Paxtons Phasenmodell

Der 1932 geborene Robert Owen Paxton ist emeritierter, das heißt aus Altersgründen freigestellter, Geschichtsprofessor der New Yorker Columbia-Universität. Als Experte für das Vichy-Regime[318] nahm er mehrfach Einfluss auf geschichtspolitische Debatten in Frankreich. Sein Buch «*Anatomy of Fascism*» (Anatomie des Faschismus) erschien 2004, dann 2006 auf Deutsch, und 2007 schob Paxton einen komprimierten Aufsatz mit dem Titel «Die fünf Stadien des Faschismus» in der Fachzeitschrift «Mittelweg 36» nach.

Paxton schuf ein mehrstufiges Erklärungsmodell, um der Vielschichtigkeit des Faschismus gerecht zu werden, und vereinte dabei die Überlegungen verschiedener Faschismustheorien. Er fasst den Faschismus als sozialen Prozess auf – als etwas, das in einer Gesellschaft und mit einer Gesellschaft passiert. Schon auf dem Einband von «Anatomie des Faschismus» steht, warum sich die Lektüre lohnt:
«Die politische Gefahr des Faschismus ist keineswegs überwunden. Auf einer ersten Stufe existiert er auch heute in allen größeren Demokratien.»

318 Das mit Nazideutschland kollaborierende Regime unter Marschall Pétain, das 1940–1944 in Teilen Frankreichs existierte, wird oft nach seinem Regierungssitz Vichy benannt.

Deshalb beschäftigt sich Paxton mit Westeuropa nach 1945, mit Osteuropa nach dem Zusammenbruch der Sowjetunion und auch mit Faschismus außerhalb Europas. Er betont den besonderen gesellschaftlichen und nationalen Kontext des jeweiligen Faschismus und weist dabei auf häufig vernachlässigte historische Umstände hin. Zum Beispiel: Der Faschismus stellt sich als Gegenmodell zur parlamentarischen Demokratie dar und setzt daher die Existenz derselben oder zumindest einiger ihrer Elemente voraus. Erst bestehende Formen demokratischer Beteiligung der Massen ermöglichen eine faschistische Massenbewegung gegen Demokratie, Liberalismus und Parlamentarismus. Deshalb verortet Paxton die ersten faschistischen Ideologeme und Bewegungen in den USA ab 1860 – als in Europa noch fast nur Monarchien bestanden – und deutet sie als Reaktion auf Fehlleistungen der US-Demokratie.

Paxton fragt immer wieder, warum der Faschismus in einer Gesellschaft erfolgreich ist und anderswo nicht. Faschismus ist ihm zufolge stets Ideologie und Praxis zugleich und stellt sich in jedem seiner Stadien unterschiedlich dar; er ist nicht statisch. Zudem ändern sich in jedem Stadium nicht nur die Erscheinungsformen des Faschismus, sondern auch seine Träger*innen. Sind es zunächst einzelne Intellektuelle, so dominieren später die Mittelschichten, während in der Phase der Machtausübung eine nationale «Elite» in den Vordergrund rückt, die sich aus den «alten Kämpfern»[319] der Bewegung, den traditionellen Herrschaftsgruppen und erfolgreichen Karrieristen zusammensetzt. Paxton vergleicht den Faschismus mit einem Bus, in den immer wieder Menschen ein- und aussteigen.

XII.5. Phase I: Initiation

Angetrieben durch tief empfundene Krisenwahrnehmung erschaffen kleine intellektuelle Zirkel die Grundform der faschistischen Ideologie. Dabei greifen sie auf Traditionen und Mythen zurück, die in der jeweiligen Gesellschaft populär sind. Es geht ihnen um die Rettung der Nation vor Niedergang und Untergang. Paxton hält die Drohkulisse «einer reifen und ex-

319 «Alte Kämpfer» hießen im NS-Jargon diejenigen Mitglieder der Nazi-Partei, die ihr schon vor der Machtübertragung 1933 beigetreten waren.

pandierenden sozialistischen Linken»[320] für eine unverzichtbare Voraussetzung des Faschismus. Es handelt sich um die gefühlsbetonte Angstreaktion einiger Angehöriger der Mittelschichten und der «Eliten», denen sich aber auch enttäuschte Linke anschließen können. In diesem Frühstadium ist der Faschismus besonders attraktiv für Intellektuelle. Gleichzeitig zeigt er sich hier besonders wandlungsfähig, da er Einfluss gewinnen und keine Randgruppe bleiben will.

XII.6. Phase II: Aufschwung

Setzt sich die Krise fort, dann können die Faschismen in einer zweiten Phase massenhaften Zulauf erhalten und sich im politischen System etablieren. Sie werden zu Parteien, die über Klassen- und Konfessionsgrenzen hinweg Mitglieder und Wähler*innen gewinnen können. Die Faschismen, denen dies gelang, boten sich den traditionellen «Eliten» als schlagkräftige Verbündete gegen gemeinsame linke und proletarische Feinde an. In der Folge wurde der ursprüngliche faschistische Antikapitalismus gestrichen oder stark abgeschwächt beziehungsweise auf Antisemitismus reduziert. Faschismen aber, die an ihrer reinen Lehre festhielten, blieben Außenseiter.

XII.7. Phase III: Machtübernahme

In historisch seltenen Situationen kann es zur Machtübernahme durch den Faschismus im Bündnis mit alten Herrschaftsgruppen kommen. Dies nur dann, wenn die herrschende staatliche und ideologische Ordnung geschwächt ist und die traditionelle Rechte abgewirtschaftet hat, während linke Kräfte keine alternative Krisenlösung durchsetzen können. Wenn die alten Herrschaftsgruppen dazu in der Lage sind, so errichten sie lieber eine autoritäre Herrschaft mit dem eigenen Personal, als sich auf das immer riskante und problematische Bündnis mit einer faschistischen Massenbewegung einzulassen.

Paxton schaut auf die historische Krisensituation, welche die Machtübernahme ermöglichte, und auf die Motive der konservativen Komplizen des Faschismus. Eine «Machtergreifung»

320 Paxton, Anatomie, 70.

fand weder in Italien 1922 noch in Deutschland 1933 statt. Für Paxton ist die «Machtergreifung» ein Mythos, der Mussolini und Hitler nutzte. Stattdessen fragt er, was die Faschisten dem Establishment anbieten konnten: Eine Massenbasis, die gewaltsame Zerschlagung der Linken, jugendlich-männlichen Schwung sowie das Gefühl, die Unordentlichkeit der Verhältnisse überwinden zu können. Die konservativen Komplizen dachten, dass sie Hitler und Mussolini aus dem Hintergrund lenken könnten.

In den meisten Ländern vermochten konservative Regime oder funktionierende bürgerliche Staatsapparate den Faschismus durch Repression und Integration wieder in das zweite Stadium nach Paxtons Modell zurückzudrängen. Anders als in Italien und Deutschland hatten die traditionellen «Eliten» dieser Länder nie eine solche Angst um Macht, Besitz und Privilegien, dass sie das riskante Bündnis mit den Faschisten eingegangen wären.

Als Mussolini und Hitler schließlich in Koalitionsregierungen saßen, errichteten sie eine echte Diktatur, «indem sie ihr quasikonstitutionelles Amt in unbegrenzte persönliche Autorität umwandelten».[321] In dieser Phase der Herrschaftsstabilisierung wurde auch die parteiinterne Opposition ausgeschaltet.

Die siegreichen Faschisten Deutschlands und Italiens exportierten ihr Gesellschaftsmodell nicht militärisch in andere Länder. Als Imperialisten waren sie vor allem an einer möglichst wirksamen Machtprojektion in die besetzten, verbündeten oder zu Satellitenstaaten gemachten Länder und an ihrer wirtschaftlichen und militärischen Ausnutzung interessiert:
«Die wichtigste Rolle, die Hitler den einheimischen Faschisten in den besetzten Ländern zugedacht hatte, war die Rekrutierung örtlicher Freiwilliger, um an der Ostfront zu frieren und zu sterben».[322]

XII.8. Phase IV: Machtausübung

Diese Phase ist vor allem durch ständige Auseinandersetzungen innerhalb der faschistischen Führung, aber auch zwischen dieser und den traditionellen «Eliten» geprägt. Paxton führt zahlreiche Forscher*innen an, die faschistische Regime als nicht

321 Ebd., 157.
322 Ebd., 167.

monolithisch (nicht aus einem Block) und somit als nicht statisch beschrieben. Vielmehr konnte sich erst durch das Neben- und Gegeneinander verschiedener Machtzentren eine über allem stehende und alles zusammenhaltende Führerherrschaft entfalten. Vor allem die deutschen, aber in geringerem Maße auch die italienischen Faschisten errichteten laut Paxton erfolgreich parallele Herrschaftsapparate, welche etwa den Bereich der Freizeitgestaltung übernahmen und so die gesamte Gesellschaft bis auf ein paar «Inseln der Abgetrenntheit»[323] durchzogen. Eine stetig wichtiger werdende Rolle spielten eigene faschistische Gewaltorganisationen wie SS und Sicherheitsdienst (SD), die mit den überkommenen militärischen, polizeilichen und geheimdienstlichen Strukturen konkurrierten.

Als Problem für die faschistischen Parteien an der Macht ergab sich, dass nun massenhaft opportunistische Karrieremacher*innen in die eigenen Reihen strömten. Die alten Herrschaftsgruppen verloren ihre Macht schrittweise an die neuen faschistischen Strukturen beziehungsweise an deren Personal. Ganz ersetzt wurden sie trotzdem nicht.

Die faschistischen Regime konnten auf breite gesellschaftliche Mehrheiten zählen. Der permanente Terror traf nur allgemein verhasste Feinde, Außenseiter*innen oder Minderheiten. Eine «faschistische Revolution» in dem Sinne, wie der Marxismus eine soziale Revolution definiert, fand nicht statt. Eigentumsverhältnisse und soziale Hierarchien wurden nie grundsätzlich in Frage gestellt. Der Faschismus bezweckte eine politische, kulturelle und ideologische Revolution, welche die Nation in den mentalen Kriegszustand versetzen sollte.

XII.9. Phase V: Radikalisierung oder Entropie (Rückbildung)

«Faschistische Regime konnten es sich an der Macht nicht einfach bequem machen»[324], schreibt Paxton, denn sie hatten zu viel versprochen und zu viele unterschiedliche Interessen zu bedienen. Deshalb mussten sie, auch um die eigene Basis zu besänftigen, den Eindruck erwecken, eine ständig vorwärts stürmende Kraft zu sein. Aus dieser selbst verschuldeten Zwangsla-

323 Ebd., 181.
324 Ebd., 218.

ge gab es laut Paxton zwei Auswege: Entweder abkühlen und zu einem gewissermaßen «normalen» autoritären Regime werden oder sich immer weiter radikalisieren und expandieren – natürlich auf Kosten anderer Länder. Letzteres war der deutsche Weg, der vor allem durch brutale Eroberungen in Osteuropa ermöglicht wurde. Hier konnten die Nazis ihre Fantasien von radikaler, rassistischer Umgestaltung der Gesellschaft mittels Massenmord ausleben. Die Herrschaft Mussolinis hingegen bewegte sich zwischen Normalisierung und Radikalisierung hin und her. In der mit deutscher Hilfe 1943 installierten «Republik von Salò»[325] konnte Mussolini wieder zu den radikalen Impulsen des frühen *fascismo* zurückkehren, da er keine Rücksicht mehr auf konservative und klerikale Komplizen nehmen musste.

Im Radikalisierungsstadium zeigt sich für Paxton der Faschismus in seiner klarsten Form, «der Freisetzung zerstörerischer Gewalt».[326] Da aber nur Nazideutschland völlig in dieses Stadium gelangte, ist ein Vergleich mit anderen Faschismen kaum möglich. Ob es zur finalen Radikalisierung kommt, hängt stark vom Verlauf der Auseinandersetzungen innerhalb der Führungsgruppen in der vierten Phase ab und davon, ob folgende Bedingungen gegeben sind: Die ständige Mobilisierung der Bevölkerungsmassen, der Aufbau eigener faschistischer Machtstrukturen und Gewaltorganisationen, und vor allem ein großer Krieg, der das faschistische Zerstörungspotenzial vollends entfesselt.

325 Benannt nach dem Sitz dieses Vasallenregimes am Gardasee.
326 Paxton, Anatomie, 248.

XIII. Unterschiedliche Stärken der Faschismustheorien

Anhand von Paxtons Phasenmodell lässt sich zeigen, wo die analytischen Stärken, aber auch die Schwächen verschiedener Theorien liegen. Bei der Analyse der beiden ersten Phasen – sie umfassen die Gründung faschistischer Gruppierungen und ihren Aufschwung zu politisch relevanten Parteien – können die «ideozentrischen» Theorien besonders gut helfen. Denn in der anfänglichen Bewegungs- und Oppositionsphase der Faschismen spielt die ideologische Arbeit radikalisierter Intellektueller eine überaus wichtige Rolle. Die Faschisten bringen hier ihre Gesellschaftskritik und ihren Gesellschaftsentwurf noch recht unverstellt zum Ausdruck, weil sie außen- und innenpolitisch wenig Rücksichten nehmen müssen, zum Beispiel auf Verbündete aus den traditionellen Herrschaftsgruppen.

Die Bündnisbeziehungen zwischen den traditionellen «Eliten», insbesondere den großbürgerlichen, und den faschistischen Führungsgruppen sind ein wichtiges Thema der marxistischen Theorien. Deren analytische Stärke liegt daher besonders bei demjenigen Teil der Geschichte des Faschismus, der durch diese Bündnisse entscheidend geprägt wurde. Es handelt sich um die Phasen Drei und Vier nach Paxton: Machtübernahme sowie Ausübung und Stabilisierung der Herrschaft.

Weil die meisten marxistischen Analytiker*innen praktische Hinweise zur Verhinderung von Faschismus geben wollten, widmeten sie der kritischen Phase vor, während und nach der Machtübernahme gesteigerte Aufmerksamkeit. Denn hier, wo die faschistischen Führer die Schalthebel der Staatsmacht noch nicht oder nicht vollständig kontrollieren, können sie von einer breiten Widerstandsbewegung gestürzt werden. Detaillierte Analysen dieses Zeitabschnitts legten etwa Trotzki, Kühnl, Opitz und Poulantzas vor.

Alle marxistischen Theorien fokussieren auf den Zusammenhang zwischen Kapitalismus und Faschismus; in dessen allseitiger und tiefgründiger Analyse liegt demnach ihre Hauptstärke. Schwächen zeigen sich, je mehr diese Theorien durch das traditionell-marxistische Schema von ökonomischer «Basis» und politisch-kulturell-ideologischem «Überbau» geprägt sind. Dieses Schema hindert daran, die relative Eigenständigkeit des Faschismus als Ideologie, Bewegung und Regime wahrzunehmen. Daher sind Selbstverständnis und Antrieb der faschistischen Bewegungen in vielen marxistischen Darstellungen nur undeutlich und unvollständig erkennbar. Schwer fällt marxistischen Beobachter*innen oft, den Unterschied zwischen faschistischen und autoritär-konservativen Phänomenen sowie den Charakter der faschistischen Rebellion gegen bürgerlich-liberale Elemente des Kapitalismus zu bestimmen. Legt man Paxtons Phasenmodell an, so haben die marxistischen Theorien ihre Schwächen in den Phasen Eins und Zwei sowie bei der möglichen finalen Radikalisierung in Phase Fünf. Sie sind also dort eher schwach, wo die relative Eigenständigkeit und die Bewegungsdynamik des Faschismus besonders deutlich zum Ausdruck kommen.

Nun behandelt aber ein erheblicher Teil der faschismustheoretischen Literatur gar nicht eigentlich den Faschismus in seinen Entwicklungsphasen. Vielmehr geht es sehr oft um Verhältnisse, die dem Faschismus vorausgehen: seine Ursachen und Entwicklungsbedingungen in der modernen kapitalistischen Gesellschaft. Dabei richten sich die Fragestellungen und Interessenschwerpunkte der einzelnen Theorien auf verschiedene analytische Ebenen. Mit den ganz großen gesellschaftlichen Zusammenhängen, auch «Makro-Ebene» genannt, beschäftigen sich besonders die soziologischen Ansätze. Dazu gehören zum Beispiel die Modernisierungstheorien des Faschismus, vor allem aber die marxistischen Analysen.

Hingegen setzen psychologische beziehungsweise psychoanalytische Theorien bei den Individuen an, also gleichsam auf der Mikro-Ebene. Hier geht es darum, wie die Gesellschaft massenhaft Subjekte hervorbringt, die für Faschismus anfällig sind – etwa «autoritäre Persönlichkeiten» und «soldatische Männer».

Zwischen Mikro- und Makro-Ebene, also auf einer mittleren, der Meso-Ebene, liegen diejenigen Faschismustheorien, die sich auf gesellschaftliche Teilbereiche wie Ideologie und Diskurs sowie Institutionen und Organisationen konzentrieren. Hierher gehören zum Beispiel ideozentrische und praxeologische Ansätze. Da die meisten Theorien den Faschismus ganzheitlich erklären sollen, enthalten sie fast immer sowohl Aussagen zur Makro- als auch zur Meso- und Mikro-Ebene – aber mit unterschiedlicher Schwerpunktsetzung.

XIV. Einige historische, aktuelle und zukünftige Probleme der Faschismustheorie

Häufig drehen sich Debatten darum, ob bestimmte Gruppierungen, Strömungen, Ideologien und Regime als faschistisch bezeichnet werden sollten oder ob eher andere Begriffe angemessen sind. Diese Frage hat immer auch mit moralischer Beurteilung und politischer Positionierung zu tun. Nun fehlt aber eine allgemein anerkannte Faschismusdefinition und der Faschismusbegriff ist durch inflationären polemischen Gebrauch verwischt und entgrenzt worden. Daher scheint es ratsam, nicht so sehr darüber zu streiten, ob ein bestimmtes Phänomen als faschistisch bezeichnet werden darf oder muss. Die unterschiedlichen Faschismustheorien können vielmehr als Werkzeuge dienen – zum Untersuchen und Vergleichen, zum Verdeutlichen von Gemeinsamkeiten und Unterschieden. Faschismustheorien sind nützlich, wenn sie helfen, ein Phänomen unter die Lupe zu nehmen.

Wenn Einzelphänomene daraufhin untersucht werden, ob sie als faschistisch gelten können, dann wäre zu bedenken: Eine generische Theorie und ihr Faschismusbegriff können niemals die Untersuchung des Einzelfalls ersetzen. Die Erklärungskraft einer allgemeinen Faschismustheorie wird immer nur so weit reichen wie die Gemeinsamkeiten zwischen den Faschismen.

Der Historiker Arnd Bauerkämper schrieb 2006 von den «Bruchlinien der Modernisierung» als Entstehungsgrund der Faschismen. Doch die europäische Moderne sei multipel (mannigfaltig) gewesen und hätte sich in einer ebenfalls multiplen faschistischen Gegen-Moderne gespiegelt.[327] Das ist einer der Hauptgründe, warum statt einer sauber abgrenzbaren Gruppe von Faschismen eine unscharfe Bandbreite faschismusartiger Phänomene vorliegt. Paxton bemerkte zur Situierung und Vielfältigkeit der Faschismen:

«Da sie ihre Losungen und Symbole dem patriotischen Repertoire einer bestimmten Gemeinschaft entnehmen, sind die einzelnen Faschismen in ihren Sprachen und Insignien [Herr-

327 Bauerkämper, 184.

schaftssymbolen] radikal einzigartig. [...] Es sind lediglich die Funktionen, in denen sie einander gleichen.»[328]

Um sinnvoll mit dem Faschismusbegriff zu operieren, sollten dessen unterschiedliche Bedeutungsebenen bedacht werden: Dieser Begriff kann die Ebene von Ideologie, Programmatik und politischer Bewegung, von Organisations- und Praxisformen oder von staatlicher Herrschaft meinen. Wenn klar wird, um welche dieser Ebenen es geht, dann sind einige Missverständnisse und falsche Verallgemeinerungen eventuell zu vermeiden.

XIV.1. Rechtspopulismus, «illiberale Demokratie» und autoritärer Etatismus

Die Erfolge neuartiger, häufig als «rechtspopulistisch»[329] bezeichneter Rechtsaußen-Kräfte während der letzten beiden Jahrzehnte haben die Faschismusdiskussion befeuert. Unzählige Kontakte und biografische Berührungen zwischen rechtspopulistischen Politiker*innen und neofaschistischen Milieus sind aktenkundig; außerdem lassen sich insbesondere auf den rechten Flügeln der rechtspopulistischen Parteien zentrale Elemente faschistischer Ideologie und Rhetorik nachweisen.[330] Gleichzeitig steht außer Frage, dass diesen Parteien hinsichtlich ihrer politischen Praxis- und Organisationsformen wichtige Merkmale der historischen Faschismen, wie zum Beispiel milizartige männliche Kampfbünde, fehlen.

Die Programmatik rechtspopulistischer Parteien zielt nicht auf totale Herrschaft beziehungsweise terroristische Diktatur, sondern auf eine autoritäre Aushöhlung und Umformung der parlamentarischen Demokratie. Eine Bevölkerungsmehrheit soll als ethnisch-kulturell definiertes, einheitliches Volk in Stellung gebracht werden sowohl gegen «die da oben» als auch gegen «die da unten und außen». Die Mobilisierung richtet sich ge-

328 Paxton, Stadien, 60.

329 Der umstrittene Begriff des Rechtspopulismus dient hier nur als Platzhalter für Formationen, die weder zur herkömmlichen, weithin neofaschistisch geprägten extremen Rechten noch zu rechtskonservativen und rechtsliberalen Kräften innerhalb der staatstragenden Parteien gehören.

330 S. beispielhaft die Arbeiten von Andreas Kemper zum AfD-Politiker Björn Höcke.

gen liberaldemokratische «Eliten» in Politik und Gesellschaft, gegen übernationale Institutionen wie die Europäische Union und gleichzeitig gegen als andersartig und schädlich markierte Minderheiten wie Geflüchtete und Muslime, Homosexuelle, Feministinnen, liberale und linke Oppositionelle.

In Ungarn und Polen ist der rechtspopulistische Gesellschafts- und Staatsumbau modellhaft zu betrachten. Dort regieren starke Männer und ihre meist als «nationalkonservativ» betitelten Parteien in autoritärer Manier, doch parlamentarische, rechtsstaatliche Formen werden äußerlich beibehalten. Für dieses Modell verwendete der ungarische Regierungschef Viktor Orbán in einer Rede von 2014 den Begriff «illiberale Demokratie».[331]

An europäischen und nordamerikanischen Beispielen lässt sich zeigen, dass gleichsam im Windschatten und Kielwasser eines erfolgreichen Rechtspopulismus auch neofaschistische Kräfte erstarken. Mit Blick auf diesen Wirkungszusammenhang und auf die faschistischen Anteile rechtspopulistischer Parteien sowie ihre inneren Radikalisierungsprozesse wurde etwa für die deutsche AfD der Begriff des Protofaschismus vorgeschlagen.[332]

Nicht nur von rechtspopulistischen Kräften wird die Demokratie in den kapitalistischen Industrieländern ausgehöhlt, sondern auch durch autoritäre, oligarchische Tendenzen «von oben». Der marxistische Politologe Nicos Poulantzas prägte dafür den Ausdruck «autoritärer Etatismus»: Die Führungspersonen der regierenden Parteien verschmelzen mit der Hochbürokratie zu einem herrschenden Block, der die demokratischen Prozesse aushebelt. Die großen Parteien verkommen zu reinen Mehrheitsbeschaffern für Regierungen, die ihre technokratische Politik eng mit dem transnational agierenden Großkapital abstimmen.[333] Dieser autoritäre Etatismus erinnert an jene Cliquenherrschaft der höchsten Kapital- und Staatsfunktionäre im Monopolkapitalismus, vor der Abendroth, Opitz und viele andere marxistisch geprägte Analytiker*innen warnten. Parallelen

---

331 https://de.wikipedia.org/wiki/Illiberale_Demokratie#cite_note-5 – 29.10.2019.

332 Diesen Vorschlag machte auch der Verfasser bei einigen Vorträgen und Veranstaltungen während der letzten Jahre. Vgl. zu Protofaschismus «XI.2. Noltes vergleichende Forschung...».

333 S. den Text von Thomas Schmidinger «Rechtsextremismus und autoritärer Etatismus».

bestehen auch zum Konzept der Involution[334] oder Transformation der Demokratie, das der freiheitlich-marxistische Politologe Johannes Agnoli 1967 entwickelte.

Der autoritäre Etatismus ist gewiss nicht mit Faschismus oder Faschisierung gleichzusetzen. Gleichwohl begünstigt er diese, indem er autoritäre Strukturen und Mechanismen einführt und einübt, während demokratische Gegenkräfte langfristig geschwächt werden. Rechtspopulistische Parteien inszenieren sich übrigens als Opposition und Alternative zum herrschenden Block des autoritären Etatismus. Wo sie bürgerliche Interessen vertreten, sind es weniger die des weltmarktorientierten Großkapitals, sondern eher bestimmter Fraktionen des mittleren und kleinen Bürgertums. Kommen rechtspopulistische Kräfte an die Regierung, so bleibt ihre Politik einerseits völlig markt- und kapitalkonform, andererseits verschlimmert sie durch Nationalismus, Rückwärtsgewandtheit und Ignoranz die aktuellen Krisentendenzen des globalen Kapitalismus noch zusätzlich. Der Rechtspopulismus stellt also keine wirkliche Krisenlösung oder Alternative dar, und irgendwann tritt das unweigerlich auch zutage. Um sich dennoch in der Wähler*innengunst und an der Macht zu halten, müssen rechtspopulistische Kräfte immer aufs Neue und immer heftiger gegen vermeintliche innere und äußere Feinde der Nation und deren angebliche Verschwörungen mobilisieren. Es treten unvermeidlich auch radikalere Oppositionsbewegungen mit dem Anspruch auf, die vom Rechtspopulismus geschürten Erwartungen nun aber wirklich zu erfüllen. Hier ist durchaus ein Potenzial der Faschisierung gegeben. Demnach könnte sich der Rechtspopulismus mit seiner «illiberalen Demokratie» als Wiedergänger des historischen Bonapartismus und Konservatismus erweisen, das heißt als Förderer, Wegbereiter, womöglich auch Verbündeter und Steigbügelhalter des Faschismus. So stellen sich zum Verhältnis von Rechtspopulismus und Faschismus einige Fragen, die strukturell ähnlich bereits das Verhältnis des Faschismus zum Konservatismus aufgeworfen hatte.

334 Involution bedeutet «von Natur aus vor sich gehende Rückbildung».

XIV.2. Schwierige Grenzziehung: Konservatismus, «Austrofaschismus», Faschismus, NS

Die Abgrenzung von Faschismus und Konservatismus war stets problematisch. Oft weisen konservative Bewegungen und Regime eine gewisse ideologische Schnittmenge mit Faschismus auf; häufig sind sie mit Faschismen verbündet. Konservative Kräfte kopierten in den 1920er- bis 1940er-Jahren viele der typisch faschistischen Ausdrucks- und Organisationsformen. Eine Reihe konservativer Formationen radikalisierte sich zum Faschismus hin, während sich einige faschistische Bewegungen und Regime zu konservativen zurückbildeten.[335]

Ein spezieller Grauzonenfall ist der sogenannte «Austrofaschismus» in Österreich zwischen 1934 und 1938, ein Regime mit Einparteiensystem und einem Diktator namens Kurt von Schuschnigg. Im Herrschaftsbündnis vertreten waren konservativ-katholische, monarchistische und andere antimarxistische und antidemokratische Kräfte, teils paramilitärisch in sogenannten «Heimwehren» organisiert. Dieses auch als «Ständestaat» bezeichnete Gebilde orientierte sich in Außenpolitik und innerer Formgebung stark am italienischen Faschismus und war doch von eigener, speziell österreichischer Art. Als harter Polizeistaat unterdrückte das Regime sowohl die starken proletarischen Organisationen als auch eine nazistische Massenbewegung, die gewaltsam für Österreichs Anschluss an Hitlerdeutschland kämpfte. Der angestrengte Versuch des sogenannten «Austrofaschismus», ein autoritär-konservatives Österreich gleichzeitig gegen den Marxismus, den Liberalismus und den Nazismus zu behaupten, ist faschismustheoretisch nur schwer einzuordnen. In der Fachliteratur wird dieses Regime daher mit merkwürdigen Bezeichnungen wie «Konkurrenzfaschismus», «Imitationsfaschismus» und «Halbfaschismus» bedacht. Aber nicht nur in Österreich, sondern auch in anderen Ländern Ost-, Ostmittel- und Südosteuropas existierten zwischen 1918 und 1945 Regime, deren genaue Einordnung zwischen «konservativ» und «faschistisch» unsicher bleibt.

Noch problematischer ist das Verhältnis von Faschismus und NS. Dieser wird in der Wissenschaft überwiegend als er-

335 Vgl. «XII.9. Phase V: Radikalisierung oder Rückbildung...».

klärungsbedürftiger Sonder- und Extremfall des Faschismus angesehen oder – vor allem von deutschen Gelehrten – ganz aus der Gruppe der Faschismen genommen. Die Besonderheit des NS liegt sowohl in der Ideologie als auch in Organisation und Praxis seiner Herrschaft. Zentral stehen dabei der biologistische Rassismus und Antisemitismus sowie die beispiellosen Massenmorde des NS. Eng damit zusammen hängen der hohe Grad an totalitärer Durchdringung der Gesellschaft sowie die aktive Unterstützung durch große Teile der deutschen Bevölkerung.

Während die europäischen Faschismen ideologisch meist eng an Nation und Nationalstaat gebunden waren, wollte der NS die europäischen Nationen – auch die eigene – zugunsten einer imperialen Rasse-Ordnung aufsprengen. Organisatorisch und strukturell entwickelte sich Nazideutschland im Zuge seiner eskalierenden Kriegs- und Terrorpolitik zu einem gestaltlosen «Unstaat»[336]: Wuchernde Apparate und Gremien ohne feste Zuständigkeiten und Hierarchien befanden sich in ständigem Gerangel, waren dabei jedoch alle bestrebt, den Weltkrieg siegreich zu führen und die mörderische Rassenpolitik effektiv umzusetzen. Daneben verblasst die eher bürokratisch-zentralistische Herrschaftspraxis des italienischen Faschismus, besonders wenn dessen Stabilisierungs- und Normalisierungsphase zwischen 1926 und 1940 betrachtet wird.[337]

Fraglos stößt der generische Faschismusbegriff beim NS an seine Grenzen. Aber zwischen dem NS und den Faschismen bestanden neben Unterschieden auch viele Ähnlichkeiten sowie Kooperations- und Austauschbeziehungen. Um der Sonderstellung des NS im Rahmen einer generischen Faschismustheorie gerecht zu werden, sei mit George L. Mosse an die Situierung der einzelnen Faschismen erinnert:
«Jede Gesellschaft entwickelte den Faschismus, der ihrem spezifischen Nationalismus gerecht wurde.»[338]

Der extreme Rassismus und Antisemitismus des NS erklärt sich daraus, dass der deutsche Nationalismus deutlich rassistischer und antisemitischer geprägt war als etwa der italienische. Indes gab es fanatischen Rassismus und Antisemitismus auch bei anderen Faschismen, zum Beispiel in Ungarn, Rumänien und

336 Begriff nach Franz L. Neumann.
337 S. Germino, 440-442, Melograni, 73–86.
338 Mosse, Revolution, V/VI.

Kroatien. In Italien waren Rassismus und Antisemitismus zwar von Anbeginn in Teilen der Bewegung vorhanden, aber zuerst nicht vorherrschend. Doch später bauten die Führer sie auch hier nach NS-Vorbild in Ideologie und Herrschaftspraxis ein. Das blieb nicht rein äußerlich «von oben» aufgesetzt, sondern wurde von tausenden fanatisierten jungen Gefolgsmännern verinnerlicht – und in der Endphase 1943 bis 1945 an der Seite von SS und Wehrmacht mörderisch ausgelebt.[339]

Allerdings besteht ein wichtiger Unterschied: Rassistische und antisemitische Ideologie gab es auch anderswo, doch nur in Deutschland konnte sie Gesellschaft und Staat dermaßen durchdringen und bestimmen. In Deutschland gab es so viel begeisterte Massengefolgschaft und so viele Mitläufer*innen wie sonst nirgends. Erst dies ermöglichte die NS-Vernichtungspolitik.

Zur Erklärung der deutschen Besonderheit gehört auch, dass Nazideutschland eine militärische und industrielle Weltmacht war. Es konnte den Großteil Europas erobern, darunter die Gebiete mit den größten jüdischen Bevölkerungen. Im Unterschied zu anderen, kleineren Faschismen hatte Nazideutschland die Macht und die Gelegenheit, das faschistische Gewaltpotenzial voll zu realisieren.

Vielleicht liegt die Besonderheit des NS also nicht darin, dass er etwas Anderes als Faschismus war, sondern darin, dass er der deutsche Faschismus war.[340] Doch zeigt die Geschichte, dass ein zentrales Charaktermerkmal des NS, der Vernichtungsantisemitismus, von jedem Faschismus entweder aus sich heraus entwickelt oder irgendwann von außen übernommen und eingebaut wird. Faschistische Subjekte können das Welterklärungsangebot des Antisemitismus anscheinend nicht auf Dauer ablehnen. Das antisemitische Konstrukt vom «Juden» kann mit allem identifiziert werden, wogegen die Faschismen rebellieren: Mit der angloamerikanisch geprägten kapitalistischen Moderne insgesamt und mit konkreten äußeren Feinden, indem man den faschistischen Imperialismus als Rebellion gegen eine imaginäre jüdische Weltherrschaft inszeniert und die jeweiligen Gegner – etwa die USA, Großbritannien oder früher die Sowjetunion – als jüdisch beherrscht darstellt. «Der Jude» kann auch mit dem inneren Feind in eins fallen, indem Demokratie, Gewerk-

339 S. hierzu Reichardt, 628ff.

340 Ausführlich dazu: Griffin, 225–235.

schaften, Umweltbewegung, Einwanderung, Marxismus, Feminismus, Liberalismus, Individualismus, Hedonismus, Dekadenz und so weiter als jüdische Machenschaften vorgestellt werden. Schließlich kann sich auch der ohnehin falsche faschistische Antikapitalismus antisemitisch aufladen: Wirtschafts- und Währungskrisen als jüdische Verschwörung, das Finanzwesen als jüdisch dominiert, «raffendes» und «schaffendes» Kapital und was dergleichen Vorstellungen mehr sind.

Der NS ist demnach nicht nur ein extremer Sonderfall, sondern auch ein Exempel dafür, wie sich ein Faschismus unter ungünstigsten Bedingungen radikalisieren und entgrenzen kann.[341] So gesehen spielt der generische Faschismusbegriff den NS nicht herunter, sondern warnt umgekehrt vor dem mörderischen Potenzial der globalen Faschismen.

XIV.3. Globale Faschismen? Japanischer Militarismus, türkischer und arabischer Ultranationalismus, Hindu-Nationalismus, Dschihadismus

Schon die europäischen Fälle unterscheiden sich so stark voneinander, dass die Berechtigung des generischen Faschismusbegriffs immer wieder angezweifelt wurde.[342] Dies gilt noch mehr für Phänomene von anderen Kontinenten.

Die außereuropäischen Fälle zerfallen grob in zwei Gruppen: Die erste umfasst Bewegungen und Regime, die offensichtlich am italienischen oder deutschen Faschismus orientiert waren oder sind. Viele davon entstanden in Gesellschaften, die stark durch europäische Besiedlung geprägt wurden – so in Nord- und Südamerika sowie Südafrika. Die zweite Gruppe umfasst Bewegungen und Regime in Asien und Afrika, die ihre ethnisch-kulturelle Eigenständigkeit hervorkehren.

Den bedeutendsten historischen Fall dieser Gruppe stellt das kaiserliche Japan im Zweiten Weltkrieg dar. Japan war nie kolonial unterworfen worden, sondern hatte sich seit den 1860er-Jahren in einem autoritär «von oben» angetriebenen Prozess zu einer teilweise industrialisierten, imperialistischen Großmacht

341 S. den Text: «Der Fall Deutschland. Sonderweg oder Exempel?» von Uli Krug.

342 Ausführlich dazu: Bauerkämper.

entwickelt. Zumindest in Teilbereichen zeigte Japan Ähnlichkeit mit einer modernen westlichen Massengesellschaft.

Als der neben Italien bedeutendste Bündnispartner Nazideutschlands eroberte Japan ab 1937 einen Großteil Ost- und Südostasiens sowie Ozeaniens. Hinsichtlich seiner Verbrechen, besonders in China, stand das japanische Reich nur hinter Nazideutschland zurück. Es gab eine spezielle japanische Herrenmenschen-Ideologie und einen fanatischen Militarismus. Die imperialistischen Herrschaftsgruppen hatten großen gesellschaftlichen Rückhalt. All diese Merkmale legen einen faschistischen Charakter nahe.

Doch überwiegen die Zweifel: Zwar existierten in Japan Gruppierungen, die sich am italienischen und deutschen Faschismus orientierten, aber sie blieben randständig oder wurden sogar unterdrückt. Es kam zu keinem Herrschaftsbündnis von traditionellen «Eliten» und faschistischer Massenbewegung. Stattdessen griffen die hohen Militärs und Großkapitalisten, die Japans Politik letztlich bestimmten, zur Herstellung der Massenbasis erfolgreich auf autoritäre, militaristische und religiöse Traditionen zurück. Erst spät und «von oben» wurde mit der «Gesellschaft zur Unterstützung des Kaisers» eine Massenorganisation nach westlichem Muster aufgezogen.[343]

Japan zeigt, wie schwer außereuropäische Phänomene faschismustheoretisch zu fassen sein können. Der Faschismus wurzelt tief in der europäischen Moderne, insbesondere im dortigen Nationalismus. Inwieweit es sinnvoll oder überhaupt zulässig ist, Faschismustheorien auf außereuropäische Gesellschaften zu übertragen, kann daher kontrovers debattiert werden. In besonderer Weise gilt das für Gesellschaften, die den Kolonialismus, Rassismus und Imperialismus, der von den Metropolen des globalen Kapitalismus ausging, selber leidvoll erfahren haben. Können auch nicht-weiße Gesellschaften im globalen Süden einen Faschismus hervorbringen? Für viele Menschen ist dies unvorstellbar.[344]

Nun bildeten sich seit der zweiten Hälfte des 19. Jahrhunderts in einer Reihe asiatischer und afrikanischer Gesellschaften antikoloniale Massenbewegungen mit nationalistischer oder religiös-fundamentalistischer Ideologie – als Reaktion auf die herrschaftlich und gewaltsam von Europa ausgehende kapita-

343 Zu Japan s. Kühnl, Faschismustheorien, 274ff.

344 Als Beispiel s. den Text von Abu Uli «Islam + Faschismus».

listische Modernisierung. Diese Bewegungen strebten häufig nach eigenen machtvollen und modernen Staaten, wenn nicht Imperien, um sich gegen die imperialistischen Mächte zu behaupten oder gar an deren Stelle zu treten. Sie griffen für ihre durchaus moderne Ideologieproduktion auf jeweils vorhandene religiöse, militärische und imperiale Traditionen zurück. Diese Bewegungen scheinen dem Faschismus in einem wesentlichen Inhalt zu ähneln: der mit modernen Mitteln ausgeführten und auf eine alternative, antiemanzipatorische Gegen-Moderne abzielenden Revolte wider die moderne Welt.[345] In diesen Bewegungen gab es durchaus Personen und Fraktionen, die sich für den italienischen oder deutschen Faschismus interessierten und bestimmte Ideologeme und Praxen von dort übernahmen. Während des Zweiten Weltkriegs suchten nicht wenige antikoloniale Akteure das Bündnis mit den scheinbar aufstrebenden Mächten Nazideutschland, Italien und Japan gegen Großbritannien und Frankreich.

Der Faschismusbegriff wird mitunter für ultranationalistische Bewegungen verwendet, die ein «all-türkisches» oder «all-arabisches» Großreich anstreben – Panturkismus und Panarabismus.[346] Die hierzulande bekannteste pantürkische Formation ist die 1969 gegründete Nationalistische Bewegungspartei (türkische Abkürzung MHP), deren Anhänger*innen auch als «Idealisten» oder «Graue Wölfe» bezeichnet werden. Bekannte Führer mit panarabischer Ideologie waren Nasser in Ägypten (1952–1970), Gaddafi in Libyen (1969–2011), Assad in Syrien (1970–2000) und Saddam Hussein im Irak (1979–2003). Die knapp 100 Jahre alte indische Massenbewegung des «Hindu-Nationalismus» oder «Hindu-Fundamentalismus» wird ebenfalls manchmal als faschistisch eingeordnet.[347]

Mit dem hinduistischen Fall ist die Frage der Religion berührt. Der Historiker Wolfgang Wippermann beschrieb einen «fundamentalistischen Faschismus», der sowohl auf christlichem als auch auf islamischem, jüdischem, hinduistischem oder buddhis-

345 «Revolte wider die moderne Welt» heißt auch ein Buch des italienischen Faschisten Julius Evola von 1934, das zu den klassischen faschistischen Texten zählt.

346 S. zum türkischen Fall den Artikel von Emre Aslan «Wölfe im Wolfspelz». Als Beispiel für die Verwendung des Faschismusbegriffs im panarabischen Kontext s. Wippermann, Weltgeschichte, 256ff.

347 S. den Artikel «Wie faschistisch ist der indische Hindu-Nationalismus?» von Tobias Delfs.

tischem Boden entstehen könne. Historisch gesehen treten ultranationalistische und rassistische Ideologien und Bewegungen nicht selten verquickt mit Religion auf, wie diverse europäische, US-amerikanische und südafrikanische Beispiele zeigen.[348] Aber aktuell strittig ist der Begriff eines religiösen oder fundamentalistischen Faschismus vor allem in Bezug auf Islamismus und Dschihadismus. Die Unterstützer*innen der säkularen syrisch-kurdischen PYD/YPG in Deutschland zum Beispiel verwenden den Faschismusbegriff ganz selbstverständlich für dschihadistische Kräfte. Insbesondere Vertreter*innen rechtspopulistischer Gruppierungen, zuweilen auch militant islamkritische Ex-Muslime, weiten den Faschismusvorwurf polemisch auf den gesamten Islam aus.[349] Wenn aber Fragestellungen und Modelle der Faschismustheorien abseits der Polemik, in ernster analytischer Absicht, auf Islamismus und Dschihadismus angewendet wurden, so traten dabei erwartungsgemäß sowohl Ähnlichkeiten als auch Unterschiede zutage.[350]

Die Faschismustheorien bieten Werkzeuge, mit denen Ideologien, Bewegungen und Regime weltweit untersucht werden können. Bei solchen Untersuchungen wäre zu bedenken, dass sie tiefe Länder- und Sprachkenntnisse voraussetzen. Mit Robert Paxton wäre weiter zu bedenken, dass Faschismus Prozesscharakter hat. Er kann sich phasenweise zurückbilden oder radikalisieren. Außerdem können faschistische Bewegungen und Regime in unterschiedliche Fraktionen zerfallen. So wie der europäische Nationalismus des 19. und 20. Jahrhunderts faschistische und nicht-faschistische Ausformungen hatte, ist eine ähnliche Bandbreite auch in anderen Gesellschaften und Epochen zu erwarten.

348 Siehe Wippermanns Buch: «Faschismus. Eine Weltgeschichte...».

349 S. beispielhaft den Text «Hamed Abdel Samad – Scheitern am islamischen Faschismus» von Hannes Bode.

350 S. hierzu die in der Literaturliste unter «XV.12. Außereuropäische Phänomene» aufgeführten Beiträge von S. Grigat, B. Schmid, A. Uli, V. Weiß und M. Wörsching.

XIV.4. Kontinentaler und übernationaler Faschismus in der Ära der Globalisierung

Es gibt die Auffassung, dass der nationalstaatlich gebundene Faschismus der Zeit von 1918 bis 1945 durch die Globalisierung überholt sei und nur noch von rückständigen Klassenfraktionen wie dem «industriellen Mittelstand» nachgefragt werde.[351] In der Tat scheint das transnational agierende Großkapital der westlichen Industrieländer – zumindest mehrheitlich und vorläufig – eher Distanz zur extremen Rechten zu halten.

Bereits in den 60er-Jahren war Ernst Nolte überzeugt, dass der Faschismus der Zwischenkriegszeit ausgedient habe, da die globale Gegenwart und Zukunft nicht mehr den vergleichsweise kleinen europäischen Staaten, sondern kontinentalen Großmächten wie den USA und Russland gehöre. Heutzutage wären hier noch Indien und China zu ergänzen. Gleichzeitig hielt Nolte eine «Wiedergeburt des Faschismus auf der neuartigen und weiteren Ebene eines Kontinental- und Rassenfaschismus» durchaus für möglich.[352]

Ein Teil der heutigen faschistischen Ideologieproduktion scheint Noltes Prognose insofern zu bestätigen, als dort Schlagwörter wie «Mitteleuropa», «Europa der Vaterländer» oder «Eurasisches Imperium» eine große Rolle spielen. Deutlich wird das Bemühen um ein übernationales Faschismuskonzept, das den globalen geopolitischen Veränderungen seit 1945 Rechnung trägt.[353]

Tatsächlich eine Folge der Globalisierung ist der bis zu einem gewissen Grad international vernetzte, tendenziell terroristische Neofaschismus, der von relativ kleinen Gruppen und Einzelpersonen in Europa, Amerika, Russland, Südafrika, Australien und Neuseeland getragen wird. Diese besonders auf das Internet angewiesene Szene, die in ideologischer Hinsicht durchaus mit Nolte als «rassenfaschistisch» bezeichnet werden könnte, hat sich von jeder nationalstaatlichen und realpolitischen Orientierung verabschiedet. Zu ihr lassen sich trotz Unterschieden im Detail etwa das deutsche Terror-Netzwerk «Nationalsozialisti-

351 AutorInnen-Kollektiv, 138.

352 Nolte im Bildband «Der Faschismus» (zitiert nach Saage, 296).

353 Siehe hierzu die Beiträge von Christian Schüßler «Zwischen Nation und Europa» und Andreas Umland «Pathologische Tendenzen im russischen Neoeurasismus».

scher Untergrund» (NSU) sowie die Massenmörder Breivik aus Norwegen und Tarrant aus Australien zählen.[354]

Auch die unterschiedlichen Strömungen des Dschihadismus mit ihren international agierenden Netzwerken werden manchmal als Erscheinungsform eines globalisierten, entgrenzten Faschismus gedeutet.[355]

XIV.5. Faschismus und Frauen

Faschismusforschung und Faschismustheorie sind überaus männlich geprägte Wissensgebiete, in denen Fragen bezüglich *gender* (dem sozialen Geschlecht) traditionell wenig Aufmerksamkeit geschenkt wurde. Erst in den letzten Jahrzehnten verbreitete sich allmählich die Erkenntnis, dass Antifeminismus ebenso zum Wesenskern der Faschismen gehört wie Antimarxismus und Antiliberalismus. Die zentrale Rolle des Antifeminismus für die extreme Rechte insgesamt ist von neueren Forschungen und Veröffentlichungen inzwischen herausgearbeitet worden.[356]

Bereits Ende der 1970er-Jahre hatte Klaus Theweleit mit seinem Buch «Männerphantasien» das Verhältnis von Männlichkeit und Faschismus als wichtigen Forschungsgegenstand etabliert. Der Fokus auf Männlichkeit war naheliegend, denn bei den historischen Faschismen handelte es sich um zutiefst antifeministische und homosexuellenfeindliche Männerbewegungen mit reaktionär-patriarchaler Programmatik. Die Inszenierung von jugendlicher, gewalttätiger Männlichkeit prägte ihr Auftreten.[357] Doch schon die ersten Faschisten konnten nicht ohne ein unterstützendes Umfeld agieren, zu dem beispielsweise auch Mütter, Ehefrauen, Geliebte und Sympathisantinnen gehörten. Immer gab es Frauen, welche die faschistische Ideologie teilten. Unter den Wähler*innen der NSDAP zum Beispiel waren Millionen Frauen. In dem Maße, wie sich Faschismen zu Massenbewegungen entwickelten, öffneten sie sich für Frauen und schufen dann auch spezielle Organisationen und damit

354 S. zur Charakterisierung dieser Szene den Beitrag «*Hate globally, act locally*» von Matthew Feldman.

355 S. Stephan Grigats Artikel «Die Drohung des Umma-Sozialismus».

356 S. beispielhaft das Buch: «Frauen*rechte und Frauen*hass. Antifeminismus und die Ethnisierung von Gewalt.» (Autor*innenkollektiv Fe.in)

357 S. z.B. Sternhell, 69, Wippermann, Faschismus, 204, Breuer, 168.

Betätigungs- und Karrieremöglichkeiten für sie. Wie der Wissenschaftler und Autor Matthew N. Lyons betonte, verschrieb sich der Faschismus also einerseits «offener männlicher Vorherrschaft», konnte aber andererseits auch «weibliche Solidarität und neue Möglichkeiten für Frauen einer privilegierten Nation oder Rasse unterstützen».[358]

Im Vergleich zur Rolle von Männern und Männlichkeit ist diejenige von Frauen und Weiblichkeit für den Faschismus wenig erforscht. Hierbei geht es aber um eine Zukunftsfrage der Faschismustheorie, denn mit dem Wandel der Geschlechterverhältnisse im modernen Kapitalismus verändert sich auch die Rolle der Frauen in extrem rechten Szenen. Der sichtbare Frauenanteil steigt tendenziell – zumindest lässt sich das für die Industrieländer Europas und Nordamerikas sagen. Mittlerweile nehmen einige rechtsextreme Frauen auch aktive Rollen zum Beispiel als Kameradin, Aktivistin, Kämpferin oder Publizistin ein. Die historischen Faschismen hingegen beschränkten Frauen in der Regel auf Fürsorge- und Hilfsfunktionen wie die von Krankenschwestern und Sekretärinnen.

Mit dem Wandel der Geschlechterverhältnisse in der politischen Rechten beschäftigt sich im deutschsprachigen Raum etwa das «Forschungsnetzwerk Frauen und Rechtsextremismus». Die dort vernetzten Wissenschaftler*innen gehen dabei unter anderem auch der Frage nach, welchen Diskurs über rechtsextreme Frauen eine Mehrheitsgesellschaft führt, deren Wahrnehmungs- und Deutungsmuster nach wie vor sexistisch geprägt sind.

XIV.6. Zukunftsfragen der Faschismustheorie

Der Faschismus wird die kapitalistische Moderne sicher weiterhin begleiten, doch wird er dies nicht unter den Bedingungen seiner klassischen Epoche von 1918 bis 1945 tun, sondern unter den tiefgehend veränderten Bedingungen des 21. Jahrhunderts. Damit liegen vor der Faschismustheorie viele unbeantwortete Fragen, von denen zum Schluss dieses Buches noch einige erwähnt werden sollen.

358 S. das Interview mit M. N. Lyons im DISS-Journal Nr. 13 von 2004.

Was gibt es zu wissen über faschistische Strömungen in China, der aufsteigenden Weltmacht, die das Jahrhundert wohl maßgeblich prägen wird?

Wie wird sich das Verhältnis der Faschismen zur Umwelt- und Klimakrise gestalten? Die politische Rechte bringt sich einerseits weltweit als Abwehrbewegung gegen einen ökologischen Umbau der Gesellschaft in Stellung. Andererseits wird auf der Rechten ein biopolitischer und demografischer Diskurs radikalisiert, der die zwangsweise und gewaltsame Verringerung ärmerer Teile der Weltbevölkerung, der sogenannten «Überbevölkerung», als Klimaschutzmaßnahme bewirbt. In Umwelt- und Tierschutzbewegungen hat es überdies schon immer extrem rechte Kräfte gegeben.[359]

Wie wird sich die grundlegende Umgestaltung der Gesellschaft durch neue Technologien auswirken? Ein Faschismus, der die heute oder in naher Zukunft sich bietenden Möglichkeiten der Nuklear-, Bio- und Computertechnologie für Unterdrückung, Terror, Krieg und Massenmord ausnutzt, ist eine schreckliche Vorstellung.

Der historische Faschismus entsprang einer Epoche, die geprägt war vom industriellen Krieg zwischen Großmächten, der mit Massenarmeen und unter Aufbietung aller sozialen Kräfte als totaler Krieg geführt wurde. Der Faschismus entsprach einem Bedürfnis nach nationaler Mobilisierung für diese Art Krieg. Aber seit 1945 ist ein totaler Krieg zwischen Großmächten nur noch denkbar mit dem Einsatz von Massenvernichtungswaffen statt von Massenarmeen. Auch Kriege unterhalb dieser Schwelle kommen zunehmend ohne Massenarmeen und Massenmobilisierung aus; stattdessen werden vermehrt relativ kleine Berufsarmeen mit hochtechnologischer Bewaffnung eingesetzt. Was bedeutet dieser technisch-militärische Wandel für die Gegenwart und Zukunft des Faschismus?

All diese Fragen müssen hier offen bleiben. Gewiss aber ist, dass der Faschismus auf absehbare Zeit bedrohlich, der Antifaschismus daher notwendig bleibt – und weiterhin theoretischer Orientierung bedarf.

359 S. dazu die Internetseite der «Fachstelle für Radikalisierungsprävention im Naturschutz» (FARN).

XV. Literaturliste

Abendroth, Wolfgang: Das Problem der sozialen Funktion und der sozialen Voraussetzungen des Faschismus. In: Das Argument, 12. Jg., Heft 4–6, August 1970, 251–257

Adorno, Theodor W. / Horkheimer, Max: Dialektik der Aufklärung. Philosophische Fragmente. Frankfurt/M. 2003 (zuerst 1944)

Adorno, Theodor W.: Aspekte des neuen Rechtsradikalismus. Berlin 2019 (zuerst 1967)

Adorno, Theodor W.: Studien zum autoritären Charakter. Frankfurt/M. 1995 (zuerst 1950)

Agnoli, Johannes: Die Transformation der Demokratie und verwandte Schriften. Hamburg 2004 (zuerst 1967)

AK Fe.in: Frauen*rechte und Frauen*hass. Antifeminismus und die Ethnisierung von Gewalt. Berlin 2019

Althusser. Louis: Ideologie und ideologische Staatsapparate, In: Ders.: Marxismus und Ideologie. Berlin (West) 1973, 113–172

Arendt, Hannah: Elemente und Ursprünge totaler Herrschaft. München 1991 (zuerst 1951)

Arslan, Emre: Wölfe im Wolfspelz. Die Hegemonie des türkischen Neofaschismus. In: Iz3w 339 (2013), 30–32

AutorInnen-Kollektiv des autonomen Seminars: «Einführung in die marxistische Philosophie: Faschismustheorien»: Marxistische Faschismustheorien. Eine Darstellung und kritische Betrachtung. (Hg.: Allgemeiner StudentInnenausschuß der Universität Göttingen.) Göttingen 1995

Bauer, Otto: Zwischen zwei Weltkriegen? Die Krise der Weltwirtschaft, der Demokratie und des Sozialismus. Bratislava 1936

Bauer; Otto: Das Gleichgewicht der Klassenkräfte. In: Arbeitsgemeinschaft für die Geschichte der österreichischen Arbeiterbewegung (Hg.): Otto Bauer Werksausgabe Bd 9., Wien 1924, 55–71

Bauerkämper, Arnd: Der Faschismus in Europa 1918–1945. Stuttgart 2006

Becher, Philipp / Lloyd, Jürgen: Alte Wahrheiten, neue Fragen. Gedanken zum Faschismus als Form bürgerlicher Herrschaft. In: Zs.antifa (2012, http://antifa.vvn-bda.de/2013/09/05/alte-wahrheiten-neue-fragen/ – 29.10.2019)

Bloch, Ernst: Der Faschismus als Erscheinungsform der Ungleichzeitigkeit.[360] In: Nolte, Ernst (Hg.): Theorien über den Faschismus. Königstein/Ts. 1984, 182–204 (zuerst 1935)

Bode, Hannes: Hamed Abdel Samad – Scheitern am islamischen Faschismus. In: Alsharq/Dis:orient (2014), http://faschismustheorie.

360 Der Titel stammt von Nolte.

de/wp-content/uploads/2011/08/Hannes-Bode_Rezension-_Hamed–Abdel-Samad_Scheitern-am-islamischen-Faschismus.pdf – 29.10.2019

Bonn, M. J.: Das faschistische und das demokratische Prinzip. In: Nolte, Theorien, 235–256 (zuerst 1928)

Borkenau, Franz: Zur Soziologie des Faschismus. In: Nolte, Theorien, 156–181 (zuerst 1933)

Born, Günter / Hartwig, Johannes: Perspektiven auf den Faschismus. Von den Anfängen bis heute. In: Lotta 74 (2019), 7–11

Brady, Robert A.: Der Schatten des Faschismus über der Welt. In: Nolte, Theorien, 277–296 (zuerst 1937)

Brähler, Elmar / Decker, Oliver / Kiess, Johannes (Hg.): Die enthemmte Mitte. Autoritäre und rechtsextreme Einstellungen in Deutschland. Gießen 2016 (https://www.boell.de/sites/default/files/buch_mitte_studie_uni_leipzig_2016.pdf – 29.10.2019)

Brähler, Elmar / Decker, Oliver (Hg.): Flucht ins Autoritäre. Rechtsextreme Dynamiken in der Mitte der Gesellschaft. Gießen 2018

Breuer, Stefan: Nationalismus und Faschismus. Frankreich, Italien und Deutschland im Vergleich. Darmstadt 2005

Bruhn, Joachim: Was deutsch ist. Zur kritischen Theorie der Nation. Freiburg 1994

Busch, Alex: Der Begriff des Faschismus (Teil 1). In: Antifaschistisches Infoblatt (AIB) 68 (2005), 32–35

Childers, Thomas: *The Social Bases of the National Socialist Vote*. In: Mosse, George L. (Hg.): *International Fascism, New Thoughts and New Approaches*. London 1979, 161–188

Conze, Eckart / Frei Norbert u. a.: Das Amt und die Vergangenheit. Deutsche Diplomaten im Dritten Reich und in der Bundesrepublik. München 2010

Croce, Benedetto: Antwort auf das «Manifest der faschistischen Intellektuellen». In: Nolte, Theorien, 138–140 (zuerst um 1925)

Delfs, Tobias: Ihr Kampf. Wie faschistisch ist der indische Hindu–Nationalismus? In: Iz3w 339 (2013), 33–35

Dietrich, Christian: Zwischen Nation und Europa. Internationale Projekte und (Neo)faschistische Netzwerke in Europa. In: Dietrich, Christian / Schüßler, Michael (Hg.): Jenseits der Epoche. Zur Aktualität faschistischer Bewegungen in Europa. Münster 2011, 78–88

Dubiel, Helmut / Söllner, Alfons: Die Nationalsozialismusforschung des Instituts für Sozialforschung – ihre wissenschaftsgeschichtliche Stellung und ihre gegenwärtige Bedeutung. In: Dubiel/Söllner (Hg.): Wirtschaft, Recht und Staat im Nationalsozialismus. Analysen des Instituts für Sozialforschung 1939–1942. Frankfurt/M. 1984, 7–31

Dutt, Rajani Palme: Was ist Faschismus? In: Nolte, Theorien, 297–313 (zuerst 1934)

Eco, Umberto: Urfaschismus. In: DIE ZEIT (7.7.1995), https://www.zeit.de/1995/28/Urfaschismus/komplettansicht – 25.10.2019

Eichholtz, Dietrich / Gossweiler, Kurt (Hg.): Faschismusforschung. Positionen, Probleme, Polemik. Berlin (Ost) 1980

Eichhorn, Ivo: Vom Faschismus schweigen? Über Prozesse der Faschisierung mit Ausblicken auf die AfD und Europa. In: Eichhorn, Ivo u. a. (Hg.): Die «Alternative für Deutschland». Beiträge zur Kritik einer rechtsautoritären Bewegung. Ohne Ort, 2018 (http://faschismustheorie.de/wp-content/uploads/2011/08/Vom-Faschismus-schweigen_Ivo–Eichhorn.pdf – 29.10.2019)

Engels, Friedrich / Marx, Karl: Manifest der Kommunistischen Partei. In: Marx Engels Ausgewählte Werke (MEAW) Bd. 1, Berlin (Ost) 1970, 383–451 (zuerst 1848)

Feldman, Matthew: *Hate globally, act locally. A Case Study of Universal Nazism online.* In: Dietrich/Schüßler, Epoche, 89–101

Finkenberger, Martin: Johann von Leers und die «faschistische Internationale» der fünfziger und sechziger Jahre in Argentinien und Ägypten. In: Zeitschrift für Geschichtswissenschaft, Bd. 59, Nr. 6, 2011, 522–543

Fraenkel; Ernst: Der Doppelstaat. Hamburg 2001 (zuerst 1941)

Fromm, Erich: Arbeiter und Angestellte am Vorabend des Dritten Reiches. Eine sozialpsychologische Untersuchung. (Hg.: Wolfgang Bonß) Stuttgart 1980 (zuerst 1929/30)

Gentile, Emilio: Der Faschismus. Eine Definition zur Orientierung. In: Mittelweg 36, Zeitschrift des Hamburger Instituts für Sozialforschung, 16. Jahrgang, Feb./März 2007, 81–99

Germino, Dante: Der italienische Faschismus in vergleichender Perspektive. In: Nolte, Theorien, 426–448 (zuerst 1959)

Griepenburg, Rüdiger / Tjaden, K. H.: Faschismus und Bonapartismus. In: Das Argument 41, 1966, 461–473

Griffin, Roger: *The Nature of Fascism*. London u. a. 1993

Grigat, Stephan: Die Drohung des Umma-Sozialismus. Islamismus in der globalen postnazistischen Konstellation. In: Iz3w 339 (2013), 28/29

Gruppe Arbeiterpolitik: Der Faschismus in Deutschland. Analyse der KPD-Opposition aus den Jahren 1928–1933. Frankfurt/M. 1973

Guerin, Daniel: Faschismus und Kapitalismus. In: Nolte, Theorien, 265–276 (zuerst 1936)

Hänisch, Dirk: Die österreichischen NSDAP-Wähler. Eine empirische Analyse ihrer politischen Herkunft und ihres Sozialprofils. Wien u. a. 1998

Hanisch, Ernst: Der politische Katholizismus als ideologischer Träger des «Austrofaschismus». In: Neugebauer, Wolfgang / Tálos, Emmerich (Hg.): Austrofaschismus. Politik-Ökonomie-Kultur 1933–1938. Wien 2005, 68–86

Haug, Wolfgang Fritz: Annäherung an die faschistische Modalität des Ideologischen. In: Projektgruppe Ideologie-Theorie/PIT (Hg.): Faschismus und Ideologie 1 (Argument Sonderheft 60). Berlin (West) 1980, 44–80

Haug, Wolfgang Fritz: Faschismus-Theorie in antifaschistischer Perspektive (Editorial). In: Das Argument, 16. Jg., H. 7–9, November 1974, 537–542

Haury, Thomas: Antisemitismus in der DDR. (2006, http://www.bpb.de/politik/extremismus/antisemitismus/37957/antisemitismus-in-der-ddr?p=all – 29.10.2019)

Hecken, Thomas: Avantgarde und Faschismus. In: Dietrich/Schüßler, Epoche, 23–35

Heitmeyer, Wilhelm (Hg.): Deutsche Zustände (1–10). Frankfurt/M. 2002–2011

Hobson, John Atkinson: *Imperialism. A Study.* (1902, https://www.marxists.org/archive/hobson/1902/imperialism/index.htm – 29.10.2019)

Horkheimer, Max: Autoritärer Staat. In: Dubiel/Söllner, 55–79 (zuerst 1940)

Horkheimer, Max: Die Juden und Europa. In: Dubiel/Söllner, 33–53 (zuerst 1939)

Huhn, Willy: Der Etatismus der Sozialdemokratie. Zur Vorgeschichte des Nazifaschismus. Freiburg 2003 (zuerst vor 1945)

Jäger, Siegfried: Kritische Diskursanalyse. Duisburg 1999

Johansson, Kalle (mit Berggren, Lena): Was ist eigentlich Faschismus? (Comic) Berlin 2018

Kemper, Andreas: «...Die neurotische Phase überwinden, in der wir uns seit siebzig Jahren befinden». Zur Differenz von Konservatismus und Faschismus am Beispiel der «historischen Mission» Björn Höckes (AfD). Jena 2016 (https://www.rosalux.de/fileadmin/ls_thueringen/dokumente/publikationen/RLS-HeftMissionHoecke-Feb16.pdf – 28.10.2019)

Kemper, Andreas: Björn Höckes faschistischer Fluss. Der völkische Machiavellismus des AfD-Politikers. In: Zs. Graswurzelrevolution (2018), https://www.graswurzel.net/gwr/2018/09/bjoern-hoeckes-faschistischer-fluss/ – 29.10.2018

Kleffner, Heike / Meisner, Matthias (Hg.): Extreme Sicherheit. Rechtsradikale in Polizei, Verfassungsschutz, Bundeswehr und Justiz. Freiburg 2019

Kluge, Ulrich: Der österreichische Ständestaat 1934–1938. Entstehung und Scheitern. München 1984

Koch, Heiko: Casa Pound Italia. Münster 2013

Königseder, Angelika: Antisemitismus 1933–1938. In: Neugebauer/Tálos: Austrofaschismus, 54–65

Krug, Uli: Der Fall Deutschland. Sonderweg oder Exempel. In: Zs. Bahamas (1995), http://www.redaktion-bahamas.org/auswahl/web34.html – 29.10.2019

Kühnl, Reinhard: Faschismus. Ursachen und Herrschaftsstruktur. Eine Einführung. Heilbronn 1989 (zuerst 1983)

Kühnl, Reinhard: Faschismustheorien. Ein Leitfaden. Heilbronn 2014 (zuerst 1979, aktualisierte Neuauflage 1990)

Kühnl, Reinhard: Probleme der Interpretation des deutschen Faschismus. In: Das Argument, 12. Jg., H. 4–6, August 1970, 258–279

Kunow, Fabian: Anatomie des Faschismus. In: AIB 101 (2013), https://www.antifainfoblatt.de/artikel/anatomie-des-faschismus – 29.10.2019

Kunow, Fabian: Der «Behemoth» von Franz Neumann. In: AIB 82 (2009), http://faschismustheorie.de/wp–content/uploads/2011/08/aib82-34-36.pdf – 29.10.2019

Kunow, Fabian: Der Doppelstaat – Ernst Fraenkels Versuch den Nationalsozialismus begreiflich zu machen. In: AIB 79 (2008), http://faschismustheorie.de/wp-content/uploads/2011/08/aib79-34-37.pdf – 29.10.2019

Kunow, Fabian: Die Bonapartismustheorie. In: AIB 27 (2007), http://faschismustheorie.de/wp–content/uploads/2011/08/aib75-34-39.pdf – 29.10.2019

Kunow, Fabian: Erkenntnisgewinn der «Neuen Faschismustheorien» für die Sozialwissenschaften. Berlin 2007 (ungedruckt)

Kunow, Fabian: Ernst Noltes Einführung des Faschismusbegriffs. In: AIB 78 (2008), http://faschismustheorie.de/wp-content/uploads/2011/08/aib78-32-35.pdf – 29.10.2019

Kunow, Fabian: Faschismus als «Politische Religion». In: AIB 95 (2012), http://faschismustheorie.de/wp–content/uploads/2011/08/Kunow_Faschismus-als-Politische-Religion_AIB-95_S.-34-37_2012.pdf – 29.10.2019

Kunow, Fabian: Faschismus als Extremismus der Mitte. In: AIB 88 (2010), http://faschismustheorie.de/wp–content/uploads/2011/08/aib88-36-39.pdf – 29.10.2019

Kunow, Fabian: Faschismus, eine «charismatische Herrschaft»? In: AIB 98 (2013), https://www.antifainfoblatt.de/artikel/faschismus-eine-%C2%BBcharismatische-herrschaft%C2%AB – 29.10.2019

Kunow, Fabian: Faschismustheorie angewandt. Wer oder was ist heute faschistisch? In: Lotta 74 (2019), 20–22

Kunow, Fabian: Trotzkis Perspektive auf den Faschismus. In: AIB 84 (2009), http://faschismustheorie.de/wp-content/uploads/2011/08/aib84-38-41.pdf – 29.10.2019

Kunow, Fabian: Zeev Sternhells ideengeschichtliche Einführung in den Themenkomplex Faschismus Teil I. In: AIB 76 (2007), http://faschismustheorie.de/wp-content/uploads/2011/08/aib76-36-39.pdf – 29.10.2019

Kunow, Fabian: Zeev Sternhells ideengeschichtliche Einführung in den Themenkomplex Faschismus Teil II. In: AIB 77 (2007), http://faschismustheorie.de/wp-content/uploads/2011/08/aib77-37-41.pdf – 29.10.2019

Langner, Carsta: Ungarn auf dem Weg zum Faschismus? Eine Analyse in vier Schritten. In: Dietrich/Schüßler, Epoche, 38–47

Laski, Harold J.: Die Lektion des Faschismus. In: Nolte, Theorien, 367–403 (zuerst 1945)

Ledeen, Michael A.: *Renzo De Felice and the Controversy over Italian Fascism*. In: Mosse, *Fascism*, 125–140

Lenin, Wladimir I.: Der Imperialismus als höchstes Stadium des Kapitalismus. In: Lenin Werke Bd. 22, Berlin (Ost) 1960, 189–309 (zuerst 1917)

Lenin, Wladimir I.: Der Imperialismus und die Spaltung des Sozialismus. In: Lenin-Werke Bd. 23, Berlin (Ost) 1957, 102–118 (zuerst 1916)

Lewerenz, Elfriede: Die Analyse des Faschismus durch die Kommunistische Internationale. Berlin (Ost), 1975

Lipset, Seymour Martin: Der «Faschismus», die Linke, die Rechte und die Mitte. In: Nolte, Theorien, 449–491 (zuerst 1959)

Lukács, Georg: Geschichte und Klassenbewusstsein. Bielefeld 2013 (zuerst 1923)

Lyons, Matthew N.: Interview im Journal des Duisburger Instituts für Sprach- und Sozialforschung (DISS), Nr. 13, 2004 (http://www.diss-duisburg.de/2004/12/der-umstrittene-begriff-des-faschismus/ – 04.04.2017)

Mackenbach, Werner: Bonapartismus. In: Wolfgang Fritz Haug (Hg.): Historisch-kritisches Wörterbuch des Marxismus. Hamburg 1995, 283–290

Mader, Hubert: Duellwesen und altösterreichisches Offiziersethos (Studien zu Militärgeschichte, Militärwissenschaft und Konfliktforschung Bd. 31). Osnabrück 1983

Maderthaner, Wolfgang: Legitimationsgrundlagen des Austrofaschismus. In: Maderthaner, Wolfgang / Maier, Michaela (Hg.): «Der Führer bin ich selbst.» Engelbert Dollfuß – Benito Mussolini Briefwechsel. Wien 2004, 129–157

Mandel, Ernst: Trotzkis Faschismustheorie. In: ISP-Theorie 6. Frankfurt/M. 1977

Mann, Michael: Der Faschismus und die Faschisten. Vorbereitende Überlegungen zur Soziologie faschistischer Bewegungen. In: Zs. Mittelweg 36 (2007) 26–54.

Manoschek, Walter / Tálos, Emmerich: Zum Konstituierungsprozess des Austrofaschismus. In: Neugebauer/Tálos, Austrofaschismus, 6–27

Marx, Karl: «Der achtzehnte Brumaire des Louis Bonaparte». In: Marx Engels Ausgewählte Werke (MEAW) Bd. 2, Berlin (Ost) 1970, 299–417 (zuerst 1852)

Marx, Karl: Das Kapital. Bd. 1, Berlin 1947 (zuerst 1867)
Marx, Karl: Thesen über Feuerbach. In: MEAW Bd. 1, 196–200 (zuerst 1844–1847)
Marx, Karl: Zur Judenfrage. Paris 1843
Melbye, Nis: Straflos in den Tod. Guatemalas Ex-Diktator Ríos Montt ist in Freiheit verstorben. In: Lateinamerika-Nachrichten 526 (2018, https://lateinamerika-nachrichten.de/artikel/straflos-in-den-tod/ – 29.10.2019)
Melograni, Piero: *The Cult of the Duce in Mussolini's Italy.* In: Mosse, *Fascism*, 73–90
Mosse, George L.: Das Bild des Mannes. Zur Konstruktion der modernen Männlichkeit. Frankfurt 1997
Mosse, George L.: Die Völkische Revolution. Über die geistigen Wurzeln des Nationalsozialismus (im Original: *The Crisis of German Ideology*). Frankfurt/M. 1991 (zuerst 1964)
Mosse, George L.: *Masses and Man. Nationalist and Fascist Perceptions of Reality*. New York 1980
Mosse, George L.: *Towards a General Theory of Fascism*. In: Ders. (Hg.): *International Fascism, New Thoughts and New Approaches*. London 1979, 1–44
Müller, Yves / Zilkenat, Reiner (Hg.): Bürgerkriegsarmee. Forschungen zur nationalsozialistischen Sturmabteilung (SA). Frankfurt/M. 2013
Neugebauer, Wolfgang / Tálos, Emmerich (Hg.): Austrofaschismus. Politik-Ökonomie-Kultur 1933–1938. Wien 2005
Neumann, Franz: Behemoth. Struktur und Praxis des Nationalsozialismus 1933–1944. Frankfurt/M. 2004 (zuerst 1944)
Noce, Augusto del: Ideen zur Interpretation des Faschismus. In: Nolte, Theorien, 416–425 (zuerst 1960)
Noll, Dieter: Die Abenteuer des Werner Holt. Roman einer Jugend. Berlin (Ost) 1961
Nolte, Ernst: Der Faschismus in seiner Epoche. Action Francaise, Italienischer Faschismus, NS. Mit einem «Rückblick nach 30 Jahren». München 1984 (zuerst 1963)
Nolte, Ernst: Einleitung: Vierzig Jahre Theorien über den Faschismus. In: Ders. (Hg.): Theorien über den Faschismus. Königstein/Ts. 1984, 15–72 (zuerst 1967)
Nolte, Ernst: Streitpunkte. Heutige und künftige Kontroversen um den NS. Frankfurt/M. 1993
Opitz, Reinhard: Faschismus und Neofaschismus (1). Der deutsche Faschismus bis 1945. Köln 1988 (zuerst 1984)
Opitz, Reinhard: Fragen der Faschismusdiskussion. Zu Reinhard Kühnls Bestimmung des Faschismusbegriffs. In: Das Argument, 12. Jg., H. 4–6, August 1970, 280–291
Opitz, Reinhard: Über die Entstehung und Verhinderung von Faschismus. In: Das Argument, 16. Jg., H. 7–9, November 1974, 543–603

Paschukanis, Eugen: Allgemeine Rechtslehre und Marxismus. Versuch einer Kritik der juristischen Grundbegriffe. Freiburg 2003 (deutsch zuerst 1929)

Pätzold, Kurt: Die Gegenrevolution. Thesen zur Analyse des historischen Faschismus. In: Zs. antifa (2010), https://antifa.vvn-bda.de/2013/09/05/die-gegenrevolution/ – 29.10.2019

Paxton, Robert O.: Anatomie des Faschismus. München 2006 (zuerst 2004)

Paxton, Robert O.: Die fünf Stadien des Faschismus. In: Zs. Mittelweg 36 (2007), 55–80

Payne, Stanley: Geschichte des Faschismus 1914–1945. Aufstieg und Fall einer europäischen Bewegung. Berlin 2001 (zuerst 1996)

Petersen, Andreas: Jugend auf den Kampfplätzen des untergehenden Berlin 1932. In: Müller/Zilkenat, 63–92

Pfeiffer, Frank: Kurze Weltgeschichte des Faschismus. Ursprünge und Erscheinungsformen faschistischer Bewegungen und Herrschaftssysteme. Münster 2013

Pinkert, Reiko / Stegmann, Uwe: Extrem erfolgreich. Bulgariens rechte Parteien sind europaweit vernetzt. Iz3w 339 (2013), 38/39

Projektgruppe Ideologie-Theorie/PIT (Hg.): Faschismus und Ideologie 1 (Argument Sonderheft 60). Berlin (West) 1980

Pollock, Friedrich: Ist der Nationalsozialismus eine neue Ordnung? In: Dubiel/Söllner, 111–128 (zuerst 1941)

Pollock, Friedrich: Staatskapitalismus. In: Dubiel/Söllner, 81–109 (zuerst 1941)

Postone, Moishe: Nationalsozialismus und Antisemitismus. Ein theoretischer Versuch. (Zuerst 1979, http://www.krisis.org/1979/nationalsozialismus-und-antisemitismus/ – 29.10.2019)

Projektgruppe Ideologie-Theorie (PIT): Vorwort. In: PIT, 7–12

Püschel, Hannes: Faschismus und Antisemitismus. Zum Beitrag von Kurt Pätzold in antifa November/Dezember 2010. In: Zs. antifa (2011), https://antifa.vvn-bda.de/2013/09/05/faschismus-und-antisemitismus/ – 29.10.2019

Rauschning, Helmut: Die Revolution des Nihilismus. In: Nolte, Theorien, 338–351 (zuerst 1938)

Raushenbush, Stephen: Die Herausforderung der Demokratie. In: Nolte, Theorien, 352–364 (zuerst 1939)

Rehmann, Jan Christoph: Die Behandlung des Ideologischen in marxistischen Faschismustheorien. In: Projektgruppe Ideologie-Theorie/PIT, 13–43

Reich, Wilhelm: Die Massenpsychologie des Faschismus. Köln 2011 (zuerst 1933)

Reichardt, Sven: Faschistische Kampfbünde. Gewalt und Gemeinschaft im italienischen Squadrismus und in der deutschen SA. Köln u. a. 2002

Reichardt, Sven: Neue Wege der vergleichenden Faschismusforschung. In: Zs. Mittelweg 36 (2007), 9–25

E

Renner, Jens: Faschismustheorien. Zum Stand der wissenschaftlichen Debatte. In AIB 77 (2007), https://www.antifainfoblatt.de/artikel/faschismustheorien-zum-stand-der-wissenschaftlichen-debatte – 29.10.2019

Renner, Jens: *Squadrismo*. Wie die faschistischen Stoßtrupps die italienische Arbeiterbewegung zerschlugen. In: Lotta 74 (2019), 12/13

Riedel, Felix: Die Angst vor der infantilen Sexualität. In: Jungle World 47 (2016), https://jungle.world/artikel/2016/47/die-angst-vor-der-infantilen-sexualitaet – 29.10.2019

Rossolinski-Liebe, Grzegorz: Stepan Bandera – The Life and Afterlife of a Ukrainian Nationalist. Fascism, Genocide, and Cult. Stuttgart 2014

Saage, Richard: Bemerkungen zur Faschismusinterpretation Ernst Noltes. In: Das Argument, 12. Jg., H. 4–6, August 1970, 292–304

Sablowski, Thomas: Krise und Staatlichkeit bei Poulantzas. In: Bretthauer, Lars u. a. (Hg.): Poulantzas lesen. Zur Aktualität marxistischer Staatstheorie. Hamburg 2006, 257–273

Salvatorelli, Luigi: Nationalfaschismus. In: Nolte, Theorien, 118–137 (zuerst 1923)

Schmid, Bernhard: Bannflüche helfen nicht. Islamismus lässt sich nicht mit Faschismusvergleichen bekämpfen. In: Iz3w 339 (2013), 26/27

Schmidinger, Thomas: Rechtsextremismus und autoritärer Etatismus. Oder warum der neue Rechtsextremismus keine faschistische Herrschaft hervorbringt und trotzdem die Demokratie aushöhlt. In: Dietrich/Schüßler, Epoche, 48–60

Sering, Paul (Pseudonym für Löwenthal, Richard): Der Faschismus als Revolte gegen Europa. In: Nolte, Theorien, 407–415 (zuerst 1946)

Speckmann, Guido / Wiegel, Gerd: Faschismus. Köln 2012

Staudinger, Anton: Austrofaschistische «Österreich»-Ideologie. In: Neugebauer/Tálos, Austrofaschismus, 27–52

Sternhell, Zeev: Faschistische Ideologie. Eine Einführung. Berlin 2002 (zuerst 1976)

Sturzo, Luigi: Das bolschewistische Russland und das faschistische Italien. In: Nolte, Theorien, 221–234 (zuerst 1926)

Tálos, Emmerich: Das austrofaschistische Herrschaftssystem 1933–1938. In: Maderthaner/Maier, 101–127

Thalheimer, August: Über den Faschismus. In: Abendroth, Wolfgang u. a. (Hg.): Faschismus und Kapitalismus. Theorie über die sozialen Ursprünge und die Funktion des Faschismus. Frankfurt/M. 1972, 19–39 (zuerst 1930)

Theweleit, Klaus: Das Lachen der Täter: Breivik u. a. Psychogramm der Tötungslust. St. Pölten 2015

Theweleit, Klaus: Der belgische Hitler-Sohn und der deutsche Überleib. In: FAZ 25.04.2008 (http://www.faz.net/aktuell/feuilleton/buecher/klaus-theweleit-ueber-leon-degrelle-der-belgische-hitler-sohn-und-der-deutsche-ueberleib-1547086.html – 17.10.2019)

Theweleit, Klaus: Männerphantasien. Frankfurt/M. u. a. 1977/78

Theweleit, Klaus: Wer exzessiv lacht, hat keinen Raum für eine andere Emotion. In: Konkret 9 (2015), 44–46

Trotzki, Leo: Schriften über Deutschland (Hg.: Helmut Dahmer). Frankfurt/M. 1971

Trotzki, Leo: Wie wird der Nationalsozialismus geschlagen? Auswahl aus «Schriften über Deutschland» (Hg.: Helmut Dahmer). Frankfurt/M. 1971

Turati, Filippo: Faschismus, Sozialismus und Demokratie. In: Nolte, Theorien, 143–155 (zuerst 1925–1933)

Uli, Abu: Islam + Faschismus. Die Orientierungslosigkeit der unabhängigen Linken. In: AIB 106 (2015), https://www.antifainfoblatt.de/artikel/islam-faschismus-die-orientierungslosigkeit-der-unabhängigen-linken – 29.10.2019

Umland, Andreas: Pathologische Tendenzen im russischen Neoeurasismus. Zur Bedeutung des Aufstiegs Aleksandr Dugins für die westliche Russlandinterpretation. In: Dietrich/Schüßler, Epoche, 61–75

Weber, Eugen: *The Men of the Archangel*. In: Mosse, *Fascism*, 317–344

Weinmann, Ute: «Russland für Russen». Rechtsextreme Denkmuster sind auch im Osten verbreitet. In: Iz3w 339 (2013), 36/37

Weiß, Volker: Autoritäre Revolte. Die Neue Rechte und der Untergang des Abendlandes. Stuttgart 2017

Weiß, Volker: Ein fatales Bündnis. Welche Wurzeln hat der aktuelle Antisemitismus? In: DIE ZEIT (7.8.2014), http://faschismustheorie.de/wp-content/uploads/2011/08/Volker-Weiß_Fatales-Bündnis_ZEIT_07.08.14.pdf – 29.10.2019

Weiß, Volker: Islamischer Faschismus? In: AIB 105 (2014), https://www.antifainfoblatt.de/artikel/islamischer-faschismus – 29.10.2019

Weiß, Volker: Zustand mit Lücke. Ein Bericht zu aktuellen Debatten der Faschismusforschung. In: Zs. Phase 2 (2008), https://phase–zwei.org/hefte/artikel/zustand-mit-luecke-642/ – 25.10.2019

Wippermann, Wolfgang: Die Bonapartismustheorie von Marx und Engels. Stuttgart 1983

Wippermann, Wolfgang: Ernst Nolte ist mein missratener Lehrer. (2011), https://blog.zeit.de/stoerungsmelder/2011/07/31/wolfgang-wippermann-«ernst-nolte-ist-mein-missratener-lehrer»-teil-1_6795 – 29.10.2019

Wippermann, Wolfgang: Europäischer Faschismus im Vergleich. Frankfurt/M. 1983

Wippermann, Wolfgang: Faschismus. Eine Weltgeschichte vom 19. Jahrhundert bis heute. Darmstadt 2009

Wippermann, Wolfgang: Faschismustheorien. Zum Stand der gegenwärtigen Diskussion. Darmstadt 1989

Wippermann, Wolfgang: Totalitarismustheorie. Die Entwicklung der Diskussion von den Anfängen bis heute. Darmstadt 1997

Wölk, Volkmar: Lechte Leute von rinks. Eine Gedenktafel für Ernst Niekisch. Die AfD und der Nationalbolschewismus. In: Tageszeitung Junge Welt (13.02.2019)

Wörsching, Mathias: Deutschösterreichischer «Offiziersfaschismus» 1918–1945. Zu faschistischen Tendenzen der Offizierskaste der Habsburgermonarchie am Beispiel des Edmund Glaise von Horstenau. Berlin 2007 (ungedruckt, http://faschismustheorie.de/wp-content/uploads/2011/02/Woersching_Exposé_Offiziersfaschismus_2007.pdf – 25.10.2019)

Wörsching, Mathias: Können Faschismustheorien bei der Analyse des Islamismus helfen? In: AIB 108 (2015), https://www.antifainfoblatt.de/artikel/können-faschismustheorien-bei-der-analyse-des-islamismus-helfen – 29.10.2019

Wörsching, Mathias: Zur materialistischen allgemeinen Theorie der Faschismen. Ein theoretischer Versuch über die Faschismen als Ideologien und Bewegungen. Berlin 2008 (ungedruckt, http://faschismustheorie.de/wp-content/uploads/2011/01/webversion-MA-Arbeit_Wörsching_Faschismustheorie1.pdf – 29.10.2019)

Zetkin, Clara: Der Kampf gegen den Faschismus. In: Nolte, Theorien, 88–111 (zuerst 1923)

Zibordi, Giovanni: Der Faschismus als antisozialistische Koalition. In: Nolte, Theorien, 79–87 (zuerst 1922)

Zinn, Alexander: SA, Homosexualität und Faschismus. Zur Genese des Stereotyps vom schwulen Nazi. In: Müller/Zilkenat, 393–413

Andere Medien

Fachstelle Radikalisierungsprävention im Naturschutz (FARN): https://naturfreunde.de/farn – 22.03.2020

Forschungsnetzwerk Frauen und Rechtsextremismus: http://frauen-und-rechtsextremismus.de/ – 29.10.2019

Gutermuth, Frank/Schoen, Wolfgang: Gladio – Geheimarmeen in Europa. (Film von 2017), https://www.youtube.com/watch?v=ha3cEWOBH3k – 29.10.2019

Krisis.org – Internetseite zur »Kritik der Warengesellschaft» (Wertkritik) – 29.10.2019

Ulrike Marz

Kritik des Rassismus

Eine Einführung

240 Seiten, kartoniert, 12,00 EUR
ISBN 3-89657-699-2
Reihe theorie.org

Der Begriff des Rassismus ist nicht nur politisch, sondern auch theoretisch weithin umkämpft. Das hat nicht zuletzt damit zu tun, dass auch das rassistische Denken selbst historischen Veränderungen unterliegt. Wo Rassisten/innen einst biologistisch argumentierten und Menschen aufgrund ihrer «Rasse» Eigenschaften zuschrieben, fand seit Ende des Nationalsozialismus eine Verschiebung hin zu einem Rassismus statt, der kulturelle Prägungen zu unveränderlichen Wesensmerkmalen der Menschen erklärt.

Mit der Vielfalt von Auffassungen darüber, was Rassismus nun ist, geht eine Breite an möglichen Erklärungen über die Genese des Rassismus einher.

Ulrike Marz skizziert die historische Entwicklung rassistischen Denkens seit der ersten Formulierung von Rassetheorien in der Kolonialzeit bis in die Gegenwart. Von ökonomie- und ideologiekritischen Ansätzen über Diskurstheorie bis zu postkolonialen Ansätzen gibt sie dabei eine Einführung in verschiedene Theorien, mit denen sich das Phänomen Rassismus erklären lässt.

Bei ihrem Durchgang durch die Theorien gelingt es Marz überzeugend, ihre jeweiligen Stärken, aber auch ihre blinden Flecken und Lücken aufzuzeigen – am sinnvollsten erscheint es wohl, die unterschiedlichen Erklärungsansätze miteinander zu kombinieren.

Max Preglau in «aep-Informationen», 2/2020

schmetterling verlag